Benno Heussen/Ulrich Fraulob
Zwangsvollstreckung für Anfänger

D1930925

Zwangsvollstreckung
für Anfänger

von
Dr. Benno Heussen
Rechtsanwalt

und

Ulrich Fraulob
Rechtsanwalt

4., überarbeitete und ergänzte Auflage

C. H. BECK'SCHE VERLAGSBUCHHANDLUNG
MÜNCHEN 1993

Die Deutsche Bibliothek – CIP-Einheitsaufnahme

Heussen, Benno:
Zwangsvollstreckung für Anfänger / von Benno Heussen. Unter Mitarb. von Ulrich Fraulob. – 4., überarb. und erg. Aufl. – München : Beck, 1993
ISBN 3-406-36656-2

ISBN 3 406 36656 2
Satz und Druck: Appl, Wemding
Gedruckt auf säurefreiem, aus chlorfrei gebleichtem Zellstoff hergestelltem Papier.

Vorwort zur 4. Auflage

In die 4. Auflage mußte das im Jahre 1991 in Kraft getretene Rechtspflege-Vereinfachungsgesetz eingearbeitet werden, wobei auch die Formulare für das Mahnverfahren neu entworfen wurden.

In den Text aufgenommen wurden auch Hinweise auf das seit dem 01. Januar 1991 geltende Gesetz über Verbraucherkredite, dessen Berührungspunkte mit dem Vollstreckungsrecht sich nicht nur auf das Mahnverfahren beschränken.

Um dem Titel des Buches gerecht zu bleiben, das in erster Linie praktisches Grundwissen vermitteln will, ist die Einarbeitung von nur punktuell bedeutsamer Rechtsprechung in den Hintergrund getreten.

Für die Neufassung der Formulare danken wir Frau Sabine Grubich. Besonderer Dank gilt Frau Kraß im Lektorat des Verlages für ihre Geduld und ihre freundliche Unterstützung.

München, im Dezember 1992

Dr. Benno Heussen — Ulrich Fraulob

Vorwort zur 1. Auflage

Es gibt eine Menge hervorragender wissenschaftlicher und praxisorientierter Literatur über das Vollstreckungsrecht. Manche Darstellungen, wie die von *Haegele/David* oder von *Stöber* zeichnen sich durch eine besonders gelungene Verknüpfung beider Aspekte aus.

Eine Ergänzung erscheint da gerechtfertigt, wo es vor allem um die praktischen Abläufe in der Zwangsvollstreckung geht. Von ihnen soll der Anfänger eine bessere Vorstellung bekommen. Deshalb folgt die Darstellung nicht der gesetzlichen Systematik, sondern behandelt die Probleme dort, wo sie nach der Erfahrung erstmals im zeitlichen Ablauf der Vollstreckung auftauchen.

Dieser Schwerpunkt bedeutet den Verzicht auf komplizierte Fallgestaltungen, die Darstellung wissenschaftlicher Kontroversen und eine Beschränkung auf die Probleme, die am häufigsten vorkommen. Ich habe dabei bewußt die Perspektive des Gläubigers und seines Anwalts gewählt, weil das Verfahren von ihnen wesentlich bestimmt wird.

Das Buch wendet sich an ein breites Spektrum von Anfängern, das von den Auszubildenden über Studenten und Referendare bis zu den jüngeren Anwälten reicht. Deshalb können für die Anwaltsgehilfin manche praktischen Hinweise selbstverständlich, für den Anwalt die rechtlichen Darstellungen zu einfach geraten sein. Für kritische Hinweise hier und bei der Auswahl der behandelten Probleme bin ich besonders dankbar.

Die individuellen Formularvorschläge stammen weitgehend von Herrn Rechtspfleger Reinhard Prüske, der den Themenkreis bis in die Einzelheiten mitbestimmt hat. Er hat auch den wesentlichen Teil der Fundstellen erarbeitet, wertvolle Hinweise auf die Gerichtspraxis gegeben und mich auf Fehler aufmerksam gemacht.

Die Fälle und Namen sind frei erfunden, soweit sie nicht veröffentlichten Fallgestaltungen nachgebildet wurden.

Vollstreckungsrecht gilt als spröde Materie. Wenn man sich den Blick nicht von den juristischen Theorien verstellen läßt („was ist das Wesen der Verstrickung?"), lernt man es von einer ganz anderen Seite kennen: Jeder rechtlich mögliche Schritt muß immer wieder an den Kosten und an seinem praktischen Nutzen gemessen werden und die gegenläufigen Interessen von Gläubiger und Schuldner sind nicht die schlechteste Schulung für das taktische Denken, auf das es in allen rechtlichen Arbeitsfeldern ankommt.

München, im Oktober 1985 — Dr. Benno Heussen

Inhaltsübersicht

Inhaltsverzeichnis

Literaturhinweise

1. Praktische Fragen der Zwangsvollstreckung werden vornehmlich in folgenden Zeitschriften dargestellt:

DGVZ	Deutsche Gerichtsvollzieherzeitung
Rpfl	Der Deutsche Rechtspfleger
ZIP	Zeitschrift für Wirtschaftsrecht und Insolvenzpraxis
JurBüro	Das Juristische Büro
MDR	Monatsschrift für Deutsches Recht

2. Die Literaturauswahl beschränkt sich auf praxisnahe Darstellungen. Eine ausführliche und übersichtliche Zusammenstellung der Kommentare und Lehrbücher gibt Zöller, vor § 1. Die einschlägige Aufsatzliteratur ist im gleichen Kommentar jeweils vor den einzelnen Kapiteln erfaßt.

Alisch, Aktuelle Rechtsfragen zur Forderungspfändung RWS-Skript Nr. 166, 1986

Balser/Bögner/Ludwig, Vollstreckung im Grundbuch: Eine kurzgefaßte Darstellung für die Praxis der Anwälte, Notare und Grundbuchrechtspfleger mit Formularen und Eintragungsmustern, 8. Auflage 1987

Baumbach/Lauterbach/Albers/Hartmann, Zivilprozeßordnung, 50. Auflage 1992

Behr, Taktik in der Mobiliarvollstreckung RWS-Skript Nr. 187, 1987

Borgmann, B./Haug, K. Anwaltspflichten – Anwaltshaftung: Ein Handbuch für die Praxis, 2. Auflage 1986

Commichau, G., Die anwaltliche Praxis in Zivilsachen: Vorgerichtliche, gerichtliche und außergerichtliche Tätigkeit des Anwalts im Beispiel des Zivilprozesses im Erkenntnis- und Vollstreckungsverfahren, 3. Auflage 1987

David, Zusammenarbeit mit Inkassounternehmen 1988

Ehlenz, H. D./Diefenbach, G., Pfändung in Bankkonten und anderen Vermögenswerten (Skript: Genossenschaft), 2. Auflage 1987

Enders H., Die BRAGO für Anfänger, 6. Auflage 1990

Gross, K./Waigel, H./Diepold, H., Musteranträge für Pfändung und Überweisung: Mit allgemeinverständlichen Erläuterungen und einer Kurzdarstellung der wichtigsten Vollstreckungsvoraussetzungen, 4. Auflage 1987

Haegele, K./David, P., Über den Umgang mit Schuldnern: Wegweiser von der Mahnung bis zur Vermögensoffenbarung, 11. Auflage 1987

Haegele/Hess, Konkurs, Vergleich, Gläubigeranfechtung, 4. Auflage 1983

Helwich, Pfändung des Arbeitseinkommens (mit/ohne Pfändungstabellen) 1987

Heussen, Beitreibung von Forderungen, Abwehr von Ansprüchen, in Schachner, Rechtsformularbuch für das Unternehmen, 2. Auflage 1991

Lüke, G., Prüfe Dein Wissen: Zwangsvollstreckungsrecht 1985

Mewing, Mahnen – Klagen – Vollstrecken, 3. Auflage 1992
Peter, Zivilprozeß und Zwangsvollstreckung (Diktat- und Arbeitsbuch) 1989
Rosenberg/Gaul/Schilken, Zwangsvollstreckungsrecht, 10. Auflage 1987
Schmeckenbecher, M., Kostenübersichtstabellen, 11. Auflage 1992
Schmitz, Rechtsschutz bei Vollstreckungsmaßnahmen 1987
Stöber, K./Zeller, F., Zwangsvollstreckung in das unbewegliche Vermögen: Formularmuster mit Erläuterungen, Verfahrenspraxis, 6. Auflage 1992
Stöber, Zwangsversteigerungsgesetz, 13. Auflage 1989
Stöber, K., Forderungspfändung: Erläuterungsbuch für die Praxis mit Mustern und Beispielen, 9. Auflage 1992
Stöber, K., Aktuelle Fragen zur Praxis der Zwangsvollstreckung und des Mahnverfahrens, 2. Auflage 1983 (RWS-Skript)
Storz, K., Praxis des Zwangsversteigerungsverfahrens: Leitfaden mit taktischen Hinweisen sowie einem Aktenteil, 6. Auflage 1991
Stück, Hans-Hermann, „Pleite – was tun?“, 5. Auflage 1986, Handbuch für Schuldner, Gläubiger und deren Berater
Thomas-Putzo, ZPO, 17. Auflage 1991
Uhlenbruck, W., Gläubigerberatung in der Insolvenz: Praxishandbuch zum wirksamen Gläubigerschutz 1983
Zöller, Kommentar zur ZPO, 16. Auflage 1992

Abkürzungsverzeichnis

AG . . . . Amtsgericht
AGB . . . . Allgemeine Geschäftsbedingungen
AnfG . . . . Anfechtungsgesetz
AnwBl . . . . Anwaltsblatt
ArbGG . . . . Arbeitsgerichtsgesetz
BAG . . . . Bundesarbeitsgericht
BayObLG . . . . Bayerisches Oberstes Landesgericht
BGB . . . . Bürgerliches Gesetzbuch
BGH . . . . Bundesgerichtshof
BGHZ . . . . Entscheidungen des BGH in Zivilsachen
BNotO . . . . Bundesnotarordnung
BRAGO . . . . Bundesrechtsanwaltsgebührenordnung
BVerfG . . . . Bundesverfassungsgericht
DGVZ . . . . Deutsche GVZ-Zeitung
EMA . . . . Einwohnermeldeauskunft
FGG . . . . Gesetz über Freiwillige Gerichtsbarkeit
GewO . . . . Gewerbeordnung
GG . . . . Grundgesetz
GKG . . . . Gerichtskostengesetz
GmbH . . . . Gesellschaft mit beschränkter Haftung
GVKostG . . . . Gerichtsvollzieherkostengesetz
GVG . . . . Gerichtsverfassungsgesetz
GVGA . . . . Gerichtsvollziehergeschäftsanweisung
GVO . . . . Gerichtsvollzieherordnung
GVZ . . . . Gerichtsvollzieher
HGB . . . . Handelsgesetzbuch
HRA . . . . Handelsregister Abteilung A
HRB . . . . Handelsregister Abteilung B
JurBüro . . . . Das Juristische Büro
JR . . . . Juristische Rundschau
KFB . . . . Kostenfestsetzungsbeschluß
KG . . . . Kommanditgesellschaft
KO . . . . Konkursordnung
KostO . . . . Kostenordnung
LG . . . . Landgericht
MB . . . . Mahnbescheid
MDR . . . . Monatschrift für Deutsches Recht
NJW . . . . Neue Juristische Wochenschrift
oHG . . . . Offene Handelsgesellschaft
OLG . . . . Oberlandesgericht
OV . . . . Offenbarungsversicherung
OWiG . . . . Ordnungswidrigkeitsgesetz

PA	Postanfrage
Pfüb	Pfändungs- und Überweisungsbeschluß
PStG	Personenstandsgesetz
RPfl	Der Deutsche Rechtspfleger
StGB	Strafgesetzbuch
VerbrKrG	Verbraucherkreditgesetz
VglO	Vergleichsordnung
VB	Vollstreckungsbescheid
VVG	Versicherungsvertragsgesetz
WM	Wertpapiermitteilungen
WVMBL	Ministerialblatt des bayer. Wirtschaftsministeriums
ZIP	Zeitschrift für Wirtschaftsrecht und Insolvenzpraxis
ZPO	Zivilprozeßordnung

Paragraphen ohne Gesetzesangabe sind solche der ZPO.

Grundideen der Vollstreckungspraxis

1. Funktion des Vollstreckungsrechts

Zwangsvollstreckung – das sind alle Rechtsvorschriften, die die **tatsächliche Erfüllung** von bürgerlich-rechtlichen Ansprüchen durch den Eingriff staatlicher Gewalt regeln. 1

Welchen Inhalt diese Ansprüche im einzelnen haben, das wird in den meisten Fällen durch den Spruch des „erkennenden" Gerichts (Titel) festgelegt. In ihm wird genau beschrieben, was der Gläubiger von dem Schuldner verlangen darf. Damit ist gleichzeitig immer auch gesagt, was **nicht** verlangt werden kann.

Der Titel gibt dem Gläubiger aber nichts weiter als eine **abstrakte Beschreibung** dieses Anspruchs. Konkreter Rechtsfrieden entsteht erst,

- wenn der Anspruch des Gläubigers **tatsächlich** in der Vollstreckung **erfüllt** ist

oder

- wenn sich endgültig herausstellt, daß der Schuldner den Anspruch **nicht erfüllen kann,** so daß er schließlich nach 30 Jahren verjährt (§ 218 BGB).

2. Verfassungsrechtliche Aspekte

Auch wenn feststeht, daß der Schuldner den Anspruch erfüllen muß, ist er in der Vollstreckung nicht rechtlos gestellt. Die Zwangsvollstreckung greift in Rechte des Schuldners ein, die in der Verfassung geschützt sind, z. B. das Recht der Unverletzlichkeit der Wohnung (Art. 13 GG), das allgemeine Persönlichkeitsrecht etwa beim Datenschutz (Art. 2 I GG), andererseits beruft auch der Gläubiger sich auf die Verfassung (Schutz des Eigentums, Art. 14 GG), wenn er die Durchführung der Vollstreckung verlangt. Beide Positionen müssen im Einzelfall sorgfältig gegeneinander abgewogen werden. 2

Diese Aufgabe kann im modernen gewaltengeteilten Staat für zivilrechtliche Ansprüche nur die Justiz erfüllen, da sie aufgrund ihrer verfassungsrechtlich garantierten Unabhängigkeit zwischen Gläubiger und Schuldner als neutraler Dritter steht.

3. Rang

3 Dieser Begriff zieht sich wie ein roter Faden durch das gesamte Vollstreckungsrecht. Wenn mehrere Gläubiger gegen den Schuldner vollstrekken und mehr oder weniger gleichzeitig auf sein Vermögen zugreifen wollen, dann muß entschieden werden, wessen Forderung zuerst erfüllt werden soll.

Das Gesetz hat außerhalb des Konkurses eine sehr einfache Regel aufgestellt (§§ 804 Abs. 3, 830 II):

„Wer zuerst kommt, mahlt zuerst."

Der Gläubiger, der zuerst pfändet, besetzt also den besten „Rang".

In manchen Fällen hat der Schuldner Teile seines Vermögens Gläubigern, die ihm entweder die liebsten oder die lästigsten sind, schon früher freiwillig übertragen. Gelingt es einem der Gläubiger, durch Anfechtung (s. Rdnr. 176a), Hinweis auf Formmängel oder Rechtsmittel die Position eines anderen Gläubigers zu zerstören, der früher gepfändet hat oder an den Vermögen übertragen wurde, dann kann er dessen Rang besetzen. Über den Rang, den ein Gläubiger hat, kann teilweise sogar vertraglich verfügt werden (Rangrücktrittsvereinbarungen). Vor allem bei der Verwertung von Grundstücken und bei der Forderungspfändung sind solche Rangfragen von hoher praktischer Bedeutung. Sie entscheiden in vielen Fällen darüber, ob der Gläubiger sein Geld bekommt.

4. Schnelligkeit

Die Möglichkeit, den besten Rang einzunehmen, hängt unmittelbar mit der Schnelligkeit zusammen, mit der der Gläubiger die Vollstreckung betreibt.

4 Der Gläubiger bestimmt das Tempo der Vollstreckung, es ist eines seiner wichtigsten taktischen Mittel.

Die Schnelligkeit ist allerdings keine absolute Größe. Sie hängt ab von

- den örtlichen Verhältnissen im Vollstreckungsbezirk
- der Auslastung von Gerichtsvollziehern und Gerichten
- der Schnelligkeit anderer Gläubiger
- dem Geschick des Schuldners, sich der Vollstreckung zu entziehen
- von einer leistungsfähigen Büroorganisation beim Gläubiger, seinem Anwalt oder den sonstigen Beauftragten (Inkassounternehmen).

Unter den konkurrierenden Gläubigern haben eine Reihe von Verwaltungsbehörden und die Notare einen deutlichen Platzvorteil. Während die anderen Gläubiger ihre zivilrechtlichen Ansprüche erst mühsam durch mehrere Instanzen bei Gericht durchkämpfen müssen, dürfen sie sich den Titel in den meisten Fällen selbst ausstellen und auch Vollstreckungsmaßnahmen selbständig durchführen.

Das Finanzamt, die Verwaltungsvollstreckungsbehörden und die Oberjustizkasse, denen man hier am häufigsten begegnet, sind also auch dann schneller, wenn sie den Vermögensverfall des Schuldners erheblich später als andere Gläubiger bemerkt haben (Hase-und-Igel-Prinzip).

5. Information

Die Zwangsvollstreckung ist um so erfolgreicher, je mehr Detailwissen der Gläubiger über den Schuldner hat. 5

Dieses Wissen kann man sich nur selten ausreichend verschaffen, wenn man erst daran denkt, wenn der Schuldner schon in Verzug ist: Dann wird er freiwillig keine Auskünfte mehr geben. Man muß daher versuchen, sich möglichst schon vor den Vertragsverhandlungen oder spätestens während einer laufenden Geschäftsverbindung weitere Informationen über den Schuldner zu verschaffen. Anwälte müssen ihre Mandanten immer wieder auf diese Notwendigkeit hinweisen und geeignete Tips geben. Oft steht in den eigenen Kundenakten eines Unternehmens mehr über den Schuldner, als man glaubt. Man kann auch sicherstellen, daß keine Ware an Kunden verschickt wird, deren Vornamen oder Rechtsform man nicht kennt.

Folgende Informationen über den Schuldner können im Rahmen der Zwangsvollstreckung von Bedeutung sein:
- Geburtsdatum (zur sicheren Identifizierung des Schuldners)
- Wohnsitz/Zweitwohnsitz (Ferienhäuser etc.)
- Aufenthaltsorte, ständige oder zeitweilige (Arbeitsplatz, Sportverein etc.; lokaler Auftritt eines verschuldeten Schlagersängers)
- Familienstand, Kinderzahl; auch Freund/Freundin mit Wohnadresse
- Erwerbsquellen
- Ausgeübter Beruf
- Arbeitgeber mit Zustellungsadresse
- Anschriften von Kunden oder Auftraggebern
- Kraftfahrzeuge
- Grundbesitz
- Bankverbindungen, auch private
- Informationen über frühere Geschäftstätigkeiten (War Schuldner Inhaber, Geschäftsführer oder Gesellschafter einer zusammengebrochenen Firma?)
- Informationen über aktuelle Zahlungsschwierigkeiten
- Bei Firmen: Rechtsform (GmbH, oHG, KG etc.), Sitz, Geschäftsführer (Vorname/Name)

Die Informationssammlung sollte sich **nicht nur** auf den **Schuldner** direkt beziehen, **sondern auch** die Frage im Auge behalten, ob **andere Personen** für die Forderung haften, wenn der Schuldner sie nicht bezahlen kann. Das gilt z. B. für den Geschäftsführer der bankrotten GmbH, wie für den Gesellschafter, der die Stammeinlage nicht bezahlt hat. Der Anfänger muß auf solche Fragen keine Antwort bereit haben, er sollte aber wissen, daß es sie gibt. Bei Informationen, die man von Dritten erhält, darf man niemals vergessen, die Richtigkeit selbst nachzuprüfen, soweit das möglich ist. Unterläßt man das, entstehen Haftungsrisiken.

6. Vollstreckungsorgane

6 An die Vollstreckungsorgane kann und muß sich der Gläubiger wenden, um seinen titulierten Anspruch gegenüber dem Schuldner durchsetzen zu lassen. Die Vollstreckung erfolgt also nicht von Amts wegen.

6.1 Gerichtsvollzieher (GVZ)

Der GVZ nimmt die Zustellung von Schriftstücken vor und führt die Vollstreckungsmaßnahmen durch, die nicht den Gerichten übertragen sind. Als Beamter unterliegt der GVZ der Aufsicht durch das Gericht, er arbeitet aber selbständig. Der GVZ unterhält ein eigenes Büro, meist auch mit eigener Adresse und eigenem Telefonanschluß, über den er oft nur zu festgelegten Zeiten (Sprechzeiten) erreichbar ist. Größere Amtsgerichtsbezirke sind nach einem Geschäftsplan unter mehreren GVZ aufgeteilt, der auch deren jeweiligen Vertreter bezeichnet. Für besonders dringende Sachen (z.B. Arrest und einstweilige Verfügung) sind manchmal zusätzlich sog. Eilgerichtsvollzieher vorgesehen, die sich zeitlich abwechselnd bereithalten, falls der zuständige GVZ oder sein Vertreter gerade nicht erreichbar sind. Es ist für einen Gläubiger also gar nicht so einfach, in der Eile einen für seinen Schuldner zuständigen GVZ zu finden, insbesondere dann, wenn der Schuldner in einem auswärtigen Gerichtsbezirk wohnt.

Ausgangspunkt ist das Amtsgericht, in dessen Bezirk der Schuldner seinen Wohnsitz hat. Dort ist eine Verteilungsstelle für Gerichtsvollzieher-Aufträge eingerichtet, die die Posteingänge anhand der angegebenen Schuldneradresse an den zuständigen GVZ weiterleitet. Normale GVZ-Aufträge können also an die Adresse des Amtsgerichts geschickt werden.

Dieser Weg läßt sich (um 1 bis 2 Tage) abkürzen, wenn sich der Gläubiger telefonisch die Adresse des zuständigen GVZ (zweckmäßig: auch Telefon und Sprechzeit) durchgeben läßt und seinen Auftrag direkt dorthin schickt. In ganz eiligen Fällen und wenn der zuständige GVZ gerade nicht zu erreichen ist, kann der Gläubiger auch nach dem Eilgerichtsvollzieher fragen, der allerdings nur in größeren Gerichtsbezirken für Notfälle bereitsteht. Hierbei muß der Gläubiger dann aber die besondere Eilbedürftigkeit begründen und nachweisen können. Dies lohnt natürlich nur dann, wenn der Eilauftrag direkt und sofort zu dem Eil-GVZ gebracht wird.

Der Gläubiger kann die Eilbedürftigkeit auch in seinem schriftlichen Auftrag begründen. Nach der Geschäftsanweisung für Gerichtsvollzieher (GVGA) sind erwiesenermaßen oder naturgemäß eilbedürftige Aufträge vorrangig zu erledigen.

Die sofortige Erledigung eines Eilauftrages wird dem GVZ manchmal erst dadurch ermöglicht, daß der Gläubiger ihm anbietet, ihn mit eigenem PKW oder Taxi zu befördern. Ein schnell erledigter Auftrag ohne lange Wege und Parkplatzsuche läßt sich eher zwischen normalen Aufträgen einschieben.

Dem Gläubiger bzw. seinem Anwalt sei zum besseren Verständnis der

Tätigkeit des GVZ die gelegentliche Lektüre der GVGA empfohlen, die im Anhang teilweise abgedruckt ist.

6.2 Vollstreckungsgericht

Als Abteilung des Amtsgerichts ist das Vollstreckungsgericht für die Zwangsvollstreckung in Forderungen und ähnliche Ansprüche sowie in das unbewegliche Vermögen des Schuldners zuständig. Das Verfahren auf Abgabe der eidesstattlichen Versicherung wird dort durchgeführt, schließlich ist das Vollstreckungsgericht auch zuständig, wenn während der Zwangsvollstreckung gerichtliche Entscheidungen notwendig sind (z. B. Durchsuchungsbeschluß oder Schutzanträge des Schuldners).

Örtlich zuständig ist das Amtsgericht, bei dem der Schuldner im Inland seinen allgemeinen Gerichtsstand hat (§ 828), ausnahmsweise ist das Amtsgericht Vollstreckungsgericht (§ 930 I S. 3).

6.3 Grundbuchamt

Das Grundbuchamt ist für die Eintragung von Zwangssicherungshypotheken zuständig (§§ 866, 867).

6.4 Kreisgericht

Hierbei handelt es sich um eine Kompetenzzuweisung in den neuen Bundesländern, nicht um ein weiteres Vollstreckungsorgan. Dem Kreisgericht sind dort die Aufgaben des Amtsgerichts zugewiesen.

7. Nähe zum Schuldner

Entscheidende Informationen, ohne die taktische Überlegungen gar nicht richtig angestellt werden können, gewinnt man durch die Nähe zum Schuldner. Man muß wissen, ob der Schuldner vom Typ her
- arbeitsam ist und bloß Pech gehabt hat, oder 7
- zur Gattung der Hochstapler gehört
- seine Situation realistisch einschätzen kann, oder
- von einem Phantasieprojekt ins andere stolpert
- sich um Ehrlichkeit bemüht, oder
- besonders geschickt die Unwahrheit sagt – nicht selten ohne es selbst zu bemerken.

Es gibt Schuldner, die wortreich die Nähe des gegnerischen Anwalts suchen, ja ihn geradezu als ihren eigenen verwenden wollen, andere wiederum, die sich äußerst aggressiv verhalten. Man muß ein paar Mal erlebt haben, daß der erste Typ jeden Teilzahlungsvergleich unterschreibt, aber nicht einhält, der zweite hingegen alles rundweg ablehnt und trotzdem Raten zahlt, bevor man sieht, wie sehr sich Wort und Wirklichkeit unterscheiden können.

Nur die Nähe zum Schuldner sagt dem Gläubiger, welche Vollstreckungsmaßnahme besonders wirkungsvoll (weil für den Schuldner schmerzhaft) ist.

Vor Beginn der Vollstreckung sollte man beim eigenen Mandanten auf jeden Fall ermitteln, ob dort Kunden nach bestimmten Bonitätskriterien eingeteilt werden. Man kann dann außergerichtliche Mahnungen an Schuldner mit guten Bonitätskriterien höflicher ausfallen lassen (Textbausteine im Textsystem!) als bei anderen Kunden, bei denen wegen der gebotenen Schnelligkeit im Einzelfall nur die eine gesetzliche erforderliche Mahnung verschickt wird (vgl. die Übersicht und Textvorschläge bei Schachner/Heussen).

8. Kooperation

8 Man sollte bei der Vollstreckung auch die anderen Beteiligten im Auge behalten und, vor allem, wenn der Wettlauf um den Rang beendet ist, mit anderen Gläubigern und dem Gericht kooperieren.

Andere Gläubiger vollstrecken oft schon viel länger gegen den Schuldner und können manche Hintergrundinformationen geben. Wenn man sie nicht ungeprüft hinnimmt, stecken darin gelegentlich wertvolle Details, die der andere Gläubiger als Vollstreckungsmöglichkeit gar nicht gesehen hat und die man sich selbst zunutze machen kann.

Ähnlich ist es bei Gericht und GVZ. Der GVZ kennt den Teil seiner Kunden, die immer „bei ihm arbeiten lassen", manchmal über Jahre, und der Rechtspfleger kann über das Ausmaß von Pfändungsanträgen, die über seinen Tisch gelaufen sind, etwas sagen. Dieses Wissen muß der Gläubiger nutzen können.

9. Konsequenz

9 Konsequenz sollte man nicht mit Härte verwechseln. Man erlebt nicht selten, daß eine kompromißlos harte Vollstreckung den Schuldner erst zur Ausnutzung von Rechtsmitteln oder zu anderen Einfällen zwingt, die dem Gläubiger seine Situation erschweren: Hätte man ihm mehr Luft gelassen und einen fairen Tilgungsvorschlag gemacht, wäre man leichter zum Ziel gekommen.

Allerdings ist es ein Grundlagenfehler, zwischen nachgiebiger und harter Verhaltensweise zu schwanken. Einmal besetzte Rangpositionen oder geplante Vollstreckungsmaßnahmen soll man grundsätzlich nicht ohne Gegenleistung des Schuldners aufgeben. Diese Gegenleistung kann im Einzelfall sehr gering sein, wie etwa eine Ratenzahlung von DM 50,– im Monat, die kaum die Zinsen deckt. Trotzdem sollte man darauf bestehen, denn jede Unterbrechung der Ratenzahlung signalisiert die erneute Gefährdung der Forderung, eine wichtige Information, die man sonst nicht an der Hand hätte.

10. Kosten

Konsequenz ist nicht billig. Der Gläubiger muß die Kosten der Vollstreckung immer verauslagen. Ob er sie je wieder bekommt, hängt vom Erfolg der Maßnahmen ab. Die meisten Schuldner vertrauen darauf, daß der Gläubiger sein gutes Geld nicht dem schlechten hinterherwerfen werde. Das gilt vor allem dann, wenn der Erfolg davon abhängt, weitere Prozesse (etwa gegen den Drittschuldner) zu führen oder wenn neben den reinen Vollstreckungskosten noch Kosten für die Beibringung von Beweismaterial (z.B. durch Detektive) anfallen. Die Entscheidung, ob eine bestimmte Maßnahme noch im Verhältnis zu den aufzuwendenden Kosten steht, stellt sich in der Vollstreckung jeden Tag. Man wird nicht selten einen Vollstreckungsversuch schon deshalb unternehmen, damit der Schuldner erkennt, daß man ihn nicht aus dem Auge verloren hat. Das zeigt vor allem langfristig Wirkung. **10**

11. Kreativität

Von der Phantasie, mit der der Gläubiger das Vollstreckungsverfahren betreibt, hängt der Erfolg ganz wesentlich ab.

Sie ist allerdings auch nur von relativem Wert: Je geübter der Schuldner darin ist, sich der Vollstreckung zu entziehen, desto mehr wird sich der Gläubiger einfallen lassen müssen. **11**

Bei manchen Schuldnern hat man den Eindruck, sie könnten reiche Leute sein, wenn sie den Erfindungsreichtum, den sie bei ihren Fluchtversuchen vor dem Gläubiger aufbringen, auf anderen Gebieten anwenden würden.

12. Taktik

Taktisches Verhalten ist die richtige Abwägung aller Aspekte, die im Rahmen der Vollstreckung zu bedenken sind. Die wesentlichen Fragen sind:

- Welche Vermögenswerte sind erkennbar?
- Führt die Verwertung voraussichtlich zum Erfolg?
- Wie sichert man wirksam die erste Rangstelle?
- Welche Maßnahme ist am schnellsten zu verwirklichen?
- Welche Kosten werden entstehen?

Letztlich soll der Titel **12**

- so **vollständig** wie möglich
- so **schnell** wie möglich
- so **billig** wie möglich

realisiert werden. Jeden dieser Gesichtspunkte angemessen zu berücksichtigen: Das ist eine taktische Aufgabe, an der man sich von Anfang an schulen muß.

I. Informationssammlung

Das Informationsbedürfnis des Gläubigers kollidiert zwangsläufig mit dem Gedanken des Datenschutzes zugunsten des Schuldners. Nachdem es in unserer Gesellschaft kaum möglich ist, ohne Spuren am täglichen Leben teilzunehmen, gibt es relativ viele zulässige Quellen, aus denen direkte oder nur weiterführende Informationen über den Schuldner zu beziehen sind. Für jede Art von Zustellungen steht dabei die Aufenthaltsermittlung im Vordergrund.

1. Allgemein zugängliche Informationen

13 In diesem Bereich ist die Phantasie des Gläubigers gefragt nach dem Motto: „Fragen kostet ja nichts." Die wichtigsten Quellen sind:

- Amtliches Fernsprechbuch (Adresse?) und Telefonauskunft
- Branchenverzeichnisse der Bundespost und privater Herausgeber
- Eigenes Briefpapier oder Prospekt des Schuldners
- Eigene Kontounterlagen des Gläubigers (Hat Schuldner schon einmal etwas überwiesen? Von welchem Konto?)
- Persönliche Kontakte (Eigener Außendienst des Gläubigers, Geschäftspartner des Schuldners, Vermieter oder Hausmeister am letzten bekannten Wohnsitz des Schuldners, Wirtschaftsverband der Branche des Schuldners)
- Vertrauliche Anfrage bei Banken über die eigene Hausbank
- Auswertung von Fachzeitschriften der Branche des Schuldners (Inserate? Werbung?)
- Allgemeine Presseberichte
- Auskünfte aus dem Grundbuch (auch ohne Titel zulässig).

2. Standardanfragen

14 Für diese gängigen Auskunftsersuchen können über Fachverlage (vgl. Rz 357) Formulare bezogen werden, selbst entwickelte Texte haben den Vorteil der größeren Übersicht (bei Textbausteinen enthält die Anfrage keinen überflüssigen Text: „Nichtzutreffendes ist zu streichen, Zutreffendes ist angekreuzt").

2.1 Meldeauskunft

An das Einwohnermeldeamt des letzten bekannten Wohnsitzes des Schuldners zu richten, außer dieser Adresse ist möglichst Geburtsdatum zu nennen, gefragt wird, ob Schuldner dort wohnhaft ist oder wohin er sich ggfs. abgemeldet hat. Kosten zwischen DM 4.– und DM 8.–, vorher telefonisch erfragen und gleich bezahlen.

2.2 Postauskunft

An das Zustellpostamt des Schuldners mit der Bitte, die angegebene Schuldneradresse zu überprüfen unter Hinzuziehung des jeweiligen Zustellbeamten. Nach Nachsendeantrag fragen! Kostenlos.

2.3 Gewerberegisterauskunft

Adressat ist Gemeinde- oder Stadtverwaltung, Zweck des Ersuchens sind Auskünfte über etwaige Eintragungen eines Gewerbes des Schuldners mit Geschäftsadresse und Bezeichnung des Gewerbetreibenden und dessen Privatadresse.

Auskunftsgebühren zwischen DM 5.– und DM 10.–.

2.4 Handelsregisterauskunft

Adressat ist das Amtsgericht, bei dem das Handelsregister für den Schuldnerwohnsitz geführt wird. (Oft werden bei dem HReg eines Amtsgerichts mehrere Bezirke konzentriert!)

Beim Handelsregister sind die Vollkaufleute, die offene Handelsgesellschaft (oHG), die Kommanditgesellschaft (KG), die Gesellschaft mit beschränkter Haftung (GmbH) und die Aktiengesellschaft (AG) registriert.

Da die Abgrenzung zwischen **Vollkaufleuten** und **Minderkaufleuten** in der Praxis aber schwierig ist, sind eine ganze Reihe von Kaufleuten, die eigentlich im Handelsregister erfaßt sein müßten, dort nicht eingetragen. Trotzdem sollte man immer eine Auskunft aus dem Handelsregister einholen. Aus Kostengründen verlangt man eine „unbeglaubigte Abschrift". Bei der GmbH & Co. KG ist darauf zu achten, daß der Auszug sowohl für die GmbH (Abteilung HRB) als auch für die KG (Abteilung HRA) angefordert wird. Das Handelsregister für die KG enthält nämlich nur den Hinweis, persönliche haftende Gesellschafterin sei die GmbH. Einen Titel kann man aber nur erwirken, wenn man den Vor- und Nachnamen des Geschäftsführers der GmbH erfährt, der sich aus dem Registerauszug für die KG nicht ergibt.

Der Handelsregisterauszug enthält nicht alle Informationen über den Schuldner. Eine Reihe weiterer **interessanter Details** erfährt man aus den **Beiakten.** Dazu gehört vor allem die **Gesellschafterliste,** die manchmal die Privatadressen der Gesellschafter, sowie die Privatadresse des Geschäftsführers der GmbH enthält, die unter manchen Gesichtspunkten nützlich sein kann: Wenn das Geschäftslokal der GmbH geschlossen ist, kann man rechtswirksam immer noch dem Geschäftsführer persönlich unter dessen Privatadresse zustellen, außerdem kann es sein, daß der Geschäftsführer der GmbH auch persönlich für Schulden der Gesellschaft haftbar gemacht werden kann (z. B. Konkursverschleppung). Auch die Gesellschafterliste kann man in Kopie erhalten (§ 9 Abs. 2 HGB).

Seit Januar 1987 können Gläubiger, die EDV einsetzen, sämtliche Handelsregistereintragungen der Bundesrepublik über das Mailbox-System ALEXIS direkt abfragen. Das ist eine ganz bedeutende Erleichterung und bedeutet vor allem viel Zeitgewinn, denn in der Regel muß man eine Woche bis 10 Tage auf die Rücksendung der Handelsregisterauskunft warten. Nähere Auskünfte zum Mailbox-System ALEXIS gibt die Hans Soldan-Stiftung (s. unten Rdnr. 359).

2.5 Auskunft aus dem Schuldnerverzeichnis

Hier ist eingetragen, ob der Schuldner im Bezirk dieses Amtsgerichtes die Offenbarungsversicherung (§ 915) abgegeben hat und ob andere Gläubiger bereits Haftbefehle gegen den Schuldner erwirkt haben. Auskunft kann meist telefonisch eingeholt werden.

2.6 Konkursgericht

Bei dem Amtsgericht – Konkursgericht – wird ein Verzeichnis darüber geführt, ob der Schuldner einen eigenen Antrag auf Eröffnung des Konkurses über sein Vermögen gestellt hat, ob der Konkurs eröffnet oder mangels Masse abgelehnt wurde. Auskunft kann meist telefonisch eingeholt werden.

2.7 KFZ-Halteranfrage

Adressat ist die Zulassungsstelle, die das Kennzeichen eines (möglicherweise im Eigentum des Schuldners stehenden) KFZ erteilt hat. Die Auskunft, die DM 5.– bis DM 10.– kosten kann, besagt aber nur, ob der Schuldner Halter des KFZ ist, Eigentümer kann trotzdem eine Leasinggesellschaft oder die Hausbank des Schuldners sein.

Bei den Auskunftsersuchen gegenüber den Gerichten und Verwaltungsbehörden empfiehlt es sich, darauf hinzuweisen, daß die erbetenen Daten benötigt werden, um privatrechtliche Ansprüche zu verfolgen und durchzusetzen.

3. Weitere Auskunftsquellen

Diese Möglichkeiten erfordern teilweise einen höheren Kostenaufwand:

3.1 Auskunfteien

Es gibt eine ganze Anzahl von Auskunfteien (z. B. Schimmelpfeng, Creditreform, Bürgel, um nur einige der größeren zu nennen). Der Informationsstand der Auskunfteien wird oft unterschätzt.

15 Sie beziehen ihre Kenntnisse einmal aus den oben genannten öffentlich zugänglichen Quellen, soweit ihnen diese ohne den Nachweis eines konkreten rechtlichen Interesses offensteht.

Daneben bekommen sie von ihren eigenen Mitgliedern Informationen, die öffentlichen Quellen nicht zugänglich sind, also z. B. über den

Umsatz eines Schuldners, das beschäftigte Personal, ja sogar aus Bilanzen, die der Schuldner in früheren Zeiten, als es ihm noch gut ging, freiwillig vorgelegt hat, um z.B. bei der Verhandlung über ein Bankdarlehen „eine gute Auskunft zu haben“. Für spätere Vollstreckungsmöglichkeiten kann das große Bedeutung haben.

Von Bedeutung ist auch, daß die meisten **Auskunfteien bundesweit** arbeiten, während z.B. das Schuldnerverzeichnis nur die Eintragungen an einem bestimmten Amtsgerichtsort enthält. Eine Auskunft kostet zwischen 40,00 und 60,00 DM.

3.2 Auskunft bei der Schufa

Die SCHUFA ist eine Schutzorganisation, der nur Banken angeschlossen sind. Sie erteilt daher auch nur an Banken Auskünfte (BGH NJW 86, 49). Die angeschlossenen Banken melden der SCHUFA notleitend gewordene Kredite, Wechselproteste, geplatzte Schecks, die Beantragung des Mahnbescheids, die Offenbarungsversicherung und einzelne Pfändungen, soweit sie bekannt werden. **16**

Wenn der Gläubiger guten Kontakt zu seiner Bank hat, wird diese bei der Bank des Schuldners oder der SCHUFA anfragen, wie es um den Schuldner steht. Wegen der damit für die Bank verbundenen Haftungsrisiken bekommt man meist nur eine allgemein gehaltene Auskunft, die aber manchmal schon ausreicht.

3.3 Handwerkskammer/Industrie- und Handelskammer

Alle handwerklich oder gewerblich Tätigen sind entweder bei der Handwerkskammer oder der Industrie- und Handelskammer registriert. Auch dort müssen alle Adressenänderungen mitgeteilt werden. Beide Kammern sind schon wegen ihrer eigenen Beiträge daran interessiert, die Adressen der Mitglieder auf dem laufenden zu haben. Wenn man daher den Kammern mitteilt, daß die Adresse des Schuldners nicht bekannt oder nicht vollständig ist, ermitteln die Kammern die richtige Adresse und teilen diese wiederum dem Gewerbeaufsichtsamt mit, wo der Gläubiger sie dann abfragen kann. **17**

Hohe Schulden eines gewerblich tätigen Schuldners können auch dessen gewerberechtliche Unzuverlässigkeit begründen, was wiederum dem Schuldner für weiteres Tätigwerden „das Handwerk“ legt.

3.4 Auskunftei/Detektiv

Individuelle Auskunftsaufträge bei Auskunfteien oder Detekteien können zwar sehr gute Ergebnisse bringen, die Kosten hierfür sind allerdings sehr hoch. (Für schwierigste Fälle verlangen Detektive Stundensätze!) **18**

Die Kosten können u.U. erstattungsfähig sein, im Einzelfall ist auf die Kommentare zu § 788 zu verweisen.

II. Der Titel

1. Funktion des Titels

1.1 Allgemeines

19 Die Zwangsvollstreckung ist ein stark formalisiertes Verfahren. Die Vollstreckungsorgane prüfen nicht, ob der Anspruch gegen den Schuldner den Gläubiger tatsächlich zusteht.

Bevor der Gläubiger gegen den Schuldner die Zwangsvollstreckung betreiben kann, muß in den meisten Fällen ein neutraler Dritter – in der Regel das Gericht – den Anspruch auf seine Berechtigung hin überprüfen: Das wird vom Rechtsstaatsgebot der Verfassung (Art. 20 III GG) verlangt. Die formellen und materiellen Verfahrensarten, in denen diese Überprüfung stattfindet, sind vielfältig. Ihr Ergebnis besteht in der Titulierung des Anspruchs. Die häufigsten Titel sind:

– die Endurteile der Zivilgerichte (§§ 300, 313)
– die Mahn-/Vollstreckungsbescheide (§§ 688, 699; zum Prüfungsumfang unten Rdnr. 15)
– die Kostenfestsetzungsbeschlüsse (§ 103)
– die Prozeßvergleiche (§ 794 I Nr. 1)
– die Anerkennung des Regelunterhalts des nichtehelichen Kindes (§ 794 I Nr. 2a)
– die notariellen Urkunden (§ 794 I Nr. 5)

Daneben gibt es noch einige weitere, in § 794 und in anderen Gesetzen bezeichnete Titel (s. unten Rdnr. 33 f.).

1.2 Verjährungsfristen

20 Wenn der **Auftrag**, einen Titel zu erwirken, im Anwaltsbüro **eingeht**, muß unverzüglich geprüft werden, ob im konkreten Fall **Verjährung** droht. Besondere Aufmerksamkeit ist in der Zeit nach dem 15. 12. eines jeden Jahres geboten, weil viele Forderungen zum 31. 12. eines jeden Jahres verjähren (§ 201 BGB).

Die **Berechnung** von Verjährungsfristen ist nicht einfach, da sie von unterschiedlichen Bedingungen des Fristbeginns, der Hemmung, der Unterbrechung und des Fristendes abhängt.

So kann die sehr wichtige „zweijährige" Verjährungsfrist des § 196 BGB tatsächlich zwischen 2 und 3 Jahren liegen, da hier der Fristbeginn erst am Jahresende erfolgt (§ 201 BGB).

V liefert K am 4. 1. 1988 einen Kühlschrank. Die Verjährungsfrist beginnt am 31. 12. 1988 und endet am 31. 12. 1990.
Erfolgt die Lieferung am 28. 12. 1988, so endet die Frist **ebenfalls** *am 31. 12. 1990, weil sie in diesem Fall schon drei Tage nach der Lieferung beginnt.*

Sehr schwierig ist auch die Berechnung der 6-monatigen Gewährleistungsfrist beim Mietvertrag (§ 638 BGB), weil sie an die Abnahme geknüpft ist (§ 640 BGB), über deren Voraussetzungen viel Streit entstehen kann.

Man sollte daher vorsorglich die Fristberechnung auf den frühest denkbaren Fristbeginn abstellen und mögliche Hemmungen oder Unterbrechung einstweilen außer acht lassen, damit Mahnbescheide auf jeden Fall vor dem Fristende beantragt werden. Es kommt auf den Zeitpunkt des **Antrags**, nicht auf die Zustellung an, wenn diese **demnächst** erfolgt (§ 270 Abs. 3, 207, 209).

Die wichtigsten Verjährungsfristen sind folgende:

a) 6-Monatsfristen
   - Gewährleistungsansprüche im Kauf- und Werkvertragsrecht (§§ 477, 638 BGB).
   - Verjährung von Ersatzansprüchen des Vermieters (vor allem wegen unterlassener Schönheitsreparaturen) (§ 558 BGB).

b) 2-Jahresfristen (§ 196 BGB)
   - Zahlungsansprüche wegen Lieferung von Waren, Ausführung von Arbeiten und Besorgung fremder Geschäfte der Kaufleute, Fabrikanten, Handwerker etc. gegenüber den Endabnehmern, die **nicht** Gewerbetreibende sind.
   - Die Ansprüche der Arbeitnehmer wegen Gehalts, Lohnes und anderer Dienstbezüge, soweit sie nicht tarifvertraglich verkürzt sind.
   - Die Zahlungsansprüche der Freiberufler (vor allem Ärzte, Rechtsanwälte etc.) wegen der Honorare. (S. auch in § 196 BGB die weiteren Ansprüche, die der 2-jährigen Verjährungsfrist unterliegen).

c) 4-jährige Verjährungsfrist (§ 197 BGB)
   - Die Zinsansprüche sowohl für private wie für gewerblich genutzte Darlehen (Ausnahme: § 11 III VerbrKrG).
   - Ansprüche auf Zahlung von Miete für Wohnungen und gewerbliche Räume sowie Pachten.
   - Ansprüche auf Unterhalt und andere regelmäßig wiederkehrende Leistungen.

d) 30-jährige Verjährung (§ 195 BGB)
   Alle übrigen Ansprüche verjähren spätestens in 30 Jahren.

Die Verjährung wird durch den Mahnbescheid (und die Klage) allerdings nur dann unterbrochen, „sofern die Zustellung demnächst erfolgt" (§ 270) und wenn im Falle des Widerspruchs die Klagebegründung so schnell vorgelegt wird, daß die Sache „alsbald nach der Erhebung des Widerspruchs" an das Streitgericht verwiesen werden kann (§ 696 Abs. 3).

Die Zustellung ist „demnächst" erfolgt, wenn der Kläger alles, was ihm im Rahmen des Verfahrens obliegt, unternimmt, um die Zustellung zu ermöglichen (BGHZ 86, 322); er muß also insbesondere Gerichtskostenvorschüsse rechtzeitig einzahlen, Zwischenverfügungen des Gerichts sofort beantworten. Eine rein gerichtsinterne Verzögerung wird ihm nicht zugerechnet (BGH NJW 1982, 172).

Die Vorlage der Klagebegründung nach Einlegung des Widerspruchs hat der Kläger ohnehin weitgehend selbst in der Hand. Eine Vorlage nach 4 Monaten ist in jedem Fall zu spät (LG Köln NJW 1978, 650).

1.2.1 Prozeßverfahren nach der ZPO (Urteile und Vergleiche)

21 Hier muß der Kläger entweder beim Amtsgericht oder beim Landgericht Klage erheben (§ 253 I), die Mindestanforderungen hat (§ 253 II), es müssen Beweismittel benannt und Urkunden vorgelegt werden (§ 130 Nr. 5). Darauf muß der Beklagte mit gleicher Anforderung erwidern. Mündliche Verhandlung ist die Regel (§ 128), in der auch Zeugen vernommen werden können. Hat das Gericht die angebotenen Beweise erhoben oder festgestellt, daß Beweis nicht erhoben werden muß, wird durch Endurteil (§ 300) entschieden. Gegen das Urteil ist meistens Berufung, gegen das Berufungsurteil manchmal Revision möglich.

Wenn die Parteien sich vor dem Gericht vergleichen (§ 794 Abs. 1 Nr. 1), wird in dem Vergleich die Verpflichtung des Schuldners ebenso festgesetzt, als wenn das Gericht durch Urteil entschieden hätte.

1.2.2 Mahnbescheid/Vollstreckungsbescheid (MB/VB)

Die Zahl der im Mahnverfahren titulierten Forderungen übersteigt alle anderen ganz erheblich. Es sind überwiegend die Fälle, in denen der Schuldner gegenüber der Forderung keine Einwendungen erhebt.

22 Beim Mahnbescheid (MB) behauptet der Gläubiger, einen bestimmten Zahlungsanspruch in Geld zu haben (§ 688 I), den er nur kurz begründet. Das Gericht prüft die Berechtigung des Anspruches nur in engen Grenzen auf formelle Richtigkeit, Vorliegen der Prozeßvoraussetzungen und offensichtliche Unbegründetheit (BGH WM 1983, 1006: MWSt auf Verzugszinsen; LG Krefeld MDR 1986, 418 – im Umfang sehr str). Gemäß § 692 Abs. 1 Nr. 2 prüft das Gericht nicht, „ob dem Antragsteller der geltend gemachte Anspruch zusteht". Die Rechtsprechung hat gleichwohl ein solches Prüfungsrecht für offensichtlich unbegründete Forderungen entwickelt.

23 Eine weitere Einschränkung der Zulässigkeit des Mahnverfahrens ergibt sich für die Geldendmachung von Ansprüchen aus Verbraucherkreditverträgen. Der Gesetzgeber wollte mit dem Gesetz über Verbraucherkredite (BGBl 1990 Teil I, 2840) verhindern, daß sittenwidrige Kreditforderungen gegenüber schutzwürdigen Kreditschuldnern im Wege des Mahnverfahrens – also gerade ohne gerichtliche Schlüssigkeitsprüfung – geltend gemacht werden, wo zumindest eine große Chance besteht, daß sich der Schuldner nicht durch Widerspruch oder Einspruch gegen die Titulierung der in dieser Höhe gar nicht bestehenden Forderung zur Wehr setzt.

Die Beschränkungen des Mahnverfahrens sind kurz zusammenzufassen; kein Mahnverfahren findet statt

- wenn die Forderung von einer noch nicht erbrachten Gegenleistung des Gläubigers abhängt;
- wenn der Mahnbescheid öffentlich zugestellt werden müßte (§ 203);
- für Ansprüche des Kreditgebers (Gläubigers), wenn der nach dem Verbraucherkreditgesetz anzugebende effektive oder anfängliche effektive Jahreszins den bei Vertragsabschluß geltenden Diskontsatz der Deutschen Bundesbank zuzüglich 12 % übersteigt.

Vgl. hierzu § 688 II ZPO! Der letztgenannte Fall überfordert den Anfänger, da vor Antragstellung zu prüfen ist, ob überhaupt eine Forderung im Sinne des VerbrKrG vorliegt (Persönlicher und sachlicher Anwendungsbereich mit Ausnahmeregelungen) und wie sich dieses zwingende Gesetz auf die Höhe der Forderung einschließlich Vertrags- und Verzugszinsen auswirkt.

Nach § 690 I Nr. 3 i. V. m. Art. 1 der Verordnung zur Änderung von Vordrucken für gerichtliche Verfahren vom 18.7. 1991 (BGBl 1991, Teil I, 1547) muß der Gläubiger in dem Mahnbescheidsantrag ausdrücklich darauf hinweisen, daß der genau mit Datum und Zinssatz zu bezeichnende Kreditvertrag dem VerbrKrG unterfällt.

In Zweifelsfällen über die Anwendbarkeit muß auf die bereits umfangreiche Literatur zum VerbrKrG verwiesen werden, weitere Hinweise finden sich in Kap. XII.

Wenn keine Bedenken gegen den Antrag erkennbar sind, stellt das Gericht den **Mahnbescheid** (MB) dem Schuldner zu. Erhebt dieser nicht binnen zwei Wochen **Widerspruch** (§§ 692 I Nr. 3, 694 I), ergeht auf Antrag (§ 699 I) der **Vollstreckungsbescheid** (VB), gegen den wiederum innerhalb zwei Wochen **Einspruch** eingelegt werden kann (§§ 339 I, 700 I). Im arbeitsgerichtlichen Verfahren betragen die jeweiligen Fristen eine Woche (§§ 46 Abs. II, 59, 46a Abs. III ArbGG). Auch der schlampige Schuldner hat also mindestens zwei Möglichkeiten, seine Rechte wahrzunehmen. Danach allerdings gibt es keine Rechtsbehelfe mehr.

1.2.2.1 Antrag – Fehlerquellen

Der MB/VB muß auf einem bundeseinheitlichen Formular ausgefüllt werden. In Ländern, die Mahnbescheidssachen mit EDV bearbeiten (seit 1.1. 1985 AG Stuttgart, 1.9. 1987 AG Hagen, 1.3. 1988 AG Dortmund, 1.8. 1988 Berliner AGe) muß ein anderes EDV-gerechtes Formular verwendet werden (dazu unten Rdnr. 27). Der vollständige Formularsatz enthält eine ausführliche Anleitung bei jeder einzelnen Ziffer, auf die ich verweisen kann. Zu beachten ist daneben die Angabe des **eigenen Aktenzeichens** und der **Bankverbindung** des **Gläubigers.** Beides erleichtert die mit Schuldnerzahlungen verbundene Abwicklung. Zu besonderen Problemen z. B. bei der Bezeichnung des Antragsgegners oder des Anspruchs siehe Rdnr. 35, 36.

Das Formular wird bei dem **Amtsgericht** eingereicht, in dessen Bezirk der **Gläubiger** seinen **Wohn-/Firmensitz** hat. Für Gläubiger mit Sitz im **Ausland** ist zentral das AG Berlin-Schöneberg zuständig.

Wenn ein MB gegen **mehrere Schuldner** beantragt werden muß, ist für **24**
jeden von ihnen ein einzelner Formularsatz zu verwenden.

Neben den amtlichen Erläuterungen sind noch folgende Hinweise nützlich:

- Bei Ziffer 3 ist dringend zu empfehlen, die Bankverbindung des Gläubigeranwalts aufzunehmen. Wird später ihre Angabe im Vollstreckungsverfahren einmal vergessen, kann der Gerichtsvollzieher oder der Drittschuldner die Bankverbindung immer auch auf dem Titel erkennen.

- Bei Ziffer 5 sollte das „Geschäftszeichen des Antragstellers" immer ausgefüllt sein, da es dann von dem Vollstreckungsgericht und dem Gerichtsvollzieher bei Überweisungen häufig angegeben wird. Dadurch wird die Zuordnung von Zahlungen für die Buchhaltung des Gläubigers oder seines Anwaltes vereinfacht.
- Bei der Darstellung der Zinsen kommt es häufiger vor, daß nicht nur ein einziger Zinsbetrag und nicht nur eine einzige Hauptsache zu berechnen sind.

Der Ivan Goll GmbH stehen gegen einen Kunden aufgrund verschiedener, zeitlich gestaffelter Lieferungen folgende Beträge zu:
DM 3.000,– nebst 8% Zinsen seit 01. 02. 86
weitere DM 2.500,– nebst 7,5% Zinsen seit 01. 03. 86
weitere DM 5.000,– nebst 9% Zinsen seit 01. 04. 1986.
Der Mahnbescheid über den Gesamtbetrag von 10.500,– soll am 1. 9. 1986 beantragt werden.

Wenn der Gläubiger für die Gesamtforderung ab 1.9. 1986 9% Zinsen bei seiner Bank zahlen muß, dann ist es zweckmäßig, die Zinsen vorher auszurechnen und den Antrag folgendermaßen zu formulieren:

„9% Zinsen aus DM 10.500,– seit 1. 9. 1986 sowie DM 421,25 rückständige Zinsen aus der Zeit vom 1. 2. 86 bis 30. 8. 86."

Als Rechenhilfe: Der Betrag von DM 421,25 errechnet sich folgendermaßen:

8% Zinsen aus DM 3.000,– vom 1.2. 86 bis 30.8. 86	DM 140,–
7,5% Zinsen aus DM 2.500,– vom 1.3. 86 bis 30.8. 86	DM 93,75
9% Zinsen aus DM 5.000,– vom 1.4. 86 bis 30.8. 86	DM 187,50
	DM 421,25

Einige Gerichte wollen diese Zinsrechnung aufgeschlüsselt haben. Wenn der Platz auf dem Mahnbescheidsformular nicht ausreicht, kann man ein Beiblatt „Zinsberechnung" beifügen.
Die Zusammenfassung von Zinsen ist allerdings nur möglich, wenn der Gesamtbetrag (z.B. DM 10.500,–) ab 1.9. gleichmäßig (mit z.B. 9%) verzinst wird. Bei mehreren Teilforderungen mit unterschiedlichen Zinshöhen ist eine Zusammenfassung nicht möglich.
- Der Platz bei Ziffer 5 für die Anspruchsbegründung reicht bei vielen Teillieferungen oft nicht aus. In einem solchen Fall kann auf ein dem Mahnbescheid beigefügtes Anlagenblatt verwiesen werden, und zwar wie folgt:

„Anspruch auf Kaufpreis für Lieferung von Büromaterial in der Zeit vom 1. 1. 86 bis 30. 4. 86 (vgl. anliegende Übersicht über Rechnungs- und Lieferscheindaten)."

Das Beiblatt ist dann Bestandteil des Titels und wird vom Rechtspfleger mit diesem verbunden. Der Antrag bei Ziffer 12 sollte freibleiben, um den Gläubiger nach Widerspruch des Schuldners nicht unter Zeitdruck zu setzen.
- Wenn die Widerspruchsnachricht kommt, wird sowohl im konventionellen wie im automatisierten Mahnverfahren die Sache erst dann an das zuständige Gericht weiter-verwiesen, wenn die zweite Gerichtskostenhälfte einbezahlt wird.

Diese Zahlung sollte man erst **zusammen** mit der Klagebegründung durchführen, da sonst die Sache auch ohne Begründung verwiesen wird und das Streitgericht dem Antragsteller dann eine Frist zur Klagebegründung setzt, die ihn unter Zeitdruck bringen kann.

In Eilfällen (Verjährung!) wird die Frist auch gewahrt, wenn ausnahmsweise die Kostenmarken nicht aufgeklebt oder aufgestempelt sind und binnen 14 Tagen bezahlt wird (BGH, WM 85, 36). Bei Gericht dauert die Bearbeitung ca. 3–7 Tage. Sobald die Zustellungsurkunde beim Gericht angelangt ist, wird das Datum des MB und seiner Zustellung vermerkt und das gelbe Formular, auf welchem der VB beantragt werden kann, dem Gläubiger zugeschickt. **Zwei Wochen** (§ 699 I 1, 2) **nach** der **Zustellung** darf der Gläubiger damit den **VB beantragen.** Geht der Antrag früher ein, wird er postwendend zurückgewiesen und muß nochmals nach Fristablauf gestellt werden. Um den VB-Antrag zu prüfen, braucht das Gericht wiederum ca. 3–7 Tage, dann wird der VB dem Schuldner zugestellt. Ist der Zustellungsnachweis wieder beim Gericht angekommen, vermerkt der Rechtspfleger das Zustellungsdatum, unterschreibt den Titel und schickt ihn an den Gläubiger. Nach Ablauf der Einspruchsfrist (§ 339 I – 2 Wochen) ist über den Anspruch rechtskräftig entschieden.

Wird Widerspruch **nicht** eingelegt, dann muß der VB-Antrag spätestens innerhalb von 6 Monaten nach Zustellung des MB gestellt werden, da sonst die Wirkung des Mahnbescheids wegfällt (§ 701). Es kann dann zwar ein neuer Mahnbescheid erwirkt oder Klage erhoben werden, es entfällt aber z. B. die Unterbrechung der Verjährung (§ 213 BGB).

Die Bearbeitung von Mahnbescheidsanträgen im **automatisierten** **25**
Mahnverfahren ist erheblich komplizierter als bei den bisher noch weitgehend üblichen Mahnbescheidsanträgen. (Zur Umstellung allgemein Keller NJW 1981, 1184).

Erläuterungsbroschüren über das Verfahren können an folgenden Stellen bezogen werden:

– Justizministerium Baden-Württemberg, Schillerplatz 4, 7000 Stuttgart 1
– Justizministerium Nordrhein-Westfalen, Martin-Luther-Platz 40, 4000 Düsseldorf 1
– Für Berlin: Amtsgericht Wedding – Zentrales Mahngericht – Postfach 65 05 80, 1000 Berlin 65

Die dort gegebenen ausführlichen Erläuterungen müssen hier nicht wiederholt werden. Um die wesentlichen Unterschiede erkennen zu können, vergleicht man am besten die beiden hier beispielhaft ausgefüllten Musterformulare miteinander.

Die wesentlichen Unterschiede zum herkömmlichen Verfahren sind:

– Der Antrag ist nur in **einfacher** Ausfertigung einzureichen und nicht wie bisher für jeden Schuldner ein eigener Antrag.
– Das Erfordernis, Gerichts- und Anwaltskosten vorab auszurechnen, entfällt, weil sie automatisch aus dem Streitwert berechnet werden. Nur wenn die Auslagen ausnahmsweise höher sein sollten als die in § 26 BRAGO genannte Pauschale, sind sie anzugeben.
– Die **Vorschußpflicht** für die Gerichtskosten **entfällt:** Für sie wird mit dem Erlaß des Mahnbescheides eine Kostenrechnung erstellt.

- Die Zwischenverfügungen bei formellen Mängeln sind ebenfalls automatisiert.
- Der **Antrag** auf **Neuzustellung** des Mahnbescheides, wenn der erste Antrag (z. B. wegen Wohnsitzänderung) nicht zugestellt werden konnte, muß zwingend auf **vorgeschriebenem Formular** erfolgen.
- Für Zahlungen an das Gericht werden Zahlungsverkehrsvordrucke zur Verfügung gestellt (für Großgläubiger sind Einzugsermächtigungen möglich).
- Der Vollstreckungsbescheid wird ebenfalls maschinell erstellt (die Ausfertigung gemäß § 703 b entfällt).

Das maschinelle Mahnverfahren ist ein **aktenloses** Verfahren: Das ist der wesentliche Unterschied zur herkömmlichen Organisation. Nur zum Zwecke der Verfahrenskontrolle, oder wenn das aus technischen Gründen im Einzelfall nicht anders möglich ist, werden Akten angelegt.

Großgläubiger können Kennziffern erhalten, über die auch automatisierter Datenträgeraustausch möglich ist.

1.2.2.2 Besonderheiten beim Urkunden-, Wechsel- und Scheckmahnbescheid, § 703 a

26 Die häufigste Form des Wechsel- und Scheckmahnbescheides ist der Antrag auf Zahlung der im Wechsel/Scheck versprochenen Summe, der sich gegen den Zahlungsverpflichteten richtet (Art. 44 Abs. 1 WG, 40. Abs. 1 SchG). In beiden Fällen ist die Wechsel-/Scheck-Klage und der Wechsel-/Scheckmahnbescheid nur zulässig, wenn die **Protestfrist** eingehalten ist:

- Ist der **Wechsel**, wie meist, an einem bestimmten Tag zahlbar, so muß der Protest spätestens „an einem der beiden auf den Zahlungstag folgenden Werktage erhoben werden" (Art. 44 Abs. 3 S 1 WG).
- Bei **Schecks** muß der Protest „vor Ablauf der Vorlegungsfrist vorgenommen werden" (§ 41 SchG), d. h. (Art. 29 SchG):
  - Bei einem Inlandsscheck binnen 8 Tagen seit dem angegebenen Tag der Ausstellung.
  - Bei einem innerhalb Europas ausgestellten Scheck (Definition: Art. 29 Abs. 2 SchG) binnen 20 Tagen.
  - Bei einem Scheck außerhalb Europas binnen 70 Tagen.

Diese Fristen beginnen an dem Tage zu laufen, der in dem Scheck als Ausstellungstag angegeben ist (Art. 29 Abs. 4 SchG). Wenn die Protestfrist nicht eingehalten worden ist, kann kein Scheck-/Wechsel-Mahnbescheid, sondern nur ein Urkunden-Mahnbescheid beantragt werden. Das hat später einen Einfluß auf die Einwendungen, die der Schuldner gegen den Scheck oder Wechsel erheben kann.

1.2.2.3 Mahnbescheid gegen Schuldner im Ausland

27 Gegen den Schuldner, der im Ausland wohnt, kann in der Regel kein Mahnbescheid beantragt werden (Ausnahmen: s. Haegele/David, S. 49 – z. B. Frankreich, Italien, Benelux).

Der Antrag wird gerichtet an das

Amtsgericht

① Plz, Ort 8000 München 35

15 B 12717/92

Geschäftsnummer des Gerichts
Bei Schreiben an das Gericht stets angeben

② **Antragsgegner**/ges. Vertreter

Frau
Theresa Ellert
Residenzstraße 14

8000 München 2
Plz Ort

Raum für Kostenmarken/Freistempler (falls nicht ausreichend, unteres Viertel der Rückseite benutzen)

– Graue Felder bitte nicht beschriften! –

Mahnbescheid 04.10.1992 ← Datum des Mahnbescheids

③ **Antragsteller,** ges. Vertreter, Prozeßbevollmächtigter; Bankverbindung

TuV Teilzahlungsbank AG, ges. vertr. d.d. Vorstand Dipl.-Kaufmann Horst Henze,
Parkstraße 10, 8000 München 2
vertreten durch den Rechtsanwalt Dr. Hugo Klutz, Theodorstraße 10, 8000 München 2
Überweisung bitte auf Kto.Nr.: 382778-809 Postgiroamt München

④ **macht gegen Sie** ☐ als Gesamtschuldner

⑤ **folgenden Anspruch geltend** (genaue Bezeichnung, insbes. mit Zeitangabe): Geschäftszeichen des Antragstellers: ZV 92/00303/Gr

Anspruch auf Rückzahlung des Darlehens vom 01.04.1991,
fällig seit dem 01.01.1992. Die Zinsen von 12% jährlich
sind vertraglich vereinbart.

⑥	Hauptforderung DM 10.000,00	Zinsen, Bezeichnung der Nebenforderung — % ab Zustellung dieses Mahnbescheids zu Ziffer 6): 12% Zinsen aus DM 10.000,00 seit dem 01.01.1992
⑦	Nebenforderung DM 20,00	

	Kosten dieses Verfahrens (Summe 1 bis 5)	1 Gerichtskosten	2 Auslagen d. Antragst.	3 Gebühr d. Prozeßbev.	4 Auslagen d. Prozeßbev.	5 MwSt. d. Prozeßbev.
⑧	DM 699,00	120,00 DM	DM	539,00 DM	40,00 DM	DM

⑨ Gesamtbetrag DM 10.719,00 — zuzüglich der laufenden Zinsen — Der Antragsteller hat erklärt, daß der Anspruch von einer Gegenleistung ☐ nicht abhänge. ☒ abhänge, diese aber erbracht sei.

Das Gericht hat nicht geprüft, ob dem Antragsteller der Anspruch zusteht.
Es fordert Sie hiermit auf, innerhalb von zwei Wochen seit der Zustellung dieses Bescheids entweder die vorstehend bezeichneten Beträge, soweit Sie den geltend gemachten Anspruch als begründet ansehen, zu begleichen oder dem Gericht auf dem beigefügten Vordruck mitzuteilen, ob und in welchem Umfang Sie dem Anspruch widersprechen.

Wenn Sie die geforderten Beträge nicht begleichen und wenn Sie auch nicht Widerspruch erheben, kann der Antragsteller nach Ablauf der Frist einen **Vollstreckungsbescheid** erwirken und aus diesem die Zwangsvollstreckung betreiben.
Der Antragsteller hat angegeben, ein streitiges Verfahren sei durchzuführen vor dem

⑩ Landgericht München I, 8000 München I

An dieses Gericht, dem eine Prüfung seiner Zuständigkeit vorbehalten bleibt, wird die Sache im Falle Ihres Widerspruchs abgegeben.

Rechtspfleger

Antrag Ort, Datum 03.10.1992 München

Anschrift des Antragstellers/Vertreters/Prozeßbevollmächtigten

⑪ Herrn Rechtsanwalt
Dr. Hugo Klutz
Theodorstraße 10

8000 München 2
Plz Ort

Eingangsstempel des Gerichts

Ich beantrage, aufgrund der vorstehenden Angaben einen Mahnbescheid zu erlassen.

⑫ ☒ Im Falle des Widerspruchs beantrage ich die Durchführung des streitigen Verfahrens.

⑬ ☒ Ordnungsgemäße Bevollmächtigung versichere ich. ☐ Antragsteller ist nicht zum Vorsteuerabzug berechtigt.

⑭ Hier die Zahl der ausgefüllten Vordrucke angeben, falls sich der Antrag gegen mehrere Antragsgegner richtet.

Dr. Hugo Klutz

Unterschrift des Antragstellers/Vertreters/Prozeßbevollmächtigten

Blatt 1: Antrag und Urschrift

Amtsgericht
Plz, Ort
8000 München 35

15 B 12717/92
Geschäftsnummer des Gerichts
Bei Schreiben an das Gericht stets angeben

Antragsgegner/ges. Vertreter

Frau
Theresa Ellert
Residenzstraße 14

8000 München 2
Plz Ort

Datum des Vollstreckungsbescheids

Zustellungsnachricht an den Antragsteller.
In Ihrer Mahnsache ist dem Antragsgegner der Mahnbescheid an dem aus dem folgenden Vordruckteil ersichtlichen Tag zugestellt worden.
Prüfen Sie, nachdem die mit dem darauffolgenden Tag beginnende Zwei-Wochen-Frist abgelaufen ist, ob der Antragsgegner die Schuld beglichen hat.
Sollte das nicht der Fall sein und sollte auch nicht Widerspruch erhoben sein, können Sie den Erlaß des Vollstreckungsbescheids beantragen.
Verwenden Sie dazu bitte nur diesen Vordruck und beachten Sie die Hinweise auf der Rückseite.
Die Geschäftsstelle des Amtsgerichts

Vollstreckungsbescheid zum Mahnbescheid vom 04.10.1992 zugestellt 05.10.1992

Antragsteller, ges. Vertreter, Prozeßbevollmächtigter; Bankverbindung

TuV Teilzahlungsbank AG, ges.vertr. d.d. Vorstand Dipl.-Kaufmann Horst Henze,
Parkstraße 10, 8000 München 2
vertreten durch den Rechtsanwalt Dr. Hugo Klutz, Theodorstraße 10, 8000 München 2
Überweisung bitte auf Kto.Nr.: 382778-809 Postgiroamt München

macht gegen Sie ☐ als Gesamtschuldner

folgenden Anspruch geltend: Geschäftszeichen des Antragstellers: ZV 92/00303/Gr

Anspruch auf Rückzahlung des Darlehens vom 01.04.1991,
fällig seit dem 01.01.1992. Die Zinsen von 12% jährlich
sind vertraglich vereinbart.

Hauptforderung DM	10.000,00
Nebenforderung DM	20,00
Bisherige Kosten des Verfahrens (Summe 1 bis 5) DM	699,00
Gesamtbetrag DM	10.719,00

Zinsen, Bezeichnung der Nebenforderung — % ab Zustellung dieses Mahnbescheids
zu Ziffer 6): 12% Zinsen aus DM 10.000,00 seit dem 01.01.1992

1 Gerichtskosten	2 Auslagen d. Antragst.	3 Gebühr d. Prozeßbev.	4 Auslagen d. Prozeßbev.	5 MwSt. d. Prozeßbev.
120,00 DM	DM	539,00 DM	40,00 DM	DM

zuzüglich der laufenden Zinsen

Der Antragsteller hat erklärt, daß der Anspruch von einer Gegenleistung ☐ nicht abhänge. ☒ abhänge, diese aber erbracht sei.

Auf der Grundlage des Mahnbescheids ergeht Vollstreckungsbescheid
② ☒ wegen vorstehender Beträge | wegen ③
abzüglich gezahlter ④

Hinzu kommen folgende weitere Kostenbeträge ⑤

1 Gerichtskost., Auslag.	2 Gebühr d. Prozeßbev.	3 Auslagen d. Prozeßbev.	4 MwSt. d. Prozeßbev.	insgesamt (Summe von 1 bis 4)	
9,00 DM	269,50 DM	DM	DM	278,50 DM	☒ Die Kosten des Verfahrens sind ab Erlaß dieses Bescheids mit 4% zu verzinsen.

Dieser Bescheid wurde dem Antragsgegner zugestellt am:

Rechtspfleger

☐ Antragst. ☐ ges. Vertr. ☐ Prozeßbev. wurde VB-Ausf. erteilt am:

Herrn Rechtsanwalt
Dr. Hugo Klutz
Theodorstraße 10

8000 München 2

Antrag ① Ort, Datum 19.10.1992 München

Eingangsstempel des Gerichts

Ich beantrage, aufgrund der vorstehenden Angaben einen Vollstreckungsbescheid zu erlassen.
Der Antragsgegner hat geleistet
⑥ ☒ keine Zahlungen. ☐ nur die oben angegebenen Zahlungen.
⑦ ☒ Die Zustellung des Bescheids soll vom Gericht veranlaßt werden. **Die Auslagen für die Zustellung entrichte ich voraus.**
⑧ ☐ Ich beantrage, mir den Bescheid in Ausfertigung zur Zustellung im Parteibetrieb zu übergeben.

Dr. Hugo Klutz
Unterschrift des Antragstellers/Vertreters/Prozeßbevollmächtigten

Blatt 3: Zustellungsnachricht, Antrag und Urschrift

Raum für Vermerke des Gerichts

Antrag auf Erlaß eines Mahnbescheids

– Nur für Gerichte, die die Mahnverfahren maschinell bearbeiten. –

Zeilen-Nummer

Datum des Antrags: 03.07.1992

Wichtig: Bitte lesen Sie zunächst die **Hinweise** zu diesem Vordruck. Die Hauptforderung ist mit einer aus dem Hinweisblatt zu entnehmenden **Katalog-Nr.** zu bezeichnen.

1

2 **Antragsteller** — **Bei mehreren Antragstellern: Es wird versichert, daß der in Spalte 1 Bezeichnete bevollmächtigt ist, die weiteren zu vertreten.**

Spalte 1 — **Spalte 2** **Weiterer Antragsteller**

3 1 = Herr 2 = Frau | 1 = Herr 2 = Frau

Vorname | Vorname

4 Nachname | Nachname

5 Straße, Hausnummer – **bitte kein Postfach!** – | Straße, Hausnummer – **bitte kein Postfach!** –

6 Postleitzahl Ort Ausl. Kz. | Postleitzahl Ort Ausl. Kz.

7 **Spalte 3** **Nur Firma, juristische Person u. dgl. als Antragsteller** — Rechtsform, z. B. GmbH, AG, OHG, KG

8 3 = **nur** Einzelfirma 4 = **nur** GmbH u. Co KG **sonst Rechtsform:** AG

Vollständige Bezeichnung

9 TuV Teilzahlungsbank AG

Fortsetzung von Zeile 9

10 Straße, Hausnummer – **bitte kein Postfach!** – | Postleitzahl Ort Ausl. Kz.

Parkstraße 10 | 8000 München 2

11 **Gesetzlicher Vertreter** | **Gesetzlicher Vertreter** (auch weiterer)

12 3 *Nr. der Spalte, in der der Vertretene bezeichnet ist* | *Nr. der Spalte, in der der Vertretene bezeichnet ist*

Stellung (z. B. Geschäftsführer, Vater, Mutter, Vormund) | Stellung

13 Vorstand

Vor- und Nachname | Vor- und Nachname

14 Horst Henze

Straße, Hausnummer – **bitte kein Postfach!** – | Straße, Hausnummer – **bitte kein Postfach!** –

15 Parkstraße 10

Postleitzahl Ort Ausl. Kz. | Postleitzahl Ort Ausl. Kz.

16 8000 München 2

17 **Antragsgegner** — Antragsgegner sind Gesamtschuldner

Spalte 1 — **Spalte 2** **Weiterer Antragsgegner**

18 2 — 1 = Herr 2 = Frau | 1 = Herr 2 = Frau

Vorname | Vorname

19 Theresa

Nachname | Nachname

20 Ellert

Straße, Hausnummer – **bitte kein Postfach!** – | Straße, Hausnummer – **bitte kein Postfach!** –

21 Residenzstraße 14

Postleitzahl Ort | Postleitzahl Ort

22 8000 München 2

Spalte 3 **Nur Firma, juristische Person u. dgl. als Antragsgegner** — Rechtsform, z. B. GmbH, AG, OHG, KG

23 3 = **nur** Einzelfirma 4 = **nur** GmbH u. Co KG **sonst Rechtsform:**

Vollständige Bezeichnung

24 Fortsetzung von Zeile 24

25 Straße, Hausnummer – **bitte kein Postfach!** – | Postleitzahl Ort

26 **Gesetzlicher Vertreter** | **Gesetzlicher Vertreter** (auch weiterer)

27 *Nr. der Spalte, in der der Vertretene bezeichnet ist* | *Nr. der Spalte, in der der Vertretene bezeichnet ist*

Stellung (z. B. Geschäftsführer, Vater, Mutter, Vormund) | Stellung

28 Vor- und Nachname | Vor- und Nachname

29 Straße, Hausnummer – **bitte kein Postfach!** – | Straße, Hausnummer – **bitte kein Postfach!** –

30 Postleitzahl Ort | Postleitzahl Ort

31

Bitte die nächste Vordruckseite beachten!

Bezeichnung des Anspruchs

I. Hauptforderung – siehe Katalog in den Hinweisen –

Zeilen-Nummer	Katalog-Nr.	Rechnung/Aufstellung/Vertrag oder ähnliche Bezeichnung	Nr. der Rechng./des Kontos u. dgl.	Datum bzw. Zeitraum vom	bis	Betrag DM
32	4	Vertrag		01.04.1991		10.000,00
33						
34						

Zeilen-Nummer	Postleitzahl	Ort als Zusatz bei Katalog-Nr. 19, 20, 90	Ausl. Kz.	Vertragsart als Zusatz bei Katalog-Nr. 28
35				-Vertrag

Sonstiger Anspruch – nur ausfüllen, wenn im Katalog nicht vorhanden – mit Vertrags-/Lieferdatum/Zeitraum vom ... bis ...

36 Fortsetzung von Zeile 36 | Betrag DM

37

Nur bei Abtretung oder Forderungsübergang:
Früherer Gläubiger – Vor- und Nachname, Firma (Kurzbezeichnung) | Datum | Seit diesem Datum ist die Forderung an den Antragsteller abgetreten/auf ihn übergegangen. | Postleitzahl | Ort | Ausl. Kz.

38

39

IIa. Laufende Zinsen

Zeilen-Nummer	Zeilen-Nr. der Hauptforderung	Zinssatz %	oder % über Diskontsatz	1 = jährl. 2 = mtl. 3 = tägl.	Nur angeben, wenn abweichend vom Hauptforderungsbetrag aus DM	Ab Zustellung des Mahnbescheids, wenn kein Datum angegeben. ab oder vom	bis
40	32	12%		1		01.01.1992	
41							
42							

IIb. Ausgerechnete Zinsen

Gemäß dem Antragsgegner mitgeteilter Berechnung für die Zeit
vom | bis | Betrag DM

III. Auslagen des Antragstellers für dieses Verfahren

Vordruck/Porto Betrag DM | Sonstige Auslagen Betrag DM | Bezeichnung

43

IV. Andere Nebenforderungen

Zeilen-Nummer	Mahnkosten Betrag DM	Auskünfte Betrag DM	Bankrücklastkosten Betrag DM	Inkassokosten Betrag DM	Sonstige Nebenforderung Betrag DM	Bezeichnung
44	20,00					

Ein streitiges Verfahren wäre durchzuführen vor dem

1 = Amtsgericht
2 = Landgericht
3 = Landgericht – KfH
4 = Kreisgericht
5 = Kreisgericht – KfH
weitere Schlüssel siehe Hinweise

45 [2] in Postleitzahl 8000 Ort München I

Im Falle eines Widerspruchs beantrage ich die Durchführung des streitigen Verfahrens. [X]

Prozeßbevollmächtigter des Antragstellers

1 = Rechtsanwalt
2 = Rechtsanwälte
3 = Rechtsbeistand
4 = Herr, Frau
5 = Rechtsanwältin
6 = Rechtsanwältinnen

Betrag DM

Ordnungsgemäße Bevollmächtigung versichere ich.

Bei Rechtsanwalt oder Rechtsbeistand: **Anstelle** der Auslagenpauschale des § 26 BRAGO werden die nebenstehenden Auslagen verlangt, deren Richtigkeit versichert wird.

Der Antragsteller ist nicht zum Vorsteuerabzug berechtigt. [ ]

46 [1]

Vor- und Nachname
47 Dr. Hugo Klutz

Straße, Hausnummer – **bitte kein Postfach!** –
48 Theodorstraße 10 | Postleitzahl 8000 | Ort München 2 | Ausl. Kz.

Bankleitzahl | Konto-Nr. | bei der/dem
49 70010080 | 382778-809 | Postgiroamt München

Von Kreditgebern (auch Zessionar) zusätzlich zu machende Angaben bei Anspruch aus Vertrag, für den das Verbraucherkreditgesetz gilt:

Zeilen-Nr. der Hauptforderung	Vertragsdatum	Effektiver Jahreszins	Zeilen-Nr. der Hauptforderung	Vertragsdatum	Effektiver Jahreszins	Zeilen-Nr. der Hauptforderung	Vertragsdatum	Effektiver Jahreszins

50

Geschäftszeichen des Antragstellers/Prozeßbevollmächtigten
51 ZV 92/00303/Gr

An das
Amtsgericht
– Mahnabteilung –
52 Postfach 65 05 80

53 1000 Berlin 65
Postleitzahl, Ort

Ich beantrage, einen Mahnbescheid zu erlassen und in diesen die Kosten des Verfahrens aufzunehmen.
Ich erkläre, daß der Anspruch von einer Gegenleistung
[XX] abhängt, diese aber bereits erbracht ist. [ ] nicht abhängt.

Unterschrift des Antragstellers/Vertreters/Prozeßbevollmächtigten

Dr. Hugo Klutz, Rechtsanwalt

1.2.3 Kostenfestsetzungsbeschlüsse (§§ 103 Abs. 1, 104 Abs. 1, 794 I Nr. 2 i. V. m. 795 a, 798)

Nach Erlaß des Urteils setzt das Prozeßgericht die entstandenen Kosten gegen die Partei fest, die unterlegen ist. Aus diesem Beschluß (KFB) kann ohne Vorlage des Urteils selbständig vollstreckt werden. Es hängt von der örtlichen Gerichtspraxis und davon ab, wie schnell der Gläubiger seinen Kostenfestsetzungsantrag stellt, ob der Kostenfestsetzungsbeschluß schon auf die Urteilsausfertigung gesetzt wird, oder nicht. **28**

Wird er, wie wohl überwiegend, getrennt ausgefertigt, dann darf frühestens zwei Wochen nach Zustellung vollstreckt werden (§ 798). Wenn im Urteil Sicherheitsleistung angeordnet wurde, ist das im KFB zu vermerken: Sie muß dann zuerst nachgewiesen werden (Rdnr. 66).

1.2.4 Notarielle Urkunde (§§ 794 I Nr. 5, 795)

Wenn der Schuldner seine Schuld vor einem Notar anerkennt und sich dort der Zwangsvollstreckung unterwirft, hat diese Urkunde dieselbe Wirkung wie ein rechtskräftiges Urteil. Aus der notariellen Urkunde darf, ähnlich wie beim Kostenfestsetzungsbeschluß, auch erst eine Woche nach Zustellung vollstreckt werden (§ 798). Der Gläubiger kann den Schuldner nicht zwingen, zum Notar zu gehen. Notarielle Urkunden entstehen daher in der Regel nur im Zusammenhang mit Verträgen, vor allem mit Grundstückskaufverträgen, Erbauseinandersetzungen, Unternehmenskaufverträgen, etc. Die meisten Schuldner scheuen das Anerkenntnis durch notarielle Urkunde, weil sie dann nicht die Rechtsmittel des Zivilprozesses haben, mit denen man das Verfahren verzögern oder erschweren kann. Manchmal (leider zu selten) sieht der Schuldner aber ein, daß er keine wirklichen Einwendungen gegen die Forderung hat. Dann ist die notarielle Urkunde ein billiger und diskreter Weg, die Schuld anzuerkennen. **29**

Für den Gläubiger ist es wichtig, diese Urkunde *sofort* zustellen zu lassen, da er erst zwei Wochen nach Zustellung vollstrecken kann (§ 798).

Damit die Urkunde einen vollstreckungsfähigen Inhalt hat, muß sie den Anspruch genau so eindeutig beschreiben wie das Urteil (s. dazu unten 2.2). Daneben muß sie die Unterwerfungsklausel enthalten. Diese lautet:

„Herr Werner Müller übernimmt die persönliche Haftung für die Zahlung aller in dieser Urkunde genannten Ansprüche und unterwirft sich persönlich der sofortigen Zwangsvollstreckung aus dieser Urkunde in sein gesamtes Vermögen."

Wird die Unterwerfungsklausel – wie oft – im Zusammenhang mit Hypotheken- oder Grundschuldbestellungen entworfen, muß sie außerdem dahingehend lauten, *„daß die Zwangsvollstreckung aus dieser Urkunde gegen den jeweiligen Eigentümer zulässig ist" (siehe näher dazu § 800).*

1.2.5 Eintrag in die Konkurstabelle, Teilnahme am Zwangsvergleich (§§ 64, 109 KO)

Wenn im Konkursverfahren eine Forderung nicht bestritten und in die Konkurstabelle eingetragen wird, entsteht daraus ein Vollstreckungstitel für **30** den Gläubiger, der ihn berechtigt, seinen Anteil an der Quote zu erhalten. Nach Abschluß des Konkurses kann gegen natürliche Personen weiter vollstreckt werden, beim Zwangsvergleich hingegen sind die von ihm erfaßten Forderungen mit Zahlung der Quote endgültig erledigt (§ 193 KO).

1.2.6 Ausländische Titel

31 Einen ausländischen Titel kann man in der Bundesrepublik Deutschland nur vollstrecken, wenn das Urteil zuvor durch ein deutsches Gericht anerkannt worden ist (§ 328 i. V. mit §§ 722, 723).

In diesem Verfahren wird die Einhaltung internationaler Völkerrechtsregeln geprüft, die von einzelnen Staaten unterschiedlich gehandhabt werden. § 328 legt in Abs. 1 Ziffern 1–5 fest, wann eine Anerkennung ausgeschlossen ist.

In zwischenstaatlichen Verträgen sind die Anerkennungsvoraussetzungen vielfach weiter ausdetailliert. Zwischen den EG-Ländern besteht ein vereinfachtes EG-Abkommen, bilaterale Abkommen bestehen mit Österreich, der Schweiz und einer Reihe von anderen Ländern (Übersicht bei Zöller in den Anmerkungen zu § 328 sowie im Anhang I und II).

1.2.7 Öffentlich-rechtliche Titel

32 Finanzämter und Verwaltungsbehörden haben den Vorzug, ihre **Forderungen selbst titulieren** zu können. Der Betroffene hat zwar Rechtsmittel, muß aber einstweilen zahlen. Für den Gläubiger ist das wichtig zu wissen, weil die öffentlichen Vollstrecker damit einen ganz erheblichen **Zeitvorsprung** gewinnen.

1.2.8 Sonstige Titel

33 In verschiedenen Einzelgesetzen ist die Entstehung von Titeln geregelt, so etwa die Herausgabeansprüche nach erfolgter Hausratsteilung (§ 16 Hausratsverordnung), die Kostenrechnung der Notare (§ 155 KostO), die Entscheidungen des Seemannsamtes (§ 131 Seemannsordnung). Eine Übersicht gibt Zöller in Rdz. 35 zu § 794.

2. Probleme bei der Erwirkung des Titels, die für die Vollstreckung von Bedeutung sind

34 **Unklarheiten** bei der **Beantragung** des **Titels** gehen grundsätzlich zu Lasten des Gläubigers (KG Berlin, Rpfl. 82, 191). Im schlimmsten Fall kann der Titel dann nicht vollstreckt werden, der Gläubiger hat die Gerichtskosten umsonst investiert und möglicherweise ist der Anspruch bis zu einem neuen Antrag schon verjährt. Der Anfänger, der oft selbständig den MB/VB beantragt, muß dieses **Haftungsrisiko** immer im Auge behalten!

2.1 Richtige Parteibezeichnung

Wenn Gläubiger oder Schuldner im Titel nicht richtig bezeichnet sind, darf aus ihm nicht vollstreckt werden. Es sind also zu ermitteln:

- Vorname und Nachname des Gläubigers und Schuldners in richtiger Schreibweise. Heißt der Schuldner **Mayer,** lautet der Titel aber auf **Maier,** kann er wertlos sein, wenn der Schuldner nicht klar identifizierbar ist. Gleiches gilt für Rainer statt Reinhard, Hans statt Johann, bei Namensgleichheit von Vater und Sohn (Zusatz: sen./jun. erforderlich). In diesem Fall gibt es normalerweise keinen Anspruch auf Titelberichtigung! **35**
- Gleiches gilt für die Firmenbezeichnungen. Ist die **Firma** im **Handelsregister** eingetragen, müssen **Schreibweise** und Bezeichnung dort nachgeprüft werden.
- Wird eine offene Handelsgesellschaft **(oHG)** oder eine Kommanditgesellschaft **(KG)** verklagt, so müssen **immer gleichzeitig** der oder die **persönlich haftenden Gesellschafter mitverklagt** werden, damit auch in deren Vermögen vollstreckt werden kann. Wenn man das vergißt, kann es leicht geschehen, daß die Vollstreckung in das Firmenvermögen ergebnislos bleibt und zwischenzeitlich andere Gläubiger schon in das Privatvermögen vollstreckt haben oder die Forderung schon verjährt ist. Titelumschreibung ist nicht möglich (§§ 124 II, 129 IV, 161 HGB).
- Bei der Einzelfirma kann zwar aufgrund des Titels gegen die Firma auch gegen den Kaufmann persönlich vollstreckt werden. In der Praxis stößt das aber auf Schwierigkeiten, wenn nicht Vor- und Nachname des Inhabers genau angegeben sind. Die richtige Formulierung lautet:

  „Werner Müller, Inhaber des Feinkosthauses August Huber, Rosenheimer Str. 12, 8000 München 80".

- Bei BGB-Gesellschaften (Arbeitsgemeinschaften im Bauwesen, Ärztegemeinschaften, Wohnungseigentümergemeinschaften, Kapitalanlagegemeinschaften, Anwaltssozietäten) müssen sämtliche Beteiligte mit Vor- und Nachnamen und Privatadressen genannt werden. Das gilt auch auf der Gläubigerseite! **Nicht vollstreckungsfähig** daher:

  „Rechtsanwälte Maier und Kollegen"

  Richtig hingegen:

  „Rechtsanwälte Adolf Maier, Werner Finke, Thomas Holz, sämtlich: Kapuzinerstraße 13, 8000 München 2"!

- Bei der **GmbH** muß der **Geschäftsführer** mit **Vor-** und **Nachnamen** genannt sein.
- Werden Minderjährige oder Entmündigte verklagt, so muß der gesetzliche Vertreter (Eltern, Vormund) mit Vor- und Nachnamen und der Privatadresse ermittelt werden.
- Ist durch Eheschließung ein Namenswechsel eingetreten, gibt das **Standesamt** Auskunft (§§ 792 ZPO, 61 PStG).

2.2 Genaue Sachbezeichnung

Auch der **Inhalt** des Titels, der das bezeichnet, was vollstreckt werden soll, muß **genau formuliert** werden.

Folgende Titel kommen am häufigsten vor:

36 – **Zahlung von Geld:**

„Der Beklagte wird verurteilt, an den Kläger DM 10 785,00 nebst 10% Zinsen hieraus seit 1. 2. 85 zu bezahlen."

Beim Mahnbescheid lautet es sinngemäß, und zum Anspruchsgrund detaillierter: „Anspruch auf Zahlung von Werklohn für die am 10. 1. 85 auftragsgemäß reparierte und abgenommene Garagentür lt. Rechnung v. . . . ." Die (übliche) bloße **Bezugnahme** auf ein **Rechnungsdatum** reicht in vielen Fällen **nicht aus.**

– **Herausgabe von Sachen:**

„Herr Ferdinand Weißhaupt verpflichtet sich, am 1. 10. 85 den PKW, amtliches Kennzeichen M-CT 2795, BMW 328 TI, Baujahr 1982, silbermetallic, Fahrzeugidentifizierungsnummer WBMWZZZ17ZDWO99367 herauszugeben."

– **Abgabe von Willenserklärungen:**

„Der Beklagte wird verurteilt, in die Löschung der für ihn an dem Grundstück, eingetragen im Grundbuch von München, Grundbuchbezirk Maxvorstadt, Bd. III, Bl. 728, Flurstück Nr. 1200 vorgetragenen Auflassungsvormerkung einzuwilligen."

– **Vornahme von Handlungen:**

„Der Beklagte wird verurteilt, die Reklametafel an dem Anwesen Wasserburger Landstraße 36, 8000 München, zu entfernen."

– **Urteil auf Unterlassung:**

„Der Beklagte wird bei Meidung von Erzwingungshaft bis zu 6 Monaten oder Geldbuße bis zu DM 500 000 verurteilt, es zu unterlassen, das Warenzeichen (Wortzeichen) Milotty im kaufmännischen Verkehr zu benutzen."

Wenn Anwälte und Gerichte nicht genügend Erfahrung im Vollstrekkungsrecht haben, wird ein **Klageanspruch ungenau** gefaßt und vom Gericht ungenau übernommen. Das passiert vor allem bei Vergleichsformulierungen. Dann stellt sich erst in der Vollstreckung heraus, daß der **Titel wertlos** ist, weil der Gerichtsvollzieher ihn mangels Bestimmbarkeit gar nicht vollstrecken kann.

2.3 Berufungsurteile

Es ist örtlich sehr unterschiedlich, wie die Berufungsgerichte ihre Titel abfassen. Zum Teil hängt das auch davon ab, wie die jeweiligen Anwälte im Berufungsverfahren ihre Anträge stellen. In der Vollstreckung führt das zu Problemen, wenn das Urteil der I. Instanz nur teilweise aufgehoben wird. Dann kann es nämlich passieren, daß der **Inhalt** des Titels sich nur aus **beiden Urteilen** zusammen ergibt.

Das Urteil I. Instanz des Landgerichts Düsseldorf lautet:
„Die Beklagte wird verurteilt, an den Kläger DM 15.357,– nebst 9% Zinsen hieraus seit 1. 4. 1986 und DM 30,– vorgerichtliche Mahnauslagen zu bezahlen."
Das Berufungsurteil des Oberlandesgerichts Düsseldorf könnte lauten:
„Das Endurteil des Landgerichts Düsseldorf vom 1. 7. 1986 wird insoweit aufgehoben, als die Beklagte verurteilt worden ist, DM 30,– Mahnauslagen und mehr als 5% Zinsen seit 1. 4. 1986 zu bezahlen."

In diesem Fall benötigt der Gerichtsvollzieher beide Urteile, weil die Höhe der Hauptsacheforderung im Berufungsurteil nicht genannt ist. 37

Vorzuziehen wäre folgende Fassung, die nur die Vorlage des Berufungsurteils erfordert:

„Das Endurteil des Landgerichts Düsseldorf vom 1. 7. 1986 (Aktenzeichen 3 O 158/86) wird abgeändert und neu gefaßt wie folgt:
Die Beklagte wird verurteilt, an den Kläger DM 15.000,– nebst 5% Zinsen hieraus seit 1. 4. 1986 zu bezahlen."
Der Anwalt des Klägers sollte also schon im Verfahren darauf achten, einen für die Zwecke der Vollstreckung möglichst klar definierten Titel des Berufungsgerichts zu erhalten.

2.4 Adressenermittlung

Probleme bei der Ermittlung der Schuldneradresse wirken sich immer im Bereich der Zustellung aus. Sie sind daher dort (Rdnr. 13 ff.) besonders eingehend behandelt. Wenn Zweifel daran auftauchen, ob die Schuldneradresse zustellfähig ist, muß man sich mit diesen Problemen schon bei Beantragung des Titels beschäftigen, da sonst wertvolle Ermittlungszeit verlorengeht. 38

3. Mehrere Ausfertigungen des Titels (§ 733 I)

Der Titel wird üblicherweise in **einer** Ausfertigung erteilt, aus der die Vollstreckung betrieben wird. In Ausnahmefällen ist es jedoch zulässig und empfehlenswert, **mehrere** Ausfertigungen zu beantragen oder verbundene Titel (Gesamtschuld) zu trennen: 39

3.1 Gleichzeitige Vollstreckung in verschiedene Vermögenswerte

Da die Vollstreckung immer nur mit dem Originaltitel betrieben werden darf, kann normalerweise ein Vollstreckungsantrag erst gestellt werden, wenn ein anderer erledigt und dem Gläubiger der Titel wieder zurückgesandt wurde. Die Zeit, die dabei verstreicht, kann zu Rangverlusten führen, weil andere Gläubiger ebenfalls vollstrecken. Wenn der Gläubiger glaubhaft machen kann, daß er **mehrere Vollstreckungsmöglichkeiten** hat, kann er sich eine weitere vollstreckbare Ausfertigung bestellen, damit gleichzeitig z. B. eine Sachpfändung und eine Vollstreckung in Grundstücke stattfindet. Darin steckt für den Schuldner die Gefahr, daß wegen der gleichen Forderung zweimal vollstreckt wird. Er wird daher vor Erteilung einer weiteren vollstreckbaren Ausfertigung rechtliches Gehör erhalten. Ist die Vollstreckung beendet, muß der Gläubiger den weiteren vollstreckbaren Titel zurückgeben, damit er **entwertet** werden kann. 40

3.2 Mehrere Schuldner

41 Das gleiche Problem taucht auf, wenn der Gläubiger gegen **mehrere Schuldner gleichzeitig** vollstrecken will, die an verschiedenen Orten wohnen: Hier kann er je eine Ausfertigung für jeden Schuldner beantragen (OLG Karlsruhe, Rpfl. 77, 453).

4. Der unleserliche Titel

42 Es kann vorkommen, daß der Titel beim Postversand (z.B. durch Nässe) unleserlich wird. Dann hat der Gläubiger einen Anspruch, gegen Rückgabe des unleserlichen Titels eine **neue** leserliche **Ausfertigung** zu erhalten.

5. Der Titel geht verloren

Gelegentlich kommt es vor, daß der Titel beim Postversand zum Vollstreckungsgericht oder zum GVZ oder bei der Rücksendung verloren geht. Hier muß der Gläubiger den Verlust an Eides statt versichern. Der Antrag lautet:

43 *„Hiermit wird an Eides statt versichert, daß der Titel am 21. 5. 85 an das Amtsgericht Aichach versandt wurde. Ausweislich der beigefügten Mitteilung des Amtsgerichts ist der Titel dort nicht angekommen. Er ist also auf dem Postwege verloren gegangen. Ich beantrage die Erteilung einer Zweitausfertigung.“*

Der Gläubiger erhält in diesem Fall einen **Ersatztitel.** Taucht der verloren gegangene Titel wieder auf, muß er ihn zum Zweck der Entwertung zurückgeben.

6. Der irrtümlich ausgehändigte Titel

44 Wenn der Schuldner die Schuldsumme an den GVZ in bar bezahlt, quittiert dieser den Titel und händigt ihn aus (§ 757 I ZPO). Dabei kann es vorkommen, daß weitere Kosten durch andere Vollstreckungsmaßnahmen (z.B. aufgrund eines weiteren Titels oder aufgrund paralleler Vollstreckungen) entstanden sind, die der GVZ nicht berücksichtigt hat. Wegen solcher Restbeträge kann ebenfalls ein weiterer Titel beantragt werden, wobei der Gläubiger allerdings glaubhaft machen muß, daß der Vorgang **nicht** auf seiner eigenen **Fahrlässigkeit** beruht (AG Frankfurt, Rpfl 78, 104).

III. Die Klausel

1. Zweck der Erteilung der Klausel (§ 724)

Vor Einleitung von konkreten Vollstreckungsmaßnahmen muß der Gläubiger den Titel vom Gericht des ersten Rechtszuges in einem besonderen Verfahren darauf überprüfen lassen, ob er zur Vollstreckung geeignet ist. Wenn das – wie meistens – der Fall ist, wird die Vollstreckungsklausel auf eine Ausfertigung des Urteils erteilt (§§ 724, 725). 45

In folgenden Fällen ist die Klausel **nicht erforderlich,** es sei denn, in diesen Fällen läge ein Fall der Rechtsnachfolge vor (unten Rdnr. 48):
- Vollstreckungsbescheid (§ 796 Abs. 1)
- Arrest (§§ 929 Abs. 1, 936)
- Kostenfestsetzungsbeschluß (§§ 105, 795 a)

1.1 Prüfungsumfang im Verfahren der Klauselerteilung

Der Zweck der Prüfung ist die **formelle** Eignung des Titels für die Vollstreckung. Es werden daher geprüft:
- ob die im Urteil genannten Richter das Urteil unterschrieben haben oder die Ersatzunterschriften formell richtig erfolgt sind;
- ob der Titel vorläufig vollstreckbar oder rechtskräftig ist;
- ob der Antragsteller mit demjenigen identisch ist, dem der Titel ein Recht zuspricht: Anderenfalls müssen die besonderen Voraussetzungen der Rechtsnachfolge nachgewiesen werden;
- ob der Titel überhaupt einen vollstreckungsfähigen Inhalt hat. Wenn er etwa feststellt: *„Das Testament des am 10. 12. 1982 verstorbenen Kaufmanns Karl Bietlingmeier ist unwirksam“*, so kann diese Feststellung niemals Grundlage für eine Zwangsvollstreckung werden.

  Da die Prüfung lediglich formeller Natur ist, werden **nicht geprüft:**
- Einwendungen gegen das Urteil selbst (z. B. Zahlung nach Erlaß des Titels);
- sonstige Unzulässigkeit der Zwangsvollstreckung (etwa wegen Eröffnung des Konkursverfahrens).

1.2 Qualifizierte Vollstreckungsklauseln

In einigen Fällen werden noch weitere Umstände geprüft. Dies sind: 46
- Urteile, die erst vollstreckt werden dürfen, wenn bestimmte Tatsachen eingetreten sind (z. B. die Abhängigkeit von einer Bedingung) (§ 726 Abs. 1);
- die Rechtsnachfolge (z. B. durch Erbschaft) (§ 727 Abs. 1);
- die Nacherbschaft (§ 728 Abs. 1);
- die Vermögens- oder Firmenübernahme (§ 729 Abs. 1).

In diesen Fällen muß das Recht am Titel nachgewiesen werden. Das geschieht in der Regel durch öffentliche oder öffentlich-beglaubigte Urkunden, notfalls durch Klage auf die Vollstreckungsklausel (§ 731).

1.2.1 Erwerb eines Titels durch Abtretung (§ 727)

Pelzhändler Peter Stange hat seinem Geschäftsfreund Dr. Boden ein Darlehen über DM 50 000,00 gegeben und darüber einen vollstreckbaren Titel in Händen. Als er in Geldschwierigkeiten kommt, tritt er diesen Titel an den Pelzhändler Max König ab (§ 398 BGB) und zwar in notarieller Urkunde.

47 Herr König muß dem Gericht lediglich diese Urkunde zusammen mit dem Titel vorlegen, das Gericht wird dann die Vollstreckungsklausel von Peter Stange auf Max König umschreiben (§ 727). Wenn Max König dem Gerichtsvollzieher den Vollstreckungsauftrag gäbe, ohne daß er zuvor auf ihn umgeschrieben wäre, würde dieser ihn zu Recht fragen, wie er in den Besitz des Titels komme, der nicht auf ihn lautet. Im Klauselerteilungsverfahren wird also die Richtigkeit der Rechtsnachfolge überprüft und kann in diesem Verfahren auch nur durch öffentliche oder öffentlich beglaubigte Urkunden bewiesen werden.

Ausnahme: Sie ist bei Gericht offenkundig oder wird vom Schuldner zugestanden (§§ 415 ff., 288 I ZPO). Das kommt sehr selten vor.

1.2.2 Rechtsnachfolge durch Erbschaft (§§ 727, 792)

48 Herr König beauftragt seinen Anwalt, Rechtsanwalt Leutloff, nun aus dem Urteil zu vollstrecken. Der beauftragte Gerichtsvollzieher Gronau teilt binnen kurzem mit, der Schuldner sei verstorben, eine Pfändung daher vorerst unzulässig.

Rechtsanwalt Leutloff besorgt sich beim Nachlaßgericht eine Ausfertigung des Erbscheins, aus welchem sich ergibt, daß alleiniger Erbe der Sohn Max Boden ist (§§ 792 ZPO, 85 FGG). Mit dem Erbschein, der eine öffentliche Urkunde ist, beantragt nun Rechtsanwalt Leutloff die Umschreibung des Titels gegen den Alleinerben, gegen den die Vollstreckung nun zulässig ist.

2. Antrag – Anlagen – Fehlerquellen

2.1 Einfache Vollstreckungsklausel

49 Der Antrag zur Erteilung der einfachen Vollstreckungsklausel lautet:

„. . . bitten wir um Erteilung einer vollstreckbaren Ausfertigung des Endurteils vom (Datum)“.

Er wird beim Prozeßgericht erster Instanz gestellt. Bei notariellen Urkunden erteilt sie der Notar (§ 797 Abs. 2). Werden Zweitausfertigungen von notariellen Urkunden benötigt, muß der Rechtspfleger zustimmen (§§ 797 III, 20 Ziff. 13 RPflG).

2.2 Qualifizierte Vollstreckungsklausel

Wird eine qualifizierte Vollstreckungsklausel benötigt, so lautet der Antrag etwa im Fall der Erbschaft: **50**

„... bitten wir um Erteilung einer vollstreckbaren Ausfertigung des Endurteils vom (Datum) gegen Max Boden, Traunsteiner Straße 37, 8000 München 19. Wie wir mit dem beigefügten Erbschein nachweisen, ist der nunmehrige Schuldner alleiniger Erbe des im Titel genannten Dr. Alex Boden."

3. Sachbehandlung

Im Verfahren der Klauselerteilung wird niemals geprüft, ob der jeweilige Rechtsnachfolger den Anspruch wirksam erworben hat oder für die Schuld unbeschränkt haftet.

Der Rechtspfleger wird also **nicht prüfen,** ob die vorgelegte Abtretungsurkunde gefälscht ist und auch nicht, ob der Erbe sich auf die beschränkte Erbenhaftung (§§ 1975 ff. BGB) berufen kann. Er prüft nur, ob die formellen Anforderungen (öffentlich/beglaubigte Urkunde) erfüllt sind, alle anderen Einwendungen muß der Schuldner außerhalb des Klauselerteilungsverfahrens geltend machen (§§ 732 I, 768, 769). Der Text der Vollstreckungsklausel lautet (§ 725 ZPO): **51**

„Vorstehende Ausfertigung wird dem ... zum Zwecke der Zwangsvollstreckung erteilt.
Die Rechtsnachfolge ist nachgewiesen durch Erbschein des AG München vom 12. 5. 1985 – VI 675/85 –."

4. Verhalten des Schuldners, Rechtsbehelfe

Bei dem Antrag auf Erteilung einer einfachen Vollstreckungsklausel wird der Schuldner in der Regel nicht gehört, er erfährt von ihr erst durch die Zustellung. Wird eine qualifizierte Vollstreckungsklausel beantragt, so ist die Anhörung zwar nicht Pflicht, findet aber regelmäßig statt (§ 730). **52**

Über die Einwendungen des Schuldners entscheidet der Rechtspfleger (§ 11 RPflG). Erachtet er die Einwendungen für begründet, hilft er der Erinnerung ab, anderenfalls legt er die Sache dem Amtsrichter vor (§ 11 Abs. 2 S 1 RPflG).

5. Kosten

Für die Erteilung der Klausel entstehen weder Gerichtskosten noch Anwaltskosten, es sei denn, der Anwalt ist nur damit beauftragt, die Klausel zu beantragen. **53**

IV. Die Zustellung (§§ 750, 166f.)

1. Zweck der Zustellung

54 Grundsätzlich muß jeder Titel vor Beginn der Zwangsvollstreckung zugestellt werden (§ 750 I). Das hat den Zweck, den Schuldner auf die drohende Vollstreckung aufmerksam zu machen und gibt ihm Gelegenheit, zu überprüfen, ob der Titel formell richtig ist, und gegebenenfalls Rechtsmittel zu ergreifen. Zu diesem Zweck wird eine Abschrift des Titels beglaubigt und dem Schuldner – in den meisten Fällen durch die Post (§§ 170, 193) – zugeschickt. Ist der Schuldner durch einen Anwalt vertreten, **muß** dem Anwalt zugestellt werden (§ 176). Das geschieht

- beim VB und im Prozeßverfahren von Amts wegen (§§ 208, 213a, 270 I, 317 I, 329, 699 IV 1) durch die Geschäftsstelle;
- vor allem bei den notariellen Urkunden auf Antrag des Gläubigers durch den GVZ. Dieser stellt in den allermeisten Fällen durch die Post (§ 193) zu, er kann die Zustellung aber selbst auch an Ort und Stelle vornehmen, z.B. bei gleichzeitiger Sachpfändung (s.u. Randnr. 59) und bei schwierigen und eiligen Fällen (§ 166);
- sind beide Parteien von Anwälten vertreten, können diese sich gegenseitig von Anwalt zu Anwalt dadurch zustellen, daß eine beglaubigte Abschrift einfach brieflich versandt und der Empfang bestätigt wird (näher dazu Randnr. 55 und § 198).

2. Antrag – Anlagen – Fehlerquellen

55 Der Zustellungsantrag ist formlos. Er könnte auch mündlich erteilt werden. Man kann jeden GVZ damit beauftragen. Deshalb sollte man aus Beschleunigungsgründen einen GVZ am eigenen Wohnsitz, mit dem man häufiger zusammenarbeitet, damit beauftragen, dem man in Eilfällen den Antrag direkt unter Umgehung der Verteilerstelle ins Büro bringt. Er lautet:

„In Sachen Senkel/Hans Maier sen. überreiche ich die vollstreckbare Ausfertigung der notariellen Urkunde vom 13. 10. 1984 nebst beglaubigter Abschrift mit dem

A N T R A G

den Titel dem Schuldner zuzustellen".

Beigefügt wird der Originaltitel samt einer Abschrift, die vom GVZ beglaubigt wird (§§ 169 I, 170 II ZPO).

Die häufigsten Fehlerquellen sind:

- es wird nicht überprüft, ob der Schuldnername und die Adresse vollständig und richtig geschrieben sind. Bei Zweifeln über die Schuldneridentität darf der Gerichtsvollzieher nicht zustellen;

- im Anwaltsprozeß wird dem Schuldner direkt zugestellt;
- nach Rückkunft des Zustellnachweises wird nicht überprüft, ob die Zustellung formell richtig erfolgt ist (z.B. Zustellung an minderjährige Kinder).

3. Sachbehandlung

Der GVZ verschickt die beglaubigte Kopie des Titels mit der Post und erhält von dort die graublaue Zustellurkunde zurück. Diese klebt er mit dem Originaltitel (Vollstreckbare Ausfertigung) zusammen und sendet ihn per Nachnahme (Zustellkosten!) dem Gläubiger. Bei Zustellung von Anwalt zu Anwalt wird die (gelbe) Zustellbescheinigung vom Anwalt des Gläubigers ausgefüllt und mit der beglaubigten Abschrift des Titels an den Gegenanwalt verschickt. Dieser ist aus Standesgründen verpflichtet, die Zustellbescheinigung unverzüglich zurückzuschicken. Sie wird dann mit dem Titel verbunden.

Der GVZ kann auch durch persönliche Übergabe an den Schuldner **56**
zustellen (§ 180). Das kommt vor allem dann vor, wenn der Schuldner zu Hause nicht angetroffen wird, man aber weiß, wo er sich ständig aufhält.

Ist der Schuldner eine Firma, so wird im Geschäftslokal der Firma zugestellt. Dem Inhaber der Einzelfirma oder dem persönlich haftenden Gesellschafter der oHG/KG kann aber überall persönlich zugestellt werden, wo er angetroffen wird. Gleiches gilt für den Geschäftsführer der GmbH.

Die Till GmbH, Geschäftsführer Hans Till betrieb eine Modeboutique. Als der Postbeamte den Titel zustellen will, findet er das Geschäftslokal leer. Er vermerkt: „Geschäftslokal geschlossen".

In dieser Situation ist weder Ersatzzustellung noch Zustellung durch Niederlegung möglich. Der Gläubiger ermittelt die Privatadresse von Uwe Till und beauftragt den Gerichtsvollzieher erneut, dem Geschäftsführer persönlich (§§ 184, 181, 182) zuzustellen. Hat der Geschäftsführer sein Amt niedergelegt, dann wird es für den Gläubiger ganz bitter: Er muß beim Registergericht gegen hohe Vorschußzahlung die Bestellung des Notgeschäftsführers beantragen, dem er dann zustellen kann. Bei vermögenslosen Gesellschaften unterbleibt das meistens.

4. Verhalten des Schuldners – Rechtsbehelfe

Der Schuldner wird versuchen, die Zustellung zu verhindern. So lange **57**
er einen Wohnsitz hat, kann ihm das nicht gelingen. Der Postbeamte darf den Hausgenossen den Brief übergeben, er kann ihn auch beim zuständigen Postamt niederlegen (Ersatzzustellung).

Trifft der Postbeamte oder der Gerichtsvollzieher eine Person an, nützt auch die Annahmeverweigerung nichts (§ 186).

Der Gläubiger hat die Privatwohnung von Uwe Till nicht ausfindig machen können, hört aber, dieser sei jeden Abend in der Nachtbar Monique (geöffnet von 22.00 bis 5.00 Uhr) anzutreffen.

Hier holt sich der Gläubiger den Nachtzeitbeschluß (§ 188) und beauftragt den Gerichtsvollzieher persönlich zuzustellen. Das hat sicher nur Erfolg, wenn der Gerichtsvollzieher von einer Person begleitet wird, die Herrn Till kennt.

Läßt sich der Aufenthalt des Schuldners gar nicht ermitteln (wozu die Auskunft des Einwohnermeldeamtes „unbekannt verzogen" in der Regel ausreicht), ist **öffentliche Zustellung** möglich (§ 203 f.). Das gilt allerdings **nicht** für die Zustellung des **Mahnbescheides** (§ 688 II). Im Mahnverfahren ist öffentliche Zustellung unzulässig, es muß Klage erhoben werden. Für die öffentliche Zustellung muß glaubhaft gemacht werden, daß alle Ermittlungsmöglichkeiten ausgeschöpft sind. Wenn ein Gläubiger die Unwahrheit sagt, riskiert er den Vorwurf, er habe sich den Titel erschlichen (§ 826 BGB) – dann ist der Titel wertlos, auch wenn die Schuld wirklich besteht.

Der Schauspieler Hans Meier ist unter seinem Künstlernamen Jack Moron bekannt, sodaß dieser Name auf seinem Briefkasten und der Haustür steht. Der Postbeamte weiß das. Ein Gläubiger hat Herrn Meier unter seinem bürgerlichen Namen verklagt. Besser wäre es gewesen, er hätte den Schuldner als „Hans Meier, genannt Jack Moron" verklagt. Wird der Postbeamte Herrn Meier zustellen?

Wenn er weiß, daß es sein Künstlername ist, muß er das sogar. Gleiches gilt, wenn Herr Meier Frau Moron geheiratet und ihren Namen übernommen hat.

Besteht Unsicherheit über die Identität der Person, dann allerdings muß der Gläubiger für Klarheit sorgen: Er kann beantragen, daß die Vollstreckungsklausel auf den nunmehr geführten Namen „beigeschrieben" oder um den Künstlernamen ergänzt wird.

Dazu müssen das Einwohnermeldeamt und das Standesamt Auskünfte geben (§§ 792 ZPO, 34 FGG, 61 I PStG).

5. Rechte Dritter

58 Dritte sind von der Zustellung in erster Linie betroffen, wenn sie Hausgenossen des Schuldners sind. Diese „Ersatzpersonen" sind zur Entgegennahme verpflichtet. Weigern sie sich grundlos, wird das Schriftstück am Ort der Zustellung zurückgelassen (§ 186). Erfolgt die Weigerung zu Recht, dann ist die Zustellung unwirksam, ein eigenes Rechtsmittel Dritter gibt es nicht.

6. Taktik

59 Wird die Sachpfändung wie häufig als erste Vollstreckungsmaßnahme durchgeführt, ist zu überlegen, ob man den Zustellungsauftrag mit dem Pfändungsauftrag verbindet. Obgleich das möglich ist, empfehle ich, zunächst ohne Sachpfändungsauftrag zuzustellen: Die Zustellung wird vom Postbeamten durchgeführt (§ 193), der dem Schuldner nichts pfänden will. Da viele Schuldner alles, was amtlich aussieht, in den Papierkorb werfen, geschieht das auch oft mit den Zustellungen. In den meisten Fällen, so vor allem bei Vollstreckungsbescheid und beim Versäumnisurteil, ist nach der Zustellung noch 14 Tage Gelegenheit, ein Rechtsmittel einzulegen. Erscheint der Gerichtsvollzieher mit der Zustellung und will gleichzeitig pfänden, dann wird der Schuldner eher Rechtsmittel einlegen als bei der einfachen Zustellung. Auch ein aussichtsloses Rechtsmittel verzögert und macht dem Gläubiger mehr Arbeit.

Darum also: Isoliert zustellen.

Ausnahmen von dieser Regel gibt es nur, wenn man schnell vor anderen Gläubigern pfänden muß.

7. Checkliste

- Liegt das Original des Titels vor? **60**
- Ist für jeden Schuldner eine Abschrift beigefügt?
- Ist der Schuldnerwohnsitz ordentlich ermittelt?
- Nach Vorliegen der Zustellurkunde:
  - Wer hat die Zustellung angenommen?
  - Gibt es Bedenken gegen die Richtigkeit? (Wenn ja – Mängel **sofort heilen**, ggfs. durch erneute Zustellung).

V. Sonstige Voraussetzungen der Zwangsvollstreckung

1. Allgemeines

Die allgemeinen Prozeßvoraussetzungen gelten auch im Bereich der **61** Zwangsvollstreckung. Sie werden im Regelfall vorliegen, falls sich nicht zwischen dem Erlaß des Urteils und dem Beginn der Vollstreckung etwas geändert hat. Solche Änderungen können eintreten, wenn Gläubiger oder Schuldner versterben, ein Gegenstand, der herausgegeben werden soll, zwischenzeitlich verkauft wurde etc. Wenn solche Probleme auftauchen, ist der Anfänger überfordert. Die nachfolgende Übersicht gibt daher nur einen Hinweis zum Prüfungsumfang.

2. Checkliste

1. Liegt der Titel vor? **62**
   (Urteil/notarielle Urkunde/MB-VB/KFB/andere Titel) (Rdnr. 19 ff.)
2. Ist die Klausel auf dem Titel erteilt? (Rdnr. 45 ff.) (außer bei MB/VB)
3. Ist der Titel formell richtig zugestellt? (Rdnr. 54 ff.)
4. Sind erforderliche Sicherheitsleistungen erbracht? (Rdnr. 63 ff.)

5. Ist das Urteil nur Zug um Zug gegen eine Leistung des Gläubigers vollstreckbar? (Rdnr. 73 ff.)
6. Ist die Wartefrist des § 751 abgelaufen?
7. Ist beim KFB und der not. Urkunde die Wartefrist des § 798 abgelaufen?
8. Ist beim Unterhaltstitel die Frist des § 798a abgelaufen?
9. Ist bei der Neufestsetzung von Regelunterhalt (§ 794 I Nr. 2a) die Wochenfrist abgelaufen?
10. Ist aufgrund einer Vereinbarung zwischen Gläubiger und Schuldner (z. B. durch einen Teilzahlungsvergleich) die Vollstreckung beschränkt? (Rdnr. 109 ff.)
11. Ist das Konkursverfahren oder das Vergleichsverfahren gegen den Schuldner eröffnet (nicht: beantragt!) (Rdnr. 305 ff.)
12. Gibt es Zweifel an allgemeinen Prozeßvoraussetzungen, also z. B.
    - Parteifähigkeit (§§ 1 ff. BGB, 50 ZPO)
    - Prozeßfähigkeit (§ 51 ZPO) (ist der Gläubiger minderjährig?)
13. Erstreckt sich die Vollmacht auch auf die Vollstreckung? Ist der RA nicht im Titel als Prozeßbevollmächtigter des Gläubigers genannt, braucht er eine schriftliche Vollmacht!

VI. Vollstreckung gegen Sicherheitsleistung (§§ 708–720 ZPO)

1. Zweck der Sicherheitsleistung

63 Gegen die meisten Urteile kann der Beklagte Berufung einlegen, in manchen Fällen auch Revision. Bis zum Urteil erster Instanz dauert es nicht selten einige Monate, ein komplizierter Rechtsstreit kann sich durch alle Instanzen über Jahre hinziehen. Um zu verhindern, daß der Beklagte Berufung nur zum Zeitgewinn einlegt, hat das Gesetz die Möglichkeit eingeräumt, ein noch nicht rechtskräftiges Urteil für **vorläufig vollstreckbar** zu erklären: Dann kann schon während des laufenden Berufungsverfahrens vollstreckt werden. In der Regel darf der Gläubiger das nur, wenn er vorher Sicherheit leistet, damit dem Beklagten der Schaden ersetzt werden kann, der ihm durch eine ungerechtfertigte Vollstreckung entsteht. Ausnahmen: § 708! Ich gehe auf die Einzelheiten nicht ein, da das Prozeßgericht die Prüfung, ob und gegebenenfalls in welcher Höhe Sicherheit geleistet werden muß, vorzunehmen hat (§§ 709–714). Im Rahmen der Vollstreckung ist aber von Bedeutung, **welche Entscheidung** das Gericht getroffen hat.

1.1 Vollstreckung ohne Sicherheitsleistung (§ 708)

64 Ist das Urteil ohne Sicherheitsleistung vollstreckbar, dann lautet die Formel:

„Das Urteil ist vorläufig vollstreckbar".

Im Verfahren vor dem **Arbeitsgericht** sind vermögensrechtliche Titel **immer vorläufig vollstreckbar,** auch ohne daß die Formel im Titel auftaucht (§ 62 I 1 ArbGG).

Gemäß § 711 muß das Gericht in den Fällen des § 708 Ziffer 4 bis 11 festlegen, mit welchem Betrag der Schuldner die Vollstreckung abwenden kann. Der Gläubiger hat dann wiederum das Recht, durch eigene Sicherheitsleistung (zu der er an sich ja nicht verpflichtet ist) die Vollstreckung trotzdem zu erzwingen. Die entsprechende Feststellung lautet:

„Der Beklagte kann die Vollstreckung durch Sicherheitsleistung in Höhe von DM 25 800,00 abwenden, falls nicht der Kläger Sicherheit in der gleichen Höhe leistet."

1.2 Vollstreckung gegen Sicherheitsleistung (§ 709)

Ist das Urteil nur gegen Sicherheitsleistung vorläufig vollstreckbar, **65**
dann lautet die Formel:

„Das Urteil ist gegen Sicherheitsleistung in Höhe von DM 18 500,00 vorläufig vollstreckbar."

In diesem Fall darf die Vollstreckung erst beginnen, wenn die Sicherheit nachgewiesen ist.

1.3 Art der Sicherheitsleistung (Hinterlegung, Bürgschaft)

Sicherheit wird üblicherweise durch **Hinterlegung** (§ 108 in Verb. mit **66**
der HinterlO, Schönfelder Nr. 121) des Betrages, den das Gericht festgesetzt hat, bei der Hinterlegungsstelle des Amtsgerichts geleistet. Der Gläubiger kann aber auch beim Prozeßgericht beantragen, die Sicherheit durch eine **Bankbürgschaft** (§ 232 II BGB) leisten zu dürfen. Ausländische Banken werden nicht als Bürgen zugelassen, weil der Zugriff auf die Bürgschaft im Ausland erfolgen müßte.

2. Antrag – Formular – Fehlerquellen

2.1 Hinterlegung beim Amtsgericht

Das **Hinterlegungsverfahren** ist sehr **formstreng.** Der Rechtspfleger **67**
bei der Hinterlegungsstelle akzeptiert daher nur ein bestimmtes Formblatt, das man bei ihm erhält.

An **Unterlagen** ist eine beglaubigte Abschrift des Titels vorzulegen, damit das Recht zur Hinterlegung glaubhaft gemacht wird.

Wenn Rechtsanwälte für den Gläubiger hinterlegen, ist darauf zu achten, daß die **normale Prozeßvollmacht** für die Hinterlegung **nicht** ausreicht. Der Gläubiger muß daher eine besondere Vollmacht „für das Hinterlegungsverfahren" ausstellen.

Die Hinterlegungsstelle erteilt dem Gläubiger eine Ausfertigung des Hinterlegungsscheins. Abschrift davon ist dem Schuldner oder in Anwaltsprozessen dem gegnerischen Rechtsanwalt zuzustellen. Mit dem Zustellungsnachweis wird bewiesen, daß die Hinterlegung erfolgt ist.

2.2 Sicherheit durch Bankbürgschaft (§ 232 II BGB)

68 Hier ist der Antrag, Sicherheit durch Bankbürgschaft leisten zu dürfen, an das Prozeßgericht zu richten, welches das Urteil erlassen hat. Er lautet:

„Es wird beantragt, Sicherheit durch unbedingte, unbefristete, selbstschuldnerische Bürgschaft der (Dresdner) Bank in (Karlsruhe) leisten zu dürfen."

Der Name der Bank und ihr Sitz muß genannt werden, damit das Gericht die Bonität prüfen kann. Handelt es sich um eine westdeutsche Großbank, wird es dem Antrag in aller Regel stattgeben (§ 108). Nennt der Gläubiger nur eine örtlich in beschränktem Umfang tätige Privatbank, kann der Antrag abgelehnt werden.

Das Gericht kann sogar verlangen, daß die Abschrift der Urkunde notariell beglaubigt wird (OLG Hamm Rpfl 75/261). In der Praxis geschieht das aber selten.

In den meisten Fällen ist der Text der Bürgschaft so abgefaßt, daß die Bank nur gegen Vorlage des Originals zahlen muß. In diesen Fällen muß das **Original der Bürgschaft** zugestellt werden, in den wenigen anderen Fällen reicht eine beglaubigte Abschrift (OLG München MDR 1979, 1029). Es ist zweckmäßig, Prozeßbürgschaften stets **über den Gerichtsvollzieher** zuzustellen:

- Vom Gerichtsvollzieher erhält man den Zustellungsnachweis häufig schneller zurück als vom Gegenanwalt, der zwar standesrechtlich zu unverzüglicher Rücksendung verpflichtet ist, es aber manchmal doch nicht tut.
- Will man später in Grundeigentum vollstrecken, dann kann die Zustellung nur durch den Zustellungsnachweis des Gerichtsvollziehers nachgewiesen werden, denn nur er ist eine „öffentliche Urkunde" im Sinne von § 29 GBO, nicht aber der anwaltliche Zustellungsnachweis (BGHZ 30, 299 (306); Baumbach/Lauterbach/Albers/Haftmann § 415 Anm. B). § 176 steht dem nicht entgegen (OLG Düsseldorf MDR 1978, 484).

Mit dem Zustellungsnachweis hat der Gläubiger die Hinterlegung bewiesen, die Vollstreckung kann beginnen.

2.3 Der Auszahlungsantrag

2.3.1 Auszahlung an den Gläubiger

69 Ist der Grund für die Sicherheitsleistung weggefallen (z.B. weil das Urteil nunmehr rechtskräftig geworden ist) kann der Gläubiger beim Prozeßgericht die Freigabe der Sicherheitsleistung verlangen (§ 109).

Um diesen formellen Weg zu vermeiden, wird meistens der Schuldner aufgefordert, freiwillig die Zustimmung zur Freigabe zu erklären. Dabei muß man darauf achten, daß die Hinterlegungsstelle nur **übereinstimmende** Erklärungen beider Parteien als formell genügend ansieht. Sicherheitshalber wird der Gläubiger zunächst die Unterschrift des Schuldners unter folgenden Antrag einholen: *(Fortsetzung S. 40)*

An das
Amtsgericht
– Hinterlegungsstelle –
8000 München 35

Antrag auf Annahme von gesetzlichen oder gesetzlich zugelassenen Zahlungsmitteln zur

Hinterlegung

Hinterleger
(Name, Vorname, Beruf, Wohnung)

TuV Teilzahlungsbank AG, vertr.d.d.
Vorstand Dipl.-Kaufmann Horst Henze,
Parkstraße 10, 8000 München 2

Vertreter des Hinterlegers
(Name, Vorname, Beruf, Wohnung)

Rechtsanwalt Dr. Hugo Klutz,
Theodorstraße 10, 8000 München2
Überweisung bitte auf Konto:
Postgiroamt München Kto.Nr.: 3827 78 - 809

Betrag/Geldsorten (in Ziffern **und** Buchstaben)

11.500,00 (i.W,: Elftausendfünfhunert Deutsche Mark)

Die Hinterlegung wird durch folgende bestimmte Tatsachen gerechtfertigt:

Ggf. sind die dem Antrag beigefügten Schriftstücke und, wenn die Angelegenheit bei einer Behörde anhängig ist, die Sache, die Behörde und das Aktenzeichen anzugeben.

Angeordnete Sicherheitsleistung der Kläger gemäß Ziffer III des vorläufig
vollstreckbaren Endurteils des Landgerichts München I vom 04.01.1985
- Aktenzeichen 13 O 1250/85 -

Als **Empfangsberechtigte** für den hinterlegten Betrag kommen in Betracht:
(Namen, Vornamen, Beruf, Wohnung, Bankverbindung):

1. TuV Teilzahlungsbank AG, vertr.d.d. Vorstand Dipl.-Kaufmann Horst Henze, Parkstraße 10, 8000 München 2
2. Theresa Ellert, Residenzstraße 14, 8000 München 2

Nur auszufüllen, wenn der Schuldner zur Befreiung von einer Verbindlichkeit hinterlegt!

Der Schuldner kann aus folgenden Gründen seine Verbindlichkeit nicht bzw. nicht mit Sicherheit erfüllen:

Der Gläubiger ist zu folgender Gegenleistung verpflichtet:

Den Gläubiger habe ich gemäß § 374 Abs. 2 BGB von der Hinterlegung
– benachrichtigt. Ein Nachweis darüber liegt bei.
– nicht benachrichtigt.

Auf das Recht der Rücknahme – verzichte ich. – verzichte ich nicht.

Ort und Tag:
München den, 07.01.1992

Dr. Hugo Klutz, Rechtsanwalt
Unterschrift

HS 1: Antrag auf Annahme von Geldhinterlegungen (§§ 8 ff. AVHO) mit Annahmeanordnung (§§ 13 ff. AVHO) – Blatt 1 – (10.84)
Arbeitsverwaltung Straubing

„Hiermit beantragen wir die Freigabe des hinterlegten Betrages zuzüglich Hinterlegungszinsen abzüglich Kosten an den Hinterleger.
gez. Gläubiger *gez. Schuldner"*

Danach reicht er den, von beiden unterschriebenen, **einheitlichen** Antrag an die Hinterlegungsstelle.

2.3.2 Freigabe an den Schuldner

70 Ist dem Schuldner durch die Vollstreckung Schaden entstanden, wird er den Schaden beziffern und den Gläubiger zur Freigabe an ihn auffordern. Weigert er sich, muß der Schuldner gegen den Kläger Klage auf Freigabe erheben (§ 109 I).

3. Kosten

Beschafft der Anwalt seinem Mandanten die Bürgschaft bei der Bank, so erhält er die 7,5/10 Gebühr nach § 118 BRAGO ebenso wie für seine Tätigkeit gegenüber der Hinterlegungsstelle.

71 Die Zinsen, die der Gläubiger für die Bürgschaft aufwenden muß (Avalzinsen) sind Kosten der Zwangsvollstreckung (§ 788) und erstattungsfähig. Dem Schuldner ist deshalb zu empfehlen, unmittelbar nach Rechtskraft des Titels die Bürgschaft dem Gläubiger wieder zurückzugeben, um nicht weitere überflüssige Zinsen zu verursachen. Die Bank stellt dem Gläubiger die Zinsen in Rechnung, der sie über den Gerichtsvollzieher wieder beitreiben und ggfs. festsetzen (Rdnr. 82) lassen kann.

4. Taktik

72 Der Gläubiger muß sich rechtzeitig vor Ende des Prozesses Gedanken darüber machen, ob das voraussichtlich ergehende Urteil nur gegen Sicherheitsleistung vollstreckbar ist oder nicht. Muß er Sicherheit leisten, will das Geld aber nicht in bar hinterlegen, um nicht zuviele Zinsen zu verlieren, dann muß der **Antrag,** Sicherheit durch Bankbürgschaft leisten zu können, **unbedingt schon im Prozeßverfahren** gestellt werden. Dann kann das Gericht **schon zusammen mit dem Urteil** darüber entscheiden.

VII. Vollstreckung bei Zug-um-Zug-Leistungen (§§ 756, 765, 726 II)

1. Beispiele von Zug-um-Zug-Titeln

In manchen Titeln wird der Schuldner nur verurteilt, wenn der Gläubiger zuvor Zug um Zug gegen die Leistung des Schuldners selbst eine eigene Leistung erbringt. Gerade bei Lieferungsklagen ist das häufig der Fall (§§ 322 I, 322 II BGB). In diesen Fällen kann der Gläubiger nur „auf Leistung nach Empfang der Gegenleistung" klagen (§ 322 II BGB).

Der Herausgabetitel lautet etwa: 73

„Der Beklagte wird verurteilt, an den Kläger 100 000,– DM zu bezahlen, Zug um Zug gegen Herausgabe der Werkzeugmaschine vom Typ ‚Wotan' (Leistung 478 kW)."

Bei Verurteilung zu einer Willenserklärung lautet der Titel:

„Der Beklagte wird verurteilt, an den Kläger DM 78 500,– zu bezahlen, Zug um Zug gegen Bewilligung des Klägers, die im Grundbuch des Amtsgerichts München, Gemarkung Schwabing, Band 73, Blatt 15, eingetragene Auflassungsvormerkung zu löschen."

2. Das notwendige Angebot der Gegenleistung

§§ 756, 765 bestimmen, daß „die Zwangsvollstreckung nicht beginnen 74
darf", bevor der Gläubiger dem GVZ oder dem Vollstreckungsgericht nachgewiesen hat, daß er seine Leistung angeboten hat. (Ausführlich dazu: Schneider, Jur Büro 66, 817).

Zuvor wird er in der Regel die Klausel einholen, die ihm ohne diesen Nachweis erteilt wird. Einzige Ausnahme: Bei Titeln auf Abgabe einer Willenserklärung muß das Angebot vor Klauselerteilung erfolgen (§ 894 I 2), da damit schon die vollständige Vollstreckungswirkung eintritt (§ 726 II).

3. Die tatsächliche Durchführung des Angebots

Der Gläubiger beauftragt den Gerichtsvollzieher Kurz mit der Vollstreckung der DM 100 000,00.
Als der Gerichtsvollzieher erfährt, daß die Maschine, die der Gläubiger liefern soll, 12 Tonnen wiegt, ruft er den Schuldner an und fragt, ob dieser am 18. 6. das Geld bereithalten wird. Der Schuldner, über den verlorenen Prozeß sehr verärgert, äußert sich dazu nicht und meint, wenn die Maschine vor seinem Tor stehe, werde der Gerichtsvollzieher schon sehen, ob er einen Scheck bekomme. Daraufhin fordert der Gerichtsvollzieher beim Gläubiger DM 8000.– Vorschuß für einen Tieflader an.

Der Gerichtsvollzieher muß streng nach den Regeln des Zivilrechts die 75
Maschine **tatsächlich** anbieten (LG Düsseldorf DGVZ 80, 187). Wenn der Gläubiger wie üblich die Maschine anliefern mußte, dann nützt ein wört-

liches Angebot nichts, es sei denn, der Schuldner lehnt die Leistung klar ab (§ 294, 295 BGB) LG Bonn, DGVZ 81, 188. Das ist hier nicht geschehen.

Der Gerichtsvollzieher darf also nur vollstrecken, wenn er die Maschine auf einen Tieflader lädt und dem Schuldner vor die Fabrik stellt. Erhält er jetzt kein Bargeld, dann befindet sich der Schuldner in Verzug. Dann muß nicht nochmals angeboten werden.

Um diese praktischen Schwierigkeiten und vor allem uneinbringliche Kosten zu vermeiden, ist dem Gläubiger **unbedingt zu empfehlen,** schon im Prozeßverfahren im Wege der Zwischenfeststellungsklage folgenden Antrag zu stellen:

„Es wird festgestellt, daß sich der Beklagte mit der Annahme der an ihn herauszugebenden Werkzeugmaschine Typ ‚Wotan' in Verzug befindet."

In den meisten Fällen befand sich der Schuldner schon vor Beginn des Prozesses aufgrund seiner Weigerung, die Sache abzunehmen, in Verzug. Der Beweis dazu muß jedoch gemäß § 756 „durch öffentliche Urkunden" geführt werden. Das Urteil ist eine solche öffentliche Urkunde (LG Berlin, DGVZ 78, 25). Wenn der Kläger es nicht besonders beantragt, hat das Gericht aber keinen Anlaß, diesen Annahmeverzug im Tenor besonders festzustellen. Ergibt es sich nur aus den Gründen, dann weigert sich der GVZ nicht selten, den Nachweis als geführt anzusehen.

Die DESY GmbH hat gegen die Firma SOFTWARE 200 AG einen Zahlungstitel über 30000,00 DM Zug um Zug gegen Lieferung von 20 Computer-Disketten. Als das Urteil rechtskräftig wird, schickt die Gläubigerin am nächsten Tag die Disketten per Minicar an die Schuldnerin und läßt sich die Übergabe quittieren. Sodann wird der Gerichtsvollzieher mit der Vollstreckung beauftragt. Dieser weigert sich den Auftrag auszuführen, weil die Quittung keine „öffentliche Urkunde" ist.

Damit hat der GVZ leider recht: Öffentliche Urkunden sind gemäß § 415 nur solche, die „von einer öffentlichen Behörde" abgegeben werden, eine private Quittung fällt nicht darunter. Hier hat der Gläubiger den Fehler gemacht, seine Vorleistung nicht dem GVZ mitzugeben: Denn das Gesetz verlangt die Überwachung des Angebots durch den GVZ, so daß es auf die **tatsächliche Erfüllung** allein **nicht ankommt.**

Wenn der Gläubiger ein Zahlungsurteil nur Zug um Zug gegen Vornahme eigener Handlungen erstritten hat (z.B. Mängelbeseitigung an einem Bauwerk), sollte er zweckmäßig den Termin zur beabsichtigten Mängelbeseitigung durch den Gerichtsvollzieher ankündigen lassen und den Gerichtsvollzieher zum vorgesehenen Mängelbeseitigungstermin mitnehmen. Wenn der Schuldner sich dann weigert, die angebotene Mängelbeseitigung zu akzeptieren, kann der Gerichtsvollzieher das protokollieren. Auch damit ist die erforderliche öffentliche Urkunde hergestellt (OLG Köln DGVZ 1986, 117).

4. Kosten

Besondere Gebühren für die Durchführung des Angebots entstehen weder beim Anwalt des Gläubigers noch beim GVZ. Wohl aber kann das Angebot selbst Kosten verursachen, im Beispielsfall etwa die Miete für den Tieflader. Einwendungen des Schuldners bei der möglichen Kostenbeschwerde, der Gläubiger sei an sich verpflichtet gewesen, die Kosten für die Abholung der Maschine selbst zu tragen, sind hier unbeachtlich, weil sie nicht im Titel erfaßt sind (OLG Hamburg NJW 71/387). **76**

VIII. Kostenerstattung im Vollstreckungsverfahren (§§ 788, 91)

1. Die Kostenverteilung

Das Gesetz geht grundsätzlich davon aus, daß der Schuldner die Kosten der Vollstreckung zu tragen hat, denn es liegt ja in seiner Hand, durch Zahlung die Kosten zu vermeiden. Der Gläubiger erhält aber nur solche Kosten erstattet, die jeweils „notwendig“ waren. **77**

Folgende Kosten werden demnach nicht erstattet:

1.1 Unzulässige Maßnahmen, z.B.

- die Pfändung von unpfändbaren Forderungen (z.B. Sozialhilfeansprüche) **78**
- Einzelvollstreckung gegen den Schuldner im Konkurs (LG Berlin, MDR 83, 587)

1.2 Maßnahmen, die zwar grundsätzlich zulässig, konkret aber aussichtslos sind (OLG München, NJW 58, 1687), z.B.

- die Mehrkosten getrennter Pfändungen (LG Aschaffenburg, Rpfl 74, 204)
- Kosten, die erheblich höher sind, als der Wert von Gegenständen in die vollstreckt wird (LG Münster, MDR 64, 683)
- Zwecklose Vollstreckungsmaßnahmen wie z.B. eine Sachpfändung, obgleich kurz zuvor schon Pfandabstand erklärt wurde und sich keine neuen Gesichtspunkte für pfändbare Sachen ergeben haben (LG Osnabrück, DGVZ 77, 126). **79**

1.3 Kosten außerhalb der Zwangsvollstreckung:

Hierunter fällt in erster Linie der eigene Ermittlungsaufwand des Gläubigers (z.B. für Detektivkosten, Einschaltung eines Inkassobüros), soweit dieses höhere Gebühren verlangt als ein Anwalt (Erfolgsprovision). **80**

Eine sehr brauchbare **alphabetische Übersicht** findet sich bei Baumbach-Lauterbach, Anm. 5 zu § 788 ZPO.

2. Die Kostenfestsetzung

Die in der Zwangsvollstreckung erwachsenen Kosten werden nicht wie im Erkenntnisverfahren (§ 103) besonders festgesetzt. Der Gläubiger macht sie vielmehr in seiner Forderungsübersicht geltend und muß sie im einzelnen nur rechtfertigen, wenn der Schuldner, der Gerichtsvollzieher oder der Rechtspfleger Zweifel an der Angemessenheit haben.

81 Wird der Kostenansatz bestritten, kann der Gläubiger Kostenfestsetzungsantrag stellen (BGH Rpfl. 82, 235).

Die früher umstrittene Zuständigkeit für den Kostenfestsetzungsantrag hat der BGH zwischenzeitlich geklärt: Es ist das Prozeßgericht I. Instanz zuständig (BGH NJW 1986, 2438 mit weiteren Nachweisen).

3. Häufige Fehler

82 Bei der Geltendmachung der eigenen Kosten gibt es drei häufige Fehlerquellen:

– Erhöhungsgebühr
  Nach § 6 I 2 BRAGO kann der Anwalt, der für mehrere Gläubiger tätig ist, eine Erhöhungsgebühr verlangen. Diese gilt auch in der Vollstrekkung! (OLG Hamm, Jur. Büro 1978, 699)

RA Guth vollstreckt für Theo und Frieda Senkel eine Forderung in Höhe von DM 4000,00. Eine 3/10 Gebühr (§ 57 I BRAGO) beträgt DM 68,10. Da zwei Gläubiger beteiligt sind, erhöht sie sich um 3/10 von 68,10 = 20,43, gerundet auf DM 20,50 (§ 11 BRAGO), insgesamt also 88,60, bei mehr als zwei Gläubigern aber höchstens bis auf 6/10 = 136,20 DM.

– Hebegebühr (§ 22 BRAGO)
  Die Hebegebühr muß der Schuldner in der Regel nicht erstatten, wenn er auf das Konto des Anwalts zahlt, denn dazu ist er ja ausdrücklich aufgefordert worden. Zahlt er aber **ohne Aufforderung** freiwillig **an** den **Anwalt** statt an den Gläubiger, dann kann der Anwalt auch die **Hebegebühr** verlangen.
– Kostenverteilung bei mehreren Gesamtschuldnern
  Bei Gesamtschuldnern ist darauf zu achten, daß jeder Gesamtschuldner nur für diejenigen Kosten und Auslagen haftet, die er selbst verursacht, oder die durch Vollstreckungsmaßnahmen gegen alle Gesamtschuldner gemeinsam entstehen (§ 425 I BGB) (LG Berlin, MDR 83, 140).
  Der Gläubiger muß deshalb **gegenüber jedem Gesamtschuldner** eine **eigene Forderungsübersicht** aufstellen, da der Endsaldo, für den jeder Gesamtschuldner haftet, unterschiedlich ist.

Theo Senkel hat ein Urteil gegen die Brüder Hans und Ulrich Klein als Gesamtschuldner über insgesamt DM 3000,00 erstritten. Er läßt sich zwei Ausfertigungen erteilen und pfändet den Arbeitslohn von Hans Klein (Kosten: DM 68,86). Bei Ulrich Klein beauftragt er den GVZ (Kosten: DM 133,20). Aufgrund der Pfändung zahlt Hans Klein

DM 3068,86. Ihm gegenüber ist der Titel verbraucht und der Hauptsacheanspruch auch gegenüber Ulrich Klein erloschen. Den noch offenen Kostenbetrag von DM 133,20 kann der Gläubiger nur von Ulrich Klein verlangen.

4. Taktik

Da der Gläubiger Kosten immer verauslagen muß, wird er sich bei jeder Maßnahme überlegen, ob sie erforderlich ist.

Wenn man Anhaltspunkte dafür hat, daß der Schuldner vermögenslos ist, kann man zur Kostenersparnis auch **Teilbeträge vollstrecken.** Das kann riskant werden, da man einen **Rang auch nur in Höhe der Teilfor-** 83
derung besetzt: Wenn der Schuldner wider Erwarten doch Vermögen hat und ein weiterer Gläubiger kurz danach pfändet, fällt die Restforderung womöglich aus.

Die TuV Bank vollstreckt gegen die VIP GmbH, von der bekannt ist, daß es ihr finanziell sehr schlecht geht, DM 100 000,00. Aus Kostenersparnisgründen wird eine Forderung der VIP GmbH gegen Dr. Urstrom, die 200 000,00 DM beträgt nur in Höhe von DM 10 000,00 gepfändet: Man zweifelt, ob Dr. Urstrom wird zahlen können. Kurz danach pfändet ein anderer Gläubiger, der 300 000,00 DM zu bekommen hat. Dr. Urstrom zahlt wider Erwarten doch an die TuV-Bank nur DM 10 000,00 und an den anderen Gläubiger DM 190 000,00. Da dies der letzte Vermögenswert der VIP GmbH war, muß sie danach Konkurs anmelden. Die Bank hätte ihre volle Forderung bekommen, wenn in vollem Umfang gepfändet worden wäre.

IX. Rechtsmittel und Rechtsbehelfe

1. Allgemeines

Jeder, der am Vollstreckungsverfahren beteiligt ist, kann dabei Fehler machen. So kann es vorkommen, daß
- der Vollstreckungsrichter einen Haftbefehl zu Unrecht erläßt, weil der Schuldner zum OV-Termin zwar nicht erschienen ist, aber ein ausreichendes Attest vorgelegt hatte;
- der Rechtspfleger beim Erlaß des Pfüb die Pfändungsgrenzen des § 850 c ZPO übersehen hat;
- der GVZ einen unpfändbaren Gegenstand fälschlicherweise pfändet; 84
- der Gläubiger eine Teilzahlung des Schuldners übersieht;

und ähnliche Fälle mehr. Um solche Fehler zu korrigieren, stehen den Beteiligten Rechtsbehelfe und Rechtsmittel zur Verfügung.

Der Anfänger wird mit diesem Verfahren überfordert sein; ich gebe daher nur einen allgemeinen Überblick, um zu zeigen, welche Maßnahmen überhaupt zur Verfügung stehen.

2. Die Rechtsbehelfe

2.1 Allgemeines

85 Das System der Rechtsbehelfe und Rechtsmittel in der Zwangsvollstreckung ist dadurch kompliziert, daß für den Schuldner, den Drittschuldner und den Dritten verschiedene Rechtsbehelfe gegeben sein können, je nachdem, ob vor einer bestimmten Maßnahme rechtliches Gehör gewährt werden muß oder nicht.

Die Rechtsbehelfe, mit deren Hilfe das geschieht, gliedern sich auf in

- Erinnerung gegen Art und Weise der Zwangsvollstreckung (§ 766): Die Erinnerung wird eingelegt gegen **Maßnahmen** des Gerichtsvollziehers oder Vollstreckungsgerichts (in der Regel des Rechtspflegers). Das sind Beschlüsse oder Verfügungen, die ohne Anhörung der übrigen Beteiligten ergangen sind. Die Erinnerung ist **unbefristet.**
- Die befristete Erinnerung (§ 11 Abs. 1 S 2 RPflG): Sie richtet sich gegen die **Entscheidungen** des Rechtspflegers (z.B. über einen Pfändungs- und Überweisungsbeschluß), die **nach Anhörung der Beteiligten** ergangen ist. Sie muß innerhalb einer **Notfrist von zwei Wochen** eingelegt werden.
- Die sofortige Beschwerde (§ 793): Sie richtet sich gegen **Entscheidungen** des Vollstreckungsgerichts, die **nach Anhörung der Beteiligten** ergehen können. Das sind in den meisten Fällen die Entscheidungen des Rechtspflegers, die er im Rahmen der befristeten Erinnerung getroffen hat. Die sofortige Beschwerde muß innerhalb einer Notfrist von 2 Wochen eingelegt werden (§ 577 Abs. 2).

In den nachfolgenden Absätzen werden diese Rechtsbehelfe und Rechtsmittel den einzelnen Vollstreckungsorganen zugeordnet.

Welcher der oben kurz skizzierten Rechtsbehelfe im Einzelfall zulässig ist, hängt davon ab, welches Vollstreckungsorgan handelt und ob eine **Maßnahme** oder eine **Entscheidung** getroffen worden ist.

2.2 Maßnahmen des Gerichtsvollziehers

Gegen fehlerhafte Maßnahmen des GVZ's steht dem Gläubiger, dem Schuldner oder den beteiligten Dritten die Erinnerung nach § 766 I zu.

86 Sie ist beim Vollstreckungsgericht (§ 766 I 1) einzulegen und wird vom Amtsrichter entschieden (§ 20 Nr. 17 II a RpflG). Sie ist nicht an eine Frist gebunden, kann aber nur so lange eingelegt werden, bis die Vollstreckung beendet ist. Danach kann allenfalls Schadensersatz geltend gemacht werden.

2.3 Maßnahmen und Entscheidungen des Rechtspflegers

Wenn der Rechtspfleger eine **Maßnahme** trifft, also ohne Anhörung der Beteiligten einen Beschluß oder eine Verfügung erläßt, ist hiergegen die unbefristete Erinnerung nach § 766 Abs. 1 zulässig.

Trifft der Rechtspfleger eine **Entscheidung,** erläßt er also einen Beschluß, für den eine Anhörung erforderlich ist, ist hiergegen die befristete Rechtspflegererinnerung zulässig (§ 11 RPflG, 793).

Da es im Einzelfall sehr streitig sein kann, ob eine **Maßnahme** oder eine **Entscheidung** getroffen worden ist, empfiehlt es sich, den Rechtsbehelf in jedem Fall innerhalb einer Frist von 2 Wochen einzulegen, da dann jedenfalls auch die Notfrist des § 577 Abs. 2 gewahrt ist. **87**

2.4 Entscheidungen des Richters

Trifft der Vollstreckungsrichter eine Entscheidung, so ist diese mit der sofortigen Beschwerde (§ 793) innerhalb einer Frist von zwei Wochen (§ 577 II) bei dem Gericht einzulegen, das die Entscheidung erlassen hat. **88**

2.5 Entscheidungen des Grundbuchamts

Entscheidet das Grundbuchamt im Zusammenhang mit Vollstreckungsakten, so ist dagegen die Beschwerde nach § 71 Grundbuchordnung (GBO) zulässig. **89**

3. Weiterer Rechtsmittelzug

Wird die Erinnerung zurückgewiesen, kann der Betroffene Beschwerde einlegen, wird die Beschwerde zurückgewiesen, so kann weitere Beschwerde eingelegt werden, soweit ein **neuer** selbständiger Beschwerdegrund vorliegt (568 II). **90**

4. Rangprobleme bei Rechtsmittelverfahren

Wenn mit der ersten Entscheidung eine **Vollstreckungsmaßnahme aufgehoben** worden ist, geht dem Gläubiger damit immer auch der **Pfändungsrang verloren.** Die ihm günstige weitere Entscheidung ändert daran nichts (BGH NJW 76, 1453; Stöber, Rdz. 741; Schneider in MDR 84, 371).

Die TuV-Bank pfändet am 1.5. 1985 das Gehalt des Drehers Schmidt mit einem pfändbaren Teil von DM 300,00 je Monat. Hiergegen legt Schmidt Erinnerung ein. Am 1.6. 1985 pfändet das Möbelhaus Beck ebenfalls das Gehalt in Höhe von DM 300,00. **91**
Am 10.6. hebt das Amtsgericht die Pfändung der TuV-Bank auf, weil der Titel nicht richtig zugestellt sei. Hiergegen legt die TuV-Bank sofortige Beschwerde ein.
Am 1.8. 1985 entscheidet das Landgericht, daß die TuV-Bank Recht hat: Die Zustellung des Titels war entgegen der Meinung des Amtsgerichts in Ordnung.

In diesem Fall erhält Herr Schmidt den Lohn für Monat Mai ohne Abzüge. Danach bekommt das Möbelhaus Beck den pfändbaren Lohnanteil so lange, bis die Forderung voll befriedigt ist. Erst danach wird an die TuV-Bank überwiesen. Grund: Die Pfändung war aufgrund der Erinnerung zwar zu Unrecht aufgehoben worden, trotzdem hat die **Aufhebung** den **Rang** des Gläubigers **vernichtet,** da der Rang **nicht** von der formellen Rechtskraft der aufhebenden Entscheidung abhängig gemacht wurde.

Dieses bedeutende Risiko für den Gläubiger wird von den Vollstreckungsgerichten nicht selten übersehen. Legt also der Schuldner Rechtsmittel ein, so sollte das Vollstreckungsgericht auf das Problem wie folgt hingewiesen werden:

„Sofern das Gericht die Aufhebung der Vollstreckungsmaßnahme erwägt, wird ausdrücklich beantragt, die Aufhebungswirkung von der Rechtskraft der Entscheidung abhängig zu machen".

Nur wenn das Vollstreckungsgericht den Beschluß so abfaßt, bleibt der Rang gegenüber anderen Gläubigern gewahrt.

5. Einstweilige Anordnungen (§§ 719, 732 II, 771 III, 766, 769, 770, 775, 776, 924 III)

92 Durch die Einlegung eines Rechtsmittels wird der Lauf der Vollstreckung grundsätzlich nicht gehemmt. Dadurch können im Einzelfall für den Schuldner oder für beteiligte Dritte erhebliche Nachteile entstehen. Für sie besteht deshalb die Möglichkeit, **einstweiligen Vollstreckungsschutz** zu beantragen. Das ist in Ausnahmefällen auch ohne Sicherheitsleistung möglich. Die Anforderungen, die die Vollstreckungsgerichte bei diesen Anträgen stellen, sind örtlich sehr unterschiedlich, der Ermessensspielraum sehr breit. Der Gläubiger kann sich meistens nur dadurch wehren, daß er versucht, dem Schuldner falsche Angaben nachzuweisen.

6. Besondere Klagearten

93 Für besondere Ansprüche und Einwendungen, die im Bereich der Zwangsvollstreckung entstehen, sind besondere Klagearten vorgesehen.

6.1 Klage auf Vollstreckungsklausel (§ 731)

Wenn der Gläubiger eine qualifizierte Vollstreckungsklausel benötigt, aber die Voraussetzungen dazu nicht mit öffentlich oder öffentlich-beglaubigten Urkunden führen kann, muß er die Voraussetzungen für die Klauselerteilung vom Prozeßgericht des ersten Rechtszuges im Klagewege klären lassen.

6.2 Klage wegen Unzulässigkeit der Vollstreckungsklausel (§ 768)

Umgekehrt kann der Schuldner, wenn er endgültig festgestellt haben will, daß die Voraussetzungen für die Erteilung der Vollstreckungsklausel nicht vorliegen, Klage mit dem Ziel erheben, daß die Zwangsvollstreckung aus dem Titel für unzulässig erklärt wird.

6.3 Vollstreckungsgegenklage (§ 767)

Nach dem Schluß der mündlichen Verhandlung im Erkenntnisverfahren können sich neue Tatsachen ergeben, die das Prozeßgericht nicht mehr berücksichtigen durfte oder konnte. In diesen Fällen ist der Titel zwar formell richtig entstanden, der Gläubiger darf aber aus ihm nicht vollstrecken. Hauptanwendungsfall ist eine nach dem Schluß der mündlichen Verhandlung erfolgte **Erfüllung des Anspruchs** (BGH NJW 1984, 2827). Aber auch ein Vergleich im Rahmen der Zwangsvollstreckung, die Hinterlegung oder eine Aufrechnung gegen die titulierte Forderung mit später entstandenen Ansprüchen kann die weitere Zwangsvollstreckung unzulässig machen.

In all diesen Fällen genügt es nicht, wenn der Schuldner seine Einwendungen den Vollstreckungsorganen einfach mitteilt, er muß ihre Berechtigung vielmehr vor dem Prozeßgericht des ersten Rechtszugs durch Klage geltend machen.

6.4 Dritt-Widerspruchsklage (§ 771)

Vollstreckungsmaßnahmen erfassen gelegentlich nicht nur das Vermögen des Schuldners, sondern auch das dritter Personen, gegen die der Gläubiger keinen Anspruch hat. So kommt es vor, daß der Gerichtsvollzieher einen geliehenen Gegenstand pfändet, der dem Schuldner nicht gehört. Der mündliche Hinweis des Schuldners darauf kann die Pfändung nicht verhindern, weil alles, was der Schuldner besitzt, der Vermutung unterliegt, daß es ihm auch gehört.

In solchen Fällen kann ein Dritter seine Rechte nur durch Klage beim Vollstreckungsgericht sichern.

6.5 Klage auf vorzugsweise Befriedigung (§ 805)

Wenn ein Dritter nicht Eigentümer ist, sondern nur ein Pfand- oder Vorzugsrecht an einer Pfandsache hat, die Sache aber nicht in seinem Besitz ist, kann er nicht im Wege der Dritt-Widerspruchsklage vorgehen. In diesem Fall muß er die Verwertung der Sache zwar dulden, kann aber seine vorrangigen Rechte auf den Erlös durch Klage geltend machen.

7. Dienstaufsichtsbeschwerde

Wenn der GVZ oder das Vollstreckungsgericht einen Antrag nicht bearbeitet, so liegt das in der Regel an der Arbeitsüberlastung. Im großstädtischen Bereich kann die Bearbeitungszeit für einen Vollstreckungsauftrag zwei Monate betragen, ohne daß dies von der Dienstaufsichtsbehörde als unangemessen betrachtet würde. Auf dem Land hingegen kann eine Dienstaufsichtsbeschwerde schon berechtigt sein, wenn der Auftrag vier Wochen lang nicht bearbeitet wird. Hier muß man sich mit den örtlichen Verhältnissen vertraut machen, um überflüssige Dienstaufsichtsbeschwerden zu vermeiden, die in 99% aller Fälle damit enden, daß festgestellt **94** wird, der GVZ habe ordnungsgemäß gehandelt. Es gibt nur einen sicheren Effekt der Dienstaufsichtsbeschwerde: Der Auftrag bleibt erst einmal so lange liegen, bis über die Beschwerde entschieden wird. Trotzdem gibt es Fälle, in denen sie wirksam ist. In jedem Fall sollte man sparsam von ihr Gebrauch machen.

8. Befangenheitsantrag

95 Der GVZ kann nach § 155 GVG, der Rpfl. nach §§ 48 ZPO, 10 RpflG, der Richter nach §§ 41, 42 ZPO abgelehnt werden. Voraussetzung ist entweder eine der in § 41 ZPO genannten Interessenkollisionen oder die berechtigte Besorgnis der Befangenheit. Dieser Fall ist sehr selten.

X. Berechnung der Forderung und Forderungsübersicht

1. Darstellung der Forderungshöhe

1.1 Zusammensetzung der Forderung

Bei Zahlungsansprüchen muß der Gläubiger dem Gerichtsvollzieher oder dem Vollstreckungsgericht die genaue Höhe der Forderung angeben und belegen. Jedem Antrag ist also der Titel, ggf ein gesonderter KFB und die übrigen Vollstreckungskostennachweise (diese uU. in Fotokopie) beizufügen.

Dies gilt nicht für Teilzahlungen des Schuldners die ja zu dessen Gunsten von der Vollstreckungsforderung abgezogen werden. Diese setzt sich zusammen aus:

96
- Hauptsache
- Zinsen der Hauptsache
- Prozeßkosten
- Zinsen der Prozeßkosten
- Vollstreckungskosten

Leistet der Schuldner Teilzahlungen, muß der Gläubiger angeben, wie er diese Zahlungen verrechnet hat (§ 367 BGB und § 11 VerbrKrG).

Bei einer längerdauernden Vollstreckung ist die Berechnung der Zinsen und die Verrechnung von Teilzahlungen des Schuldners eine sehr mühsame Angelegenheit. Das immer neue Durchrechnen der Forderung, die noch vollstreckt werden kann, kostet viel Zeit.

1.2 Vollstreckung von Teilforderungen

Manche Gläubiger versuchen daher, sich auf die Vollstreckung von Teilforderungen zu beschränken (Stöber, Rdnr. 464). Manchmal geschieht das auch zum Zweck der Kostenersparnis. Dabei muß man darauf achten, im Antrag klar genug zum Ausdruck zu bringen, daß **nur eine Teilforde-**

rung vollstreckt werden soll. Da der Titel ja immer die volle Forderung ausweist, aus der sich dann die Kosten berechnen, kann ein Mißverständnis für den Anwalt teuer werden, dessen Mandant ihn nur mit der Vollstreckung einer Teilforderung beauftragt hat.

Bei Teilforderungen sehen manche Gerichte (Landgericht Bielefeld DGVZ 1984, 121) richtigerweise davon ab, eine vollständige Forderungsaufstellung zu verlangen, da es Sache des Schuldners ist, darzutun, in welchem Umfang er bezahlt hat (§ 775 Nr. 4, 5). Die meisten Gerichte sehen das anders: In Kassel, Hannover, Frankfurt, München, Aachen, Köln, Heiligenhafen, Mettmann, Gießen, Nürnberg und Bielefeld und wohl auch bei der Mehrzahl der anderen Vollstreckungsgerichte wird eine vollständige Übersicht über die Forderungsentwicklung ab Titulierung verlangt (kritisch dazu Stöber, Forderungspfändung, Anmerkung 6 zu Rdnr 464, zustimmend Christmann, DGVZ 85, 147). 97

Da der Gläubiger für seine **interne Abrechnung** ohnehin eine übersichtliche Forderungsaufstellung benötigt, sollte man sie erstellen und den Anträgen beifügen, um unnötige Auseinandersetzungen mit dem Vollstreckungsgericht zu vermeiden. Eine neuere Entscheidung des Amtsgerichts Köln (DGVZ 85, 84) will sogar dem Gerichtsvollzieher ein Prüfungsrecht über die Vollstreckungskosten zubilligen. Das geht gewiß zu weit, entspricht aber der Tendenz, dem Gerichtsvollzieher Schutzaufgaben gegenüber dem Schuldner zuzuweisen. Auf gar keinen Fall hat der Schuldner nachträglich einen Anspruch auf die Aufschlüsselung der titulierten Forderung: Dazu ist das Prozeßverfahren vorgesehen (OLG Düsseldorf WM 1988, 743).

2. Forderungsübersicht im Formular

Es gibt einen einfachen Weg, die Forderungsberechnung klar und übersichtlich anzufertigen: Man entwickelt sie auf einem, vom Antragsformular getrennten Blatt und verweist im Antrag darauf. Das beigefügte Muster hat sich in vielen Jahren ausgezeichnet bewährt. 98

Ich erläutere den Aufbau wie folgt: 99

- **Gläubiger:**
  Hier wird die Gläubigerbezeichnung so eingetragen, wie sie im Titel festgehalten ist.
- **AZ:**
  Das ist das eigene Aktenzeichen entweder des Gläubigers oder seines Anwalts. Es ist besonders wichtig für die Zuordnung eingehender Zahlungen.
- **Schuldner:**
  Hier ist die vollständige Schuldnerbezeichnung so anzugeben, wie sie im Titel erfaßt ist.
- **Aus vollstreckbarem Titel des:**
  Hier ist das Gericht einzutragen, das den Titel erlassen hat.

Gläubiger: TuV Teilzahlungsbank AG, ges. vertr. d. d.
Vorstand Dipl.-Kaufmann Horst Henze,
Parkstraße 23, 8000 München 2

AZ: 606-88 (Bei Schriftverkehr und Zahlungen bitte unbedingt angeben)

vertreten durch den Unterfertigten gegen

Schuldner: Theresa Ellert
Residenzstraße 14
8000 München 2

aus vollstreckbarem Titel des Landgerichts München I
vom 20.08. 1988 AZ: 12 O 1920/88

FORDERUNGSÜBERSICHT

Hauptforderung DM 10.000,000 DM 20,00 + Festgesetzte Kosten DM 1.088,29
12% Zins aus DM 10.000,00 seit 01.01.88 4% Zins hieraus seit 20.07.88

Vorgang	Datum	Betrag	Zw. Vollstrkost. (Saldo)	Kosten (Zins-Basis)	Zins + Nebenfdg.	Haupts. (Zins-Basis)	Ges. Ford. (Streitwert)
1) Hauptsache, Kosten, Nebenfdg.				1088,29	20,00	10.000,00	11.108,29
2) Zins Hauptsache	per 30.07.88	700,00			720,00		11.808,29
3) Zins Kosten	per 30.07.88	1,33			721,33		11.809,62
4) VA-RA-Geb.	per 30.07.88	236,44	236,44				12.046,06
5) Zins Hauptsache	per 05.08.88	16,67			738,00		12.062,73
6) Zins Kosten	per 05.08.88	0,60			738,60		12.063,33
7) Zahlung Schuldner	05.08.88	1.000,00	--,--	324,73			11.063,33
8) Zins Hauptsache	per 12.09.88	126,67			865,27		11.190,00
9) Zins Kosten	per 12.09.88	1,30			866,57		11.191,30
10) Vorl. ZVB/Pfüb-RA-Geb.	12.09.88	236,44	236,44				11.427,74
Gerichtskosten		15,00	251,44				11.442,74
11) GVZ-Nachnahme zu 4)	13.09.88	126,50	377,94				11.569,24
12) GVZ-Nachnahme zu 10)	20.09.88	21,60	399,54				11.590,84
13) GVZ-Nachnahme zu 10)	20.09.88	35,20	434,74				11.626,04
14) Zins-Hauptsache	per 21.09.88	26,67			893,24		11.652,71
15) Zins-Kosten	per 21.09.88	0,29			893,53		11.653,00
16) Zahlung Drittschuldner	21.09.88	8.500,00	--,--	--,--	--,--	2.718,26	2.718,26
17) Zins Hauptsache	per 10.10.88	16,31			16,31		2.734,57
18) Pfüb-RA-Geb.	10.10.88	79,12	79,12				2.813,69
Gerichtskosten		15,00	94,12				2.828,69
19) GVZ-Nachnahme zu 18)	18.10.88	35,00	129,12				2.863,69
20) OV-Antrag-RA-Geb.	25.10.88	57,11	186,23				2.920,80
21) Zins-Hauptsache	per 01.11.88	17,22			33,53		2.938,02
22) Zahlung Drittschuldner	01.11.88	2.938,02	--,--	--,--	--,--	--,--	--,--

- **Vom:**
  Datum des Titels
- **AZ:**
  Gerichtliches Aktenzeichen.
- **Hauptforderung:**
  So wie im Titel einschließlich der Zinsen erfaßt.
- **Festgesetzte Kosten:**
  So wie im Titel einschließlich Zinsen ausgewiesen.
- **Vorgang:**
  Hier wird die jeweilige Maßnahme mit laufender Nummer erwähnt, die der Gläubiger vornimmt, wobei immer das Datum angegegen werden muß, um die Überprüfung zu erleichtern.
- **Betrag:**
  Das ist der jeweilige Einzelbetrag für jede Maßnahme.
- **Zwangsvollstreckungskostensaldo:**
  Hier werden die im Vollstreckungsverfahren entstehenden Kosten für Anwalt, Vollstreckungsgericht und Gerichtsvollzieher erfaßt und zur jeweils vorherigen Spalte aufsummiert (Beispiel: bei Ziff. 10)

– bisheriger Saldo:	236,44 DM
– zuzüglich Gerichtskosten vom 12.9.	+ 15,– DM
– neuer Saldo	251,44 DM.

- **Zins- und Nebenforderung:**
  In diese Spalte werden die Zinsen eingetragen und aufsummiert (Beispiel):
- **Kosten (Zinsbasis):**
  Das sind die **vor** der Zwangsvollstreckung angefallenen Kosten, aus denen die Kostenzinsen berechnet werden können.

– Zinsen (insgesamt) bis 12.9. 1988 (Ziff. 9)	131,16 DM
– Zinsen (Hauptsache) vom 12.9. 1988 bis 21.9. 1988 auf die Hauptsache (Ziff. 14)	+ 30,– DM
– neuer Saldo (Ziff. 14)	161,16 DM

- **Hauptsache (Zinsbasis):**
  Das ist der titulierte Hauptsachebetrag, aus dem die Hauptsachezinsen errechnet werden.
- **Gesamtforderung (Streitwert):**
  Das ist die zu vollstreckende Forderung zum Zeitpunkt des Antrags, die gleichzeitig den Streitwert für die nachfolgende Vollstreckungsmaßnahme angibt.

Diese Aufteilung der Forderung führt dazu, daß eingehende Zahlungen in gesetzentsprechender Weise (§ 367 BGB) einfach verrechnet werden können.

Am 30.7. 1988 (Ziff. 3) belief sich die Forderung einschließlich Hauptsache- und Kostenzinsen auf 11 809,62 DM. Aus diesem Streitwert errechnet sich die Vollstreckungsauftragsgebühr für den Rechtsanwalt vom 30.7. auf 236,44 DM. Zum Zeitpunkt des Antrags betrug die Forderung daher (Ziff. 4) 12 046,46 DM. **100**

Am 5.8. zahlt der Schuldner (Ziff. 7) darauf 1000,– DM.
Es werden zunächst die Zinsen vom 30.7. bis 5.8. nachgeführt. Dadurch erhöht sich die Zinsforderung von 721,33 DM um die Kostenzinsen von 0,60 DM und die Hauptsachezinsen von 16,67 DM auf nunmehr 738,60 DM.
Es wird daher wie folgt verrechnet:

Zahlung Schuldner (Ziff. 7)	1000,– DM
÷ bisherige Vollstreckungskosten (Ziff. 4)	– 236,44 DM
verbleibt zur Verrechnung auf Kosten (Spalte 2)	763,56 DM
÷ festgesetzte Kosten	– 1088,29 DM
Restkostenbetrag mithin (Ziff. 7), in dieser Höhe ab 5.8. mit 4% verzinslich	324,73 DM.

Wie man sieht, hat diese Zahlung noch keine Tilgung auf die Hauptsache bewirkt. Diese erfolgt erst mit der zweiten Zahlung vom 21.9.

Um sich Platz und Arbeit zu sparen, kann man die Berechnung der Zinsen auf den Fall beschränken, daß der Schuldner Zahlungen leistet. Das kann aber einen Verlust von Anwaltsgebühren bedeuten, weil die Gesamtforderung dann nicht den richtigen Streitwert ausweist. Mit der Zeit bekommt man so viel Erfahrung, daß man auf den ersten Blick sieht, ob die Nachführung der Zinsen eine **neue Streitwertstufe** mit sich bringen wird oder nicht.

Wenn man EDV einsetzt, wird einem die gesamte Mühe mit der Forderungsübersicht automatisch abgenommen.

3. Zinsformel

101 Bei der Forderungsübersicht müssen immer wieder Zinsen berechnet werden. Da in fast allen Fällen die Gerichte die Zinsen jährlich titulieren („DM 4485,– nebst 6,75% Zinsen hieraus seit 1.4. 88"), bei Zahlungen aber immer genau auf den Tag der Zahlung abgerechnet werden muß, benutzt man zweckmäßig die Zinsformel:

$$\frac{\text{Hauptsache} \times \text{Zinstage} \times \text{Zinssatz (in \%)}}{36\,000}$$

Im Beispiel sind tituliert:

Hauptsache	10 000,– DM
Hauptsachezinsen	12%
Zinsbeginn	1.1.1988
Tag der Zinsberechnung	30.7.1988
Zinstage vom 1.1. bis 30.7.85	210 Tage

(für die Zinsberechnung wird jeder Monat mit 30 Tagen angesetzt, ohne Rücksicht auf Schaltjahre oder Monate mit 31 Tagen).
Die vollständig ausgefüllte Formel lautet daher:

$$\frac{10\,000 \times 210 \times 12}{36\,000} = 700,\text{– DM}$$

Die Kostenzinsen errechnen sich entsprechend:

$$\frac{1088{,}29 \text{ DM} \times 11 \times 4}{36\,000} = 1{,}33 \text{ DM}$$

4. Berechnung ausländischer Währungen

Manche Titel lauten auf Österreichische Schillinge, Schweizer Franken, Englische Pfund oder US-Dollar, auch wenn sie von einem deutschen Gericht erlassen worden sind. **102**

Ein solcher Titel lautet:

„Der Beklagte wird verurteilt, an den Kläger 43 785 US-Dollar nebst 10% Zinsen hieraus seit 4. 6. 88 zu bezahlen."

Wenn der Anwalt des Klägers oder das Gericht genügend Vollstrekkungserfahrung hat, dann wird zur Klarstellung noch besser wie folgt tituliert:

„Der Beklagte wird verurteilt, an den Kläger 43 782 US-Dollar nebst 10% Zinsen hieraus seit 4. 6. 88 zu dem im Zeitpunkt wirksamer Vollstreckung gültigen Verkaufskurs des US-Dollar im Inland zu bezahlen."

Nur wenige wissen nämlich, daß es immer eine **Differenz** zwischen dem **Ankaufs-** und dem **Verkaufskurs** gibt, und mancher Gerichtsvollzieher ist sich nicht im klaren darüber, welchen Kurs er eigentlich nehmen muß. Es ist deshalb der Verkaufskurs der Banken, weil der Gläubiger sich für gezahltes deutsches Geld die Devisen im Inland besorgen muß.

Bei einem solchen Titel wird in der Forderungsübersicht lediglich vermerkt, daß es sich bei der Hauptsache um eine fremde Währung handelt, während die übrigen Bestandteile der Vollstreckungsforderung in DM errechnet sind. Aus diesem Grund dürfen in der Spalte „Gesamtforderung" vorerst auch nur die jeweiligen deutschen Forderungen eingetragen werden, die ausländischen erst, wenn es etwas zu verrechnen gibt.

Gläubiger: TuV Teilzahlungsbank AG, ges. vertr. d. d.
Vorstand Dipl.-Kaufmann Horst Henze,
Parkstraße 23, 8000 München 2

AZ: 606-88 (Bei Schriftverkehr und Zahlungen bitte unbedingt angeben)

vertreten durch den Unterfertigten gegen

Schuldner: Theresa Ellert
Residenzstraße 14
8000 München 2

aus vollstreckbarem Titel des Landgerichts München I
vom 20.08. 1988 AZ: 12 O 1920/88

FORDERUNGSÜBERSICHT

Hauptforderung US$ 20.000,00
+ 10% Zins aus US$ 20.000,00 seit 20.08.88

Festgesetzte Kosten DM 1.350,00
4% Zins hieraus seit 02.09.88

Vorgang	Datum	Betrag	Zw. Vollstrkost. (Saldo)	Kosten (Zins-Basis)	Zins + Nebenfdg.	Hauptsache (Zins-Basis)	Ges. Ford. (Streitwert)
Bezogene Währung		DM	DM	DM	DM/US$	US$	DM
1) Hauptsache in US-Dollar				1.350,00		20.000,00	
2) Festgesetzte Kosten							
3) VA-RA-Geb.	02.09.88	424,88	424,88				
4) GVZ-Nachnahme zu 3)	25.09.88	94,60	519,48				
5) Pfüb-RA-Geb.	30.09.88	424,88	944,36				
Gerichtskosten		15,00	959,36				
6) GVZ-Nachnahme zu 5)	16.10.88	120,80	1.080,16				
7) Zahlung Schuldner	17.10.88	1.000,00	80,16				
8) Zins-Kosten in DM 02.09.88–31.10.88		9,00			9.00		
9) Zahlung Schuldner in DM 31.10.88 (verbleiben DM 18 560,84)		20.000,00	--,--	--,--	--,--		
10) Zins Hauptsache in US-Dollar 20.08.88–31.10.88		405,56			405,56		
11) Verkaufsw. US$ = DM 1,80 31.10.88 (DM18 560,84 = US$ 10 311,58)							
12) Zahlung Schuldner in US$ 10 311,58	31.10.88				--,--	10.093,98	

XI. Zahlungen auf den Titel

1. Rechtliche Wirkung der Zahlung

103 Zahlungen an den Gläubiger können erfolgen
- durch den Schuldner selbst
- durch den Drittschuldner
- durch dritte Personen, gegen die der Titel nicht wirkt, z.B. einen Bürgen oder einen Familienangehörigen.

Die Zahlung führt **rechtlich** dazu, daß der Anspruch aus dem Titel ganz oder teilweise erlischt (§ 362 I BGB). Deshalb hat der Schuldner das Recht, für jede Zahlung eine Quittung zu fordern (§ 757 II), und, wenn der Titel vollständig bezahlt ist, dessen Herausgabe zu verlangen (§ 757 I). Würde der Gläubiger etwa eine zweite vollstreckbare Ausfertigung (§ 733) beim Vollstreckungsgericht beantragen, so muß der Schuldner in diesem Verfahren gehört werden. Er würde dann den quittierten Titel vorzeigen und damit am einfachsten beweisen können, daß die Forderung bezahlt ist.

Wenn der Gerichtsvollzieher Geld in Empfang nimmt, quittiert er das direkt auf dem Titel (§ 757 I). Zahlt der Schuldner an den Gläubiger, dessen Anwalt, oder erfolgt die Zahlung durch Dritte, dann kann aus praktischen Gründen nichts auf dem Titel quittiert werden. Deshalb ist jede Art, die Zahlung zu beweisen (§ 775), z.B. durch die Banküberweisung, die Barquittung oder sogar durch Zeugenbeweis möglich, falls der Gläubiger bestreiten sollte, eine Zahlung erhalten zu haben.

2. Tilgungsbestimmungen (§§ 366, 367 BGB)

Der Schuldner hat das Recht zu bestimmen, wie seine Zahlungen verrechnet werden (§ 366 I BGB), er muß davon aber auch Gebrauch machen!

Der WGR Verlag gibt ein Anzeigenblatt heraus, in welchem der Friseurladen TOP für ein **104**
Jahr Anzeigen zum Preis von jeweils 100,00 DM pro Monat geschaltet hat. Als im Mai nicht bezahlt wurde, läßt der Verlag DM 500,00 titulieren und beauftragt den Gerichtsvollzieher. Noch bevor der Gerichtsvollzieher erscheint, überweist die Fa. TOP im August DM 200,00 per Post ohne jeden Betreff. Als der Gerichtsvollzieher am 1.9. kommt, wird ihm der Beleg nachgewiesen und die „restlichen" 300,00 DM bezahlt. Der Verlag ist damit nicht zufrieden, weil er meint, die bezahlten DM 200,00 seien für die Monate Juni und Juli bestimmt gewesen.

Hier hat der Schuldner keine Bestimmung getroffen. § 366 II regelt für diesen Fall, daß zunächst die fällige Schuld und unter mehreren fälligen Schulden diejenige mit der geringeren Sicherheit getilgt wird. Die Monatsraten für Juni und Juli sind im August ebenso fällig, wie diejenigen für Januar bis Mai. Für Juni und Juli gibt es aber noch keinen Titel, hier hat der Gläubiger also die geringere Sicherheit. Folge: Die beiden Zahlungen sind für Juni und Juli zu verrechnen, die Firma TOP muß noch 200,00 DM nachzahlen, die Vollstreckung wird fortgesetzt.

Eine von § 367 BGB abweichende Tilgungsreihenfolge kann sich aus § 11 VerbrKrG ergeben!

3. Bagatellforderungen

Beim nächsten Besuch pfändet der Gerichtsvollzieher nach Geschäfts- **105**
schluß die Ladenkasse, findet aber nur 198,00 DM vor (vor Geschäftsschluß dürfte er diesen Betrag nicht voll pfänden, sondern müßte handelsübliches Wechselgeld (ca. DM 50,00) zurücklassen).

Der WGR Verlag will seine restlichen DM 2,00 noch haben. Jetzt weigert sich der Gerichtsvollzieher, wegen dieses Bagatellbetrages noch zu vollstrecken.

Bei einer Gesamtforderung von DM 500,00 ist ein offener **Restbetrag** von 2,00 DM sicher so **geringfügig,** daß dem Antrag des Gläubigers das **Rechtsschutzbedürfnis fehlt** (AG Kamen, DGVZ 83, 190 und ausführlich Schneider in DGVZ 83, 132).

Es ist aber nicht so, daß Bagatellforderungen grundsätzlich am Rechtsschutzbedürfnis scheitern (Stöber, Rdnr. 488 a) Es muß sich schon um eine **ganz geringe Restforderung** handeln, wobei die Höhe des Titels keine Rolle spielt. Anderenfalls bekäme ein Gläubiger mit einem Titel über eine Million den letzten Tausender nicht.

4. Zustimmung zur Löschung aus dem Schuldnerverzeichnis

106 Wenn die Forderung bezahlt ist, kann der Schuldner beim Vollstreckungsgericht beantragen, aus dem Schuldnerverzeichnis gelöscht zu werden (§ 915 II). Wenn er den quittierten Titel nicht vorlegen kann, fragt das Gericht in der Regel den Gläubiger nach seiner Zustimmung, die dieser erteilen muß. Nicht selten bittet der Schuldner den Gläubiger, die Zahlung direkt dem Vollstreckungsgericht mitzuteilen. Wenn der Gläubiger das zusagt, es aber vergißt und dem Schuldner daraus Nachteile entstehen (z.B. eine Kreditkündigung), muß der Gläubiger ihm den Schaden ersetzen: BGH WM 85, 35!

Nicht selten ist der Schuldner auch
- in der Schufa
- bei den Auskunfteien wie Creditreform, Schimmelpfeng, Bürgel etc.

eingetragen. Hier kann er gem. § 35 Datenschutzgesetz selbst Löschung verlangen. Außer der Quittung kann er vom Gläubiger keine zusätzliche Bestätigung verlangen (OLG München, NJW 82/244).

5. Kosten

107 Wenn der Schuldner Geld überweist, muß er die Bankspesen zahlen. Der Antrag auf Löschung aus dem Schuldnerverzeichnis ist gebührenfrei (§ 1 I GKG). Für die Mitwirkung des Gläubigers an Löschungen kann dieser für die eigene Arbeitsleistung keine Vergütung beanspruchen, wohl aber die Erstattung von Auslagen wie z.B. notarieller Beglaubigungen (§ 369 BGB). Wird der Anwalt des Gläubigers eingeschaltet (z.B. wegen des rechtlichen Gehörs) entsteht eine 3/10 Gebühr nach § 58 III Ziff. 12 BRAGO.

6. Checkliste

Bei Zahlungen des Schuldners ist folgendes zu beachten:

108
- Ist ein Vollstreckungsauftrag unterwegs, muß das Vollstreckungsgericht bzw. der Gerichtsvollzieher davon unverzüglich unterrichtet werden, um Kostennachteile und Haftungsrisiken zu vermeiden. Der Rechtsanwalt muß den Gläubiger darauf immer wieder hinweisen.
- Bei jeder Zahlung ist zu prüfen, ob diese sich auf den Titel oder auf andere Forderungen bezieht.
- Teilzahlungen sind grundsätzlich nach § 366, 367 BGB zu verrechnen, falls keine Tilgungsbestimmung des Schuldners vorliegt.
- Freiwillige Zusagen gegenüber dem Schuldner, in dessen Interesse Zahlungen an das Vollstreckungsgericht oder Dritte mitzuteilen, sind riskant. Der Gläubiger sollte aber fairerweise freiwillig das Erforderliche tun.

XII. Vereinbarungen mit dem Schuldner

1. Wie verhandelt man mit dem Schuldner?

Nicht selten setzt sich der Schuldner mit dem Gläubiger in Verbindung und bittet um Ratenzahlung. Wie der Gläubiger darauf reagieren soll, ist eine – zum Teil nicht einfach zu entscheidende – taktische und rechtliche Frage. 109

1.1 Verbraucherkreditgesetz (VerbrKrG)

Die rechtlichen Probleme resultieren in erster Linie aus dem seit dem 1.1. 1991 in Kraft getretenen Verbraucherkreditgesetz (vgl. Rz 23) mit seinem weiten Anwendungsbereich und den einschneidenden Rechtsfolgen zu Lasten des Kreditgebers. Im Rahmen dieser Darstellung ist eine auf den Bereich der Ratenzahlungsvereinbarungen zwischen Gläubiger und Schuldner beschränkte Kommentierung dieses neuen Gesetzes nicht möglich, zumal einige Auslegungsfragen noch der Ausfüllung durch die Rechtsprechung bedürfen. 110

Dem Anfänger kann – so zweckmäßig dies aus wirtschaftlicher Sicht auch erscheinen mag – der Abschluß einer Ratenzahlungsvereinbarung mit dem Schuldner nur dann empfohlen werden, wenn das VerbrKrG gerade keine Anwendung findet.

Die Systematik des Gesetzes läßt sich kurz skizzieren: 111

- **Verbraucher** kann jede natürliche Person sein, also nicht juristische Personen (AG, GmbH).

  Das VerbrKrG ist aber nicht anwendbar, wenn der Kredit nach dem Vertragsinhalt für eine bereits ausgeübte gewerbliche oder selbständige berufliche Tätigkeit des Kreditnehmers gewährt wird, ausgenommen sind also Kredite an Kaufleute, Handwerker, Landwirte und Angehörige der freien Berufe (Ärzte, Architekten, Rechtsanwälte, Steuerberater und Personenhandelsgesellschaften etc.). Vgl. hierzu § 1 VerbrKrG.

  Gegenausnahme sind aber Existenzgründungsdarlehen unter DM 100 000,– (§ 3 I 2 VerbrKrG)
- **Kreditgeber** ist jede Person, die in Zusammenhang mit ihrer gewerblichen oder beruflichen Tätigkeit Kredit gewährt (§ 1 II VerbrKrG). Es sind also nicht nur die Kreditinstitute erfaßt, sondern jeder, der das das Entgelt für seine gewerbliche oder berufliche Leistung kreditiert!
- Weitere Voraussetzung ist die **Entgeltlichkeit** des gewährten Kredits, wobei hierunter nicht nur ein Darlehen (§ 607 BGB), sondern bereits ein Zahlungsaufschub zu verstehen ist (§ 1 II VerbrKrG)! Dieses Merkmal ist nun für Ratenzahlungsvereinbarungen – sei es vor oder nach Titulierung der Forderung – der springende Punkt:

  Auch eine nachträglich vereinbarte Teilzahlung ist eine Stundung der Forderung und damit Zahlungsaufschub. Sofern die Stundung entgeltlich erfolgt, ist das VerbrKrG (natürlich bei Vorliegen der übrigen Voraussetzungen) auf die Teilzahlungsvereinbarung anwendbar. Eine Ausnahme gilt nur, wenn der Zahlungsaufschub für den Verbraucher nicht mehr als drei Monate beträgt (§ 3 I Nr. 3 VerbrKrG).

Entgelt ist jede Art von Gegenleistung für die Kreditgewährung, also insbesondere Zinsen! Auch die Kosten des Rechtsanwalts, der für den Gläubiger im Rahmen des Abschlusses der Ratenzahlungsvereinbarung tätig wird, können die Kreditgewährung entgeltlich machen, wenn der Schuldner diese Kosten übernehmen soll (s. u.!). Denn § 3 II Nr. 3 VerbrKrG gilt als Erleichterung nur für gerichtlich oder notariell beurkundete Vergleiche.

112 Das VerbrKrG will den Kreditnehmer
- durch Formvorschriften (Schriftform) mit
- notwendigen Angaben über den Vertragsinhalt (§ 4 VerbrKrG; Nettokreditbetrag, Gesamtbetrag aller Zahlungen mit Zinsen und Kosten, Rückzahlungsmodus oder Regelung der Vertragsbeendigung, Zinssatz und alle sonstigen Kosten des Kredits, effektiven Jahreszins, zu bestellende Sicherheiten u. a.),
- eine ausdrückliche Belehrung des Kreditnehmers über sein
- Widerrufsrecht (§ 7 VerbrKrG) und
- zwingende Rechtsfolgen für „Zuwiderhandlungen“ (z. B. Beschränkung auf den gesetzlichen Zinssatz von 4 % oder Ausschluß ungenannter Vertragskosten; § 6 VerbrKrG) schützen.

113 Auch unabhängig von Formverstößen oder sonstigen Fehlern ist eine dem VerbrKrG unterliegende Ratenzahlungsvereinbarung
- hinsichtlich der Kündigungsmöglichkeit bei Zahlungsverzug beschränkt (§ 12 VerbrKrG);
- Verzugszinsen sind nach § 11 I VerbrKrG grundsätzlich auf 5 % über dem jeweiligen Diskontsatz der Bundesbank festgeschrieben (als Obergrenze);
- in Abweichung von § 367 I BGB sind unzureichende Zahlungen des Schuldners auf die Kosten der Rechtsverfolgung, den Hauptsachebetrag und zuletzt auf die Zinsen zu verrechnen, wobei der Kreditgeber Teilzahlungen nicht zurückweisen darf (§ 11 III VerbrKrG). Zinsen unterliegen dafür nur der 30-jährigen Verjährung.

Dies sind nur die wichtigsten Eingriffe des VerbrKrG in das bürgerliche Recht. Die praktische Anwendung dieses zum Schutz des Schuldners konzipierten Gesetzes wird möglicherweise zeigen, daß sich der Zweck im Bereich der Zwangsvollstreckung in sein Gegenteil verkehren kann. Um mögliche Einschränkungen des VerbrKrG zu vermeiden, wird mancher Gläubiger lieber seinen Titel kompromißlos vollstrecken, obwohl eine sinnvolle Ratenzahlungsvereinbarung beiden Beteiligten nützlicher sein kann oder gar die Beitreibung der Forderung erst ermöglicht.

Den nachfolgenden Ausführungen liegt ein Beispiel zugrunde, auf das das VerbrKrG keine Anwendung findet. (Bereits ausgeübte gewerbliche Tätigkeit.)

1.2 Vorgerichtliche Vergleiche

Das Mahnverfahren beginnt meistens mit einer außergerichtlichen Abmahnung. **114**

Die DESY-Computer-Handels GmbH hat an den Büromaschinenhändler Willi Wietersheim zwei Kleincomputer für insgesamt DM 6380,00 geliefert.
Nach der zweiten Mahnung bittet Herr Wietersheim um Stundung, weil das Geschäft gerade nicht besonders gut gehe. Einstweilen könne er DM 500,00 bezahlen. Der Lieferant ist einverstanden, die erste Zahlung geht ein, dann hört die DESY GmbH von Herrn Wietersheim nichts mehr. Nach weiteren sechs Wochen wird der Mahnbescheid beantragt, gegen den Herr Wietersheim Widerspruch einlegt. Nach Vorliegen der Klagebegründung wird eingewendet, die Computer seien mangelhaft. Das Gericht ordnet Beweisaufnahme an, die DESY GmbH muß neben den eigenen Anwaltskosten die Gerichtskosten und den Vorschuß für den Sachverständigen zahlen, der schließlich feststellt, daß die Mängelrüge unberechtigt ist. Die Verfahrenskosten belaufen sich inzwischen auf über 3500,00 DM.
Als die DESY GmbH aus dem Titel vollstrecken will, stellt sich heraus, daß Willi Wietersheim kurz nach Ende des Verfahrens Konkursantrag stellen mußte.

Dieser Fall ist weit häufiger als man denkt: Viele Gläubiger begnügen sich damit, der Bitte des Schuldners um Teilzahlungen zu entsprechen, ohne daran zu denken, daß ein Schuldner, der **jetzt nicht zahlen** kann, höchstwahrscheinlich **eine ganze Reihe anderer Gläubiger hat,** die nicht so nachsichtig sind. Jede Bewilligung von Teilzahlungen ist eine Verlängerung des Kredits, den der Schuldner durch die Warenlieferung schon bekommen hat. Dem darf man nur zustimmen, wenn der Schuldner eine Gegenleistung anbietet. Die **geringste Form** der Gegenleistung ist der **Titel.**

Liegt er einmal vor, kann der Schuldner nicht, wie hier, **nachträglich** irgendwelche Einwendungen machen, die oft das Verfahren nur verzögern sollen. Daneben entstehen dem Gläubiger auch ganz erhebliche Anwalts-, Gerichts- und Sachverständigenkosten, die der Schuldner gar nicht ersetzen kann.

Dazu kommt noch der **Zinsverlust,** denn wenn der Gläubiger für die Zeit der Teilzahlungen nicht ausdrücklich Zinsen vereinbart, erhält er nur die gesetzlichen Zinsen:

Die Gerichte stellen hohe Anforderungen daran, den Zinsaufwand des Gläubigers schlüssig darzustellen.

Die richtige Reaktion des Gläubigers wäre folgender Brief gewesen:

„Eine Stundung der offenen Forderung können wir Ihnen gewähren, wenn Sie unsere Forderung entweder zu notarieller Urkunde anerkennen oder sich bereit erklären, gegen einen von uns beantragten Mahn- und Vollstreckungsbescheid keinen Widerspruch bzw. Einspruch einzulegen. Wir verpflichten uns, aus dem Vollstreckungsbescheid so lange nicht zu vollstrecken, als die vereinbarten Ratenzahlungen eingehalten werden."

1.3 Außergerichtliches Anerkenntnis

In vielen Fällen wird der Gläubiger ein so konsequentes Vorgehen trotz **115**
der erkannten Risiken scheuen, weil er immer noch hofft, die Geschäftsverbindung aufrecht erhalten zu können. In diesem Fall muß aber **mindestens** gewährleistet sein, daß im Falle einer späteren gerichtlichen Ausein-

andersetzung der Kunde nicht Mängelrügen vorträgt, die das Verfahren verzögern und verteuern. Das kann nur durch ein **außergerichtliches Anerkenntnis** etwa in folgender Form geschehen:

„Mit der von Ihnen erbetenen Stundung sind wir grundsätzlich einverstanden, wenn Sie die Forderung in folgender Form anerkennen:

Anerkenntnis

1. Herr Willi Wietersheim anerkennt, der Firma DESY GmbH aus Rechnung Nr. 1123 vom 7. 3. 1985 einen Betrag von 6380,00 DM zuzüglich 8,5% Zinsen seit 1. 2. 1985 zu schulden.

2. Einwendungen gegen diese Forderung nach Grund und Höhe, insbesondere Mängelrügen, sind nicht gegeben.

3. Die DESY GmbH gestattet Herrn Wietersheim die Rückzahlung der Forderung in monatlichen Raten zu je DM 500,00, fällig jeweils am 1. eines jeden Monats, erstmals am 1. 4. 1985. Gerät Herr Wietersheim mit einer Rate ganz oder teilweise länger als 10 Tage in Rückstand, so ist die gesamte offene Restforderung sofort zur Zahlung fällig.

4. Herr Wietersheim übernimmt die Kosten dieser Vereinbarung.

Bitte senden Sie uns ein Exemplar dieses Schreibens unterschrieben zurück, da wir nur dann die Vereinbarung als rechtswirksam anerkennen können".

116 Die **Verfallklausel** (Ziff. 3 Satz 2), die gerne vergessen wird, ist als **Druckmittel** ganz unerläßlich. Ohne sie kann der Schuldner bei Verzug die gesamte Restlaufzeit ausnutzen, der Gläubiger darf nur die jeweils fällige Rate eintreiben.

117 Geht die erste Zahlung nicht pünktlich ein, dann kann gestützt auf das Anerkenntnis eine Klage im **Urkundsprozeß** erhoben werden, aus der **ohne Sicherheitsleistung** sofort vollstreckt werden kann. In einem solchen Verfahren dürfen auch **keine Mängelrügen** geltend gemacht werden, weil sie nicht urkundlich bewiesen werden können.

1.4 Vereinbarung von Sicherheiten

118 Wenn es gelingt, vom Schuldner Sicherheiten zu erhalten (z. B. Abtretungen von Forderungen gegen andere Lieferanten oder des Arbeitslohns), ist das sehr zu empfehlen. In der Praxis gelingt es aber selten. Zudem ist die **Lohnabtretung** meistens **tarifvertraglich verboten** und damit **unwirksam.**

1.5 Vergleich nach Vorliegen des Titels

119 Liegt ein Titel bereits vor, so wird neben dem Schuldner oft auch der beauftragte GVZ den Gläubiger um Zustimmung zu ratenweiser Tilgung bitten.

Bevor man hier seine Zustimmung gibt, sollte man sich kurz mit dem GVZ telefonisch in Verbindung setzen, um zu sehen, ob es sich um einen „alten Kunden" des GVZ handelt, wie etwa einen Gastwirt, den der GVZ alle zwei Wochen besucht, um aus der Barkasse für mehrere Gläubiger gleichzeitig die erforderlichen Ratenzahlungen zu bekommen. In einem solchen Fall kann man sich getrost auf das Augenmaß des GVZ verlassen. In anderen Fällen sollte man **ohne förmlichen Teilzahlungsvergleich** (Rdnr. 134) **keine Stundung** bewilligen:

Wer sich **formlos** mit **Ratenzahlungen** einverstanden erklärt, **verzichtet** damit **auf** weitere **Vollstreckungsmöglichkeiten,** weil er ja ein Stillhalteabkommen mit dem Schuldner getroffen hat. Das gibt dem erfahrenen Schuldner die gewünschte Gelegenheit, Vermögenswerte, die mit der Sachpfändung nicht erreicht werden können, anderweitig zu verwerten!

Der richtige Weg ist folgender:

1. Durchsuchungsanordnung für Geschäftsraum und privaten Wohnsitz des Schuldners beantragen;
2. Sachpfändung an der Privatadresse des Schuldners versuchen (dafür wird in der Regel ein anderer Gerichtsvollzieher zuständig sein!);
3. Andere Vollstreckungsmöglichkeiten (z.B. Pfändung der Bankkonten, Vorhandensein von Grundbesitz etc.) ermitteln;
4. Teilzahlungsvergleich entwerfen und dem Schuldner zur Unterschrift zusenden mit der gleichzeitigen Benachrichtigung, daß ein neuer Vollstreckungsversuch bevorsteht: Wenn der Schuldner sich weigert, einen förmlich ausgefertigten Teilzahlungsvergleich zu unterschreiben, ist es ihm mit der Einhaltung von Raten nicht ernst! Erfolgt keine Reaktion, neuer Vollstreckungsauftrag beim Gerichtsvollzieher unter Hinweis auf das Vorangegangene: Jetzt wird der Schuldner sich gegenüber dem Gerichtsvollzieher nicht mehr rechtfertigen können, er sei guten Willens.

Wenn der Auftrag an den Gerichtsvollzieher schon erteilt ist, muß man außerdem berücksichtigen, daß bei Rücknahme des Auftrags der Gerichtsvollzieher seine Kosten in Rechnung stellen wird.

Die Ziffer 4 des oben (Rdnr. 115) vorgeschlagenen Teilzahlungsvergleichs ändert sich in diesem Fall wie folgt:

„Herr Wietersheim übernimmt die Kosten dieser Vereinbarung. Die Vereinbarung wird außerdem nur wirksam, wenn die bei dem Gerichtsvollzieher bisher schon angefallenen Kosten unmittelbar beim Gerichtsvollzieher bezahlt werden."

Fehlt die Klausel, dann muß der Gläubiger Geld bezahlen, für das er unter anderen Umständen wenigstens über die Unpfändbarkeitsbescheinigung einen Zeitgewinn erreicht hätte.

1.6 Mindestbetrag sofort verlangen!

Man sollte den Abschluß eines Teilzahlungsvergleiches grundsätzlich **120**
davon abhängig machen, daß ein **Mindestbetrag sofort** bezahlt wird. Darauf antworten viele Schuldner, sie hätten eben überhaupt kein Geld, was man schon daran sehe, daß sie um einen Vergleich bitten. Dieses Argument ist leicht zu zerstören:

Wer sich nicht einen gewissen Mindestbetrag als Zeichen seines guten Willens beschaffen kann, der wird auch keine Raten einhalten und dann ist der gesamte Vergleich zwecklos.

1.7 Ratenhöhe

Ein großes Problem ist auch die **Höhe der Raten.** Als Faustformel gilt, daß man Raten nicht länger als 12 Monate bewilligen sollte (Beispiel: Forderung 12000,00 DM, Monatsrate DM 1000,00).

Es gibt nur wenige Fälle, in denen das möglich ist, und ein Teilzah- **121**
lungsvergleich, den der Schuldner nach seinen wirtschaftlichen Verhält-

nissen offensichtlich nicht einhalten kann, ist ebenfalls sinnlos. Die richtige Lösung lautet:

Wenn der Schuldner nur erheblich geringere Raten bezahlen kann (z.B. DM 250,00), dann wird der Ratenzahlungsvergleich vorerst nur für sechs Monate abgeschlossen, damit man sehen kann, ob der Schuldner pünktlich zahlt. Vielleicht haben sich in sechs Monaten die wirtschaftlichen Verhältnisse verbessert, dann können die Raten erhöht werden. Damit hat der Gläubiger ein Druckmittel gegenüber dem Schuldner, höhere Raten zu verlangen, wenn er die Vollstreckung der gesamten Restforderung nach sechs Monaten (oder einem kürzeren Zeitraum) vermeiden will. Andererseits hat der Schuldner zunächst einmal Gelegenheit, seine wirtschaftlichen Verhältnisse zu ordnen. Gibt der Gläubiger sich aber ohne zeitliche Begrenzung mit viel zu kleinen Raten zufrieden, dann **benutzt** ihn der Schuldner **als Kreditgeber,** ohne daß der Gläubiger sich von dieser Vereinbarung später lösen kann.

Das gilt vor allem, wenn der Gläubiger keine angemessenen Zinsen im Teilzahlungsvergleich vereinbart. In vielen Fällen enthält der Titel nur die gesetzlichen Zinsen (4% bzw. unter Kaufleuten 5%). Wenn der Gläubiger sich nun mit einer erheblich längeren Zahlungsfrist zufrieden gibt, dann kann er als Gegenleistung auch eine freiwillige Erhöhung dieser Zinsen verlangen. Die Zinsen sind zwar nicht tituliert, können aber nach Bezahlung des Titels gestützt auf den Teilzahlungsvergleich im Urkundsverfahren geltend gemacht werden.

1.8 Sicherheiten

Die gängigste Sicherheit ist die Lohnabtretung.

122 Ihre **Offenlegung** ist **niemals** ein **Grund für** eine **Kündigung,** wie der Schuldner oft befürchtet. Trotzdem sollte der Gläubiger soweit als möglich Rücksicht auf betriebsinterne Spannungen nehmen, die der Schuldner zweifellos bekommt, wenn eine Abtretung offengelegt wird. Für den Gläubiger ist das **rechtlich nicht von Nachteil,** denn auch wenn von dritter Seite in den Arbeitslohn gepfändet wird, geht die zeitlich frühere Abtretung späteren Pfändungen vor. Der Pfandgläubiger muß das vom Arbeitgeber an ihn Bezahlte wieder herausgeben (§ 812 BGB) (BGH, NJW 82, 173).

Die stille Lohnabtretung hat aber ein anderes Problem: In vielen Tarifverträgen oder in Betriebsvereinbarungen ist ausdrücklich festgelegt, daß kein Arbeitnehmer seinen Lohn abtreten darf. In diesen Fällen ist nur die gerichtliche Pfändung ein wirksames Sicherungsmittel. Die meisten Arbeitnehmer wissen von diesen Bestimmungen nichts oder verschweigen sie absichtlich, Klarheit könnte nur die Rückfrage beim Arbeitgeber schaffen! Die aber will der Schuldner nicht, denn dann könnte man die Lohnabtretung gleich offenlegen. Dieses Risiko kann man nicht beseitigen.

2. Kosten des Teilzahlungsvergleiches

Bei den **Kosten des Teilzahlungsvergleiches** ist darauf zu achten, daß 123
Teile der Rechtsprechung (Übersicht bei LG Arnsberg, NJW 72, 1430 und Zöller III zu 788) die 10/10 Vergleichsgebühr des Gläubigeranwalts auch dann nicht für „notwendige" Kosten der Zwangsvollstreckung halten, wenn z.B. durch zusätzliche Sicherheitsleistungen ein gegenseitiges Nachgeben offensichtlich ist. Da der Gläubiger für seine Nachgiebigkeit nicht auch noch mit den Kosten der Vollstreckung gestraft sein sollte, muß die Verpflichtung, dieser Gebühr zu übernehmen, ausdrücklich vereinbart werden (§ 305 BGB) (KG Berlin, Rpfl. 81, 410; OLG Hamm, OLGZ 66, 557). (s. Ziff. 4 beim Formular Rdnr. 134). Nach Ansicht des Amtsgerichts Köln (DGVZ 85, 84) und des Landgerichts Bad Kreuznach (DGVZ 84, 27) soll der Gläubiger sogar darauf verwiesen werden, sich für die jeweils anfallenden Vergleichsgebühren einen gesonderten Titel zu holen. Dahinter steht der Gedanke, daß der Anwalt des Gläubigers diese Gebühr offenbar „umsonst" verdiene. Wer einmal gesehen hat, was für ein Aufwand für Aktensuche, Zahlungszuordnung, Buchung, Abrechnung mit Gerichtsvollzieher, Schuldner und Mandant durch eine Teilzahlungsvereinbarung entsteht, der würde mehr Verständnis dafür haben, daß der Anwalt des Gläubigers dafür eine Kostenerstattung verlangt.

XIII. Einstellung und Rücknahme von Anträgen

„Der Gläubiger ist der Herr des Vollstreckungsverfahrens, aber der Gerichtsvollzieher ist nicht sein Knecht" (Wieser, NJW 1988, 665).

Das bedeutet: Der Gläubiger kann durch sein Antragsrecht (§ 753 Abs. 1 (Sachpfändung), 807 Abs. 1 (Offenbarungsversicherung) etc.) bestimmen, welche einzelnen Vollstreckungsmaßnahmen er ergreifen will.

Er hat aber nur begrenzte Möglichkeiten, auf das Verfahren selbst einzuwirken, denn dessen Ablauf ist durch die gesetzlichen Bestimmungen und die Ermessensspielräume von Gerichtsvollzieher und Vollstreckungsgericht weitgehend bestimmt.

1. Vereinbarungen mit dem Schuldner

Deshalb können auch **Vereinbarungen** des Gläubigers mit dem 124
Schuldner, so vor allem der Teilzahlungsvergleich (oben Rdnr. 109), nicht unmittelbar auf die gerade anhängige Vollstreckungsmaßnahme einwirken.

Die Thamm-KG hat dem Gerichtsvollzieher einen Sachpfändungsauftrag gegenüber der Firma Nußbaum gegeben. Der Gerichtsvollzieher hat den Auftrag, der bei ihm am 1. 10. 1988 eingegangen ist,

für den 23. 10. eingeplant. Am 20. 10. erhält er die Nachricht, es sei ein Teilzahlungsvergleich zustande gekommen, er möge den Auftrag einstweilen ruhen lassen.
Der Gerichtsvollzieher schickt Auftrag und Titel zurück, da der Antrag „zurückgenommen" worden sei.

Diese Ansicht ist nicht richtig, denn „die Zwangsvollstreckung ist einzustellen oder zu beschränken..., wenn eine von dem Gläubiger ausgestellte Privaturkunde vorgelegt wird, aus der sich ergibt, daß der Gläubiger nach Erlaß des zu vollstreckenden Urteils ... Stundung bewilligt hat" (§ 775 Nr. 4 ZPO).

Während die **Antragsrücknahme** (§ 111 Nr. 1 GVGA) den Auftrag endgültig abschließt und er vollständig neu wieder aufgenommen werden muß, bedeutet die einstweilige Einstellung nach § 775 Nr. 4 ZPO, daß der Gläubiger eine einfache Weisung an den Gerichtsvollzieher erteilen kann, das Verfahren fortzusetzen.

Das hat auch **kostenrechtliche Wirkungen:** Bei der Antragsrücknahme kann der Gerichtsvollzieher für einen neuen Auftrag auch neue Gebühren verlangen, während er bei der Einstellung die Gebühr nur einmal erhält.

Am 30. 10. 1988 teilt die Thamm-KG dem Gerichtsvollzieher mit, der Schuldner habe die vereinbarte Rate nicht bezahlt, nunmehr solle vollstreckt werden. Der Gerichtsvollzieher plant den neuen Vollstreckungstermin auf den 15. 11.
Am 10. 11. teilt die Thamm-KG mit, nunmehr sei die Rate eingegangen, und die Vollstreckung solle erneut eingestellt werden.

Obwohl der Gläubiger grundsätzlich die Einstellung verlangen darf, kann er das nicht unbegrenzt wiederholen. Das Beispiel zeigt, daß der Antrag auf die Organisation des Gerichtsvollziehers erheblichen Einfluß nimmt.

Im Zwangsversteigerungsverfahren ist deshalb bestimmt, daß der Gläubiger das Verfahren höchstens zweimal ruhen lassen kann: Die dritte Einstellungsbewilligung gilt als Antragsrücknahme (§ 30 Abs. 1 S 2, S 3 ZVG).

Im **Offenbarungsversicherungsverfahren** ist von Gesetzes wegen die Möglichkeit eines Aufschubs vorgesehen (§ 900 Abs. 3 S 4 ZPO). Gerade daraus ergibt sich aber auch, daß ein Aufschub nur begrenzt möglich ist, denn der Gläubiger kann nicht ein Verfahren durch Antrag in Gang setzen und dann nach seinem Belieben festlegen, wann es fortgeführt werden soll: Das ist auch eine Frage der Rechtssicherheit, die es erfordert, daß der Schuldner über den Inhalt des Verfahrens nicht beliebig lange in Ungewißheit bleibt.

2. Einstellung und Rangwahrung

125 Der wesentliche Unterschied zwischen **Antragsrücknahme und einstweiliger Einstellung** (§ 775 Nr. 4) ist es, daß Vollstreckungsmaßnahmen, die zum Zeitpunkt der Rücknahme/Einstellung schon ergriffen worden sind, bei der Rücknahme des Antrages ersatzlos aufgehoben werden und insbesondere **ihren Rang** verlieren, während bei der Einstellung des Verfahrens der Rang erhalten bleibt.

Der Gerichtsvollzieher pfändet bei Herrn Nußbaum eines von zwei Fernsehgeräten. Drei Tage vor der Versteigerung erklärt sich Herr Nußbaum mit Ratenzahlung einverstanden und zahlt die erste Rate an den Gläubiger. Der Gerichtsvollzieher unterläßt daher die Versteigerung und stellt das Verfahren ein.
14 Tage später erhält er einen neuen Vollstreckungsauftrag der Schoeler GmbH gegen Herrn Nußbaum.

Da das Verfahren nur eingestellt worden ist, wird der Gerichtsvollzieher in diesem Fall eine **Anschlußpfändung** vornehmen, denn die erste Rangstelle und damit das vorrangige Recht auf Auszahlung des Versteigerungserlöses liegt nach wie vor bei der Thamm-KG. Hätte die Thamm-KG den Antrag **zurückgenommen,** wäre diese Rangstelle verlorengegangen und der Gerichtsvollzieher hätte für den nachfolgenden Gläubiger Schoeler GmbH erneut und an erster Rangstelle gepfändet.

3. Antragsformulierung

Bei der Antragsformulierung muß deshalb sorgfältig darauf geachtet werden, zwischen **126**
- einstweiliger Einstellung
  und
- Antragsrücknahme

zu unterscheiden. Die Antragseinstellung ist bei allen **Vollstreckungsmaßnahmen mindestens einmal** möglich, wie sich aus § 775 Nr. 4 für die Sachpfändung und aus § 900 Abs. 3 S 4 für die Offenbarungsversicherung ergibt.

Ob Gerichtsvollzieher und Vollstreckungsgericht weitere Einstellungen akzeptieren müssen, muß im Einzelfall abgewogen werden, wobei sowohl die organisatorische Belastung des Gerichts als auch die Interessen des Schuldners eine Rolle spielen. Dem Schuldner wird zwar meist mit der Einstellung des Verfahrens gedient sein, sie kann sich aber im Einzelfall auch als unzulässige Druckmaßnahme erweisen (Wieser NJW 1988, 665 (670)).

XIV. Auswahl der richtigen Vollstreckungsmaßnahme

1. Bevor der Vollstreckungsauftrag erteilt wird, ist zu **entscheiden, welche Maßnahme** ergriffen wird.

Bei folgenden Titeln ist das einfach, weil es nur eine einzige Maßnahme gibt: **127**
- Herausgabeansprüche werden gemäß § 883 dadurch vollstreckt, daß der Gerichtsvollzieher die Sache dem Schuldner wegnimmt
- Handlungen, die ein Dritter statt des Schuldners vornehmen kann, werden auf Kosten des Schuldners durch einen Dritten vorgenommen (§ 887)

- Handlungen die der Schuldner nur selbst vornehmen kann, werden dadurch erzwungen, daß gegen den Schuldner ein Zwangsgeld oder die Zwangshaft angeordnet wird (§ 888)
- Unterlassungen oder Duldungen werden ebenfalls durch Ordnungshaft oder Ordnungsgeld erzwungen (§ 890)
- Willenserklärungen müssen nicht vollstreckt werden, weil der Titel sie ab Rechtskraft ersetzt (§ 894)

2. Zahlungsansprüche

128 Bei den weit häufigeren Zahlungsansprüchen hängt die Entscheidung davon ab, was man über das Vermögen des Schuldners zu Beginn der Vollstreckung weiß.

2.1 Keine Information über das Schuldnervermögen:

129 In diesem Fall wird Sachpfändung beantragt (Rdnr. 134 ff.), denn sie ist die Voraussetzung für die Offenbarungsversicherung. Aus dem OV-Protokoll erfährt man spätestens, welches Vermögen der Schuldner hat.

2.2 Der Schuldner hat Grundvermögen:

130 Erste Maßnahme: **Zwangssicherungshypothek** (Rdnr. 258), um den **Rang** zu sichern, dann Sachpfändung und Entscheidung, ob die Zwangsverwaltung oder gar Zwangsversteigerung betrieben werden muß.

2.3 Der Schuldner hat Forderungen aus Arbeitseinkommen, Bankguthaben, Lebensversicherung u. a.

131 Wenn Schnelligkeit geboten ist (wie fast immer) – Vorpfändung (Rdnr. 238 ff.) und gleichzeitig Pfüb-Antrag bezüglich der jeweiligen Forderung. Die Übersicht über die einzelnen Forderungsarten (Rdnr. 197 ff.) und die alphabetische Übersicht bei Stöber (S. 28 f.) können hier als Checkliste dienen.

3. Mehrere Vollstreckungsmöglichkeiten sind bekannt

132 Wenn man (z. B. aus dem OV-Protokoll) **mehrere Vollstreckungsmöglichkeiten** sieht, dann muß man sich entscheiden, **welche** man **zuerst** ergreifen will.

Bei **Forderungen** ist die Entscheidung einfach, denn man kann am gleichen Tage sämtliche bekannt gewordenen Forderungen mit der Vorpfändung blockieren und damit den Rang besetzen. Der nachfolgende **Pfüb** (ein Antrag kann sich auf beliebig viele Forderungen erstrecken) **pfändet** dann alle diese Forderungen **gleichzeitig.**

Da die Vorpfändung die Vorlage des Titels nicht erfordert, kann gleichzeitig beim Grundbuchamt die Sicherungshypothek beantragt werden, wenn Grundvermögen bekannt geworden ist. Wenn die Sachpfändung und die Pfändung ins Grundvermögen kollidieren, hilft in den meisten Fällen der Antrag, einen zweiten Titel auszustellen (Rdnr. 39 ff.).

Wirklich schwierig wird es allerdings, wenn in mehrere, an verschiedenen Orten gelegene Grundstücke vollstreckt werden muß: In diesen Fällen sind verschiedene Grundbuchämter und nicht, wie sonst üblich, das Vollstreckungsgericht am Wohnsitz des Schuldners zuständig. 5 oder 6 Titel gleichzeitig stellt das Gericht nur sehr ungern aus. Eine **Beschleunigung** kann man dadurch erreichen, daß man die **Anträge gleichzeitig** stellt und das erste Grundbuchamt darum bittet, den Titel an das zweite (und jeweils nächstfolgende) Grundbuchamt zu schicken, bei dem die Unterlagen im übrigen schon vorhanden sind.

Ähnlich kann man verfahren, wenn man die Sachpfändung beschleunigen will. Man schickt den Titel zunächst zum Vollstreckungsgericht für eine **Forderungspfändung,** stellt **gleichzeitig** aber den **Sachpfändungsantrag** und kündigt dem GVZ die Übersendung des Titels durch das Vollstreckungsgericht an. Die GVZ kann die Sache dann schon in seine Terminplanung aufnehmen, die meistens 3–4 Wochen hinausreicht.

4. Außergerichtliche Abmahnung

Bei Schuldnern mit guter Bonität wird der Gläubiger nicht selten vor Einleitung von Zwangsvollstreckungsmaßnahmen noch eine letzte außergerichtliche Abmahnung versuchen. Wenn der Schuldner zuvor – etwa im Prozeßverfahren – schon anwaltlich vertreten war, erfolgt diese Abmahnung von Anwalt zu Anwalt mit Zustellungsnachweis. **133**

Für die Abmahnung darf der Anwalt des Gläubigers eine 3/10-Gebühr gemäß § 57 I BRAGO berechnen, aber nur dann, wenn folgende Voraussetzungen erfüllt sind:

- Der Titel mit Rechtskraftvermerk muß vorliegen,
- evtl. erforderliche Sicherheiten müssen erbracht sein (LG Freiburg, AnwBl 80, 378),
- der Titel muß zugestellt sein (LG Tübingen, JurBüro 82, 244 – einige Gerichte, so u.a. Frankfurt, Hamburg, Mannheim setzen die Zustellung nicht voraus).

Wenn der Schuldner die Mahnung nicht beachtet und dann vollstreckt werden muß, muß sich der Gläubiger die schon entstandene 3/10 Gebühr auf den ersten folgenden Vollstreckungsauftrag anrechnen lassen. Die Erfahrung zeigt, daß die Androhung von Vollstreckungsmaßnahmen meist wirkungslos ist.

XV. Sachpfändung und Verwertung (§§ 808–827)

1. Zweck der Sachpfändung

Geld und Wertsachen des Schuldners werden vom GVZ mitgenommen. Andere Sachen werden durch Anbringung des Pfandsiegels in Besitz genommen (§ 808 I). Geld wird dem Gläubiger ausgehändigt, alles andere versteigert (§ 814), der Erlös wird an den Gläubiger nach Abzug der Kosten ausbezahlt (§ 819).

134 Dabei achtet das Gesetz unter **verfassungsrechtlichen** Gesichtspunkten (Art. 2 GG) auf den **sozialen Schuldnerschutz:** Die Mindestausstattung des Haushalts und höchst persönliche Gegenstände (z.B. Familienpapiere und Trauringe) sind ebenso unpfändbar, wie alles, was der Schuldner zur Erzielung seines Lebensunterhalts gewerblich benötigt (§ 811). Außerdem dürfen geringwertige Gegenstände nicht gepfändet werden (§§ 803 II, 812).

Die Anbringung der Pfandmarke hat **rechtlich** zur Folge, daß der **Gegenstand** durch staatliche Gewalt **beschlagnahmt** („verstrickt") wird. Der Schuldner als bisheriger Eigentümer darf mit ihm nicht mehr verfahren wie er will, ihn also nicht aus der Wohnung schaffen, die Pfandmarke entfernen etc. Zuwiderhandlungen sind strafbar. Damit will das Gesetz erreichen, daß die Verwertung gepfändeter Sachen auch tatsächlich stattfinden kann.

Die Sachpfändung richtet sich auf die **beweglichen Sachen,** insbesondere auf Geld und Wertsachen des Schuldners. Sie darf nicht auf wesentliche Bestandteile (§ 93 BGB) oder Zubehör (§§ 97, 98 BGB) eines Grundstücks erstreckt werden, da diese nur im Wege der Zwangsversteigerung und Zwangsverwaltung verwertet werden dürfen (§ 20 ZVG). Das kann z.B. streitig sein bei Teppichböden, Öfen, Einbauküchen, mehr noch aber im Bereich des Zubehörs, so etwa beim Klavier im Jazzclub, der Speiseeismaschine in der Conditorei, den Schreibmaschinen im Betrieb etc. (umfangreiche Beispiele bei Zeller/Stöber § 20 Anm. 2 und 4).

Wie man statistisch festgestellt hat, haben heute Sachpfändungen nur noch in zwei bis drei Prozent der Fälle Erfolg (Behr RPfl. 1981, 422). Das liegt zum Teil an den umfangreichen Schutzvorschriften, im wesentlichen aber auch daran, daß gebrauchte Sachen nur noch einen geringen Verkehrswert haben. Dennoch ist die Sachpfändung Voraussetzung für die Offenbarungsversicherung.

2. Antrag – Anlagen – Fehlerquellen

Der Antrag ist an den GVZ (§ 753 I) zu richten, in dessen Bezirk der Schuldner wohnt oder ein Geschäftslokal hat (§ 764 II). Er kann mündlich gegeben werden, wird jedoch meistens schriftlich erteilt und an die GVZ-Verteilerstelle (§§ 62 I GVGA) gerichtet, die den Auftrag an den zuständigen GVZ (§§ 16, 20 GVGA, 17 GVO) weiterleitet. Dem Auftrag sind alle Vollstreckungsunterlagen (Forderungsübersicht, Kostennachweise) beizufügen. 135

In dem abgedruckten Muster sind die wichtigsten Anträge erfaßt, die zusammen mit dem Vollstreckungsauftrag gestellt werden sollten. An dem 2. Muster ist zu erkennen, wie sehr die Arbeit sich vereinfacht, wenn man eine Forderungsübersicht (s. Kapitel X) verwendet.

Amtsgericht München
– Gerichtsvollzieher-Verteilerstelle –
Postfach

8000 München 35

ZV 91/00303/Gr
12.09. 1992

ZWANGSVOLLSTRECKUNGSAUFTRAG

In Sachen

TuV Teilzahlungsbank AG, vertr. d. d. Vorstand
Dipl.-Kaufmann Horst Henze, Parkstraße 23, 8000 München 2

– Gläubigern –

Prozeßbevollmächtigter: Dr. Hugo Klutz
Theodorstraße 10, 8000 München 2

gegen

Theresa Ellert
Residenzstraße 14, 8000 München 2

– Schuldnerin –

werden Sie hiermit beauftragt, die Ansprüche der Gläubigerin aus Vollstreckungsbescheid des Amtsgerichts München vom 20.7. 1991 – 15 B 12717/91 – im Wege der Zwangsvollstreckung von der Schuldnerin einzuziehen.
Diese Ansprüche der Gläubigerin werden unter Bezugnahme auf anliegende, nach dem Stand vom 12.09. 1992 berechneten Forderungsaufstellung wie folgt spezifiziert:

Hauptforderung (en)	DM 11.194,49
Zinsen auf die Hauptforderung (en)	DM 334,90
Verzinsliche Kosten	DM 1.193,80
Zinsen auf die verzinslichen Kosten	DM 109,69
Summe der Forderung	DM 12.832,88

Die nach dem Wert dieser Gesamtforderung berechneten Kosten dieses Auftrages werden wie folgt spezifiziert:

Gegenstandswert: DM 12.832,88	
3,00/10 Vollstreckungsgebühr, §§ 11, 57, 58 BRAGO	DM 189,60
Auslagen (pauschale), § 26 BRAGO	DM 28,50
Kosten insgesamt	DM 218,10
Forderung insgesamt:	DM 13.050,98

Hinzuzusetzen sind Tageszinsen in Höhe von 0,7043 DM ab dem 13.09. 1992.
Wir beauftragen Sie hiermit, wegen dieser Forderung die Zwangsvollstreckung in das bewegliche Vermögen der Schuldnerin zu betreiben sowie Taschen- bzw. Kassenpfändung zu versuchen.
Zahlungen erbitten wir unter Angabe unseres Aktenzeichens auf unser Konto Postgiroamt München Nr.: 382778-809, zu bewirken.
Wir bitten, uns eine Abschrift des Pfändungsprotokolls zu übersenden.
Bei Unpfändbarkeit bitten wir, die Arbeitsstelle der Schuldnerin zu ermitteln.
Falls Ihnen seitens der Schuldnerin die Durchsuchung der Wohnung oder etwa vorhandener Geschäftsräume nicht gewährt wird,

werden Sie hiermit beauftragt, im Namen der Gläubigerin beim Vollstreckungsgericht einen Antrag auf richterliche Anordnung zur Durchsuchung gemäß § 758 ZPO zu stellen.

Sollten Ihnen zudem Ansprüche der Schuldnerin gegen Dritte, insbesondere aus einem bestehenden Arbeitsverhältnis, bekannt werden,

werden Sie hiermit beauftragt, eine Vorpfändung gegen den Dritten sowie der Schuldnerin vorzunehmen (§ 845 Abs. 1 Satz 2 ZPO).

Rechtsanwalt

Anlage: Vollstreckungsunterlagen

Neben den im Formular genannten Anweisungen kann man dem GVZ auch konkrete Hinweise auf Vermögensgegenstände des Schuldners geben (z.B.: „Bitte pfänden Sie vor allem den wertvollen Zobelmantel der Schuldnerin"). 136

Daneben kann man den GVZ ausdrücklich darauf hinweisen, daß man eine konsequente Vollstreckung wünscht. Das geschieht am besten durch Hinweise auf die GVZ-Geschäftsanweisung (GVGA). Sie werden etwa wie folgt formuliert: 137

- *„Bitte bezeichnen Sie nichtgepfändete Gegenstände so konkret, daß ich anhand des Protokolls entscheiden kann, ob die unterlassene Pfändung zu Recht unterblieben ist (§§ 135 VI GVGA)";*
- *„Sollten Dritte, insbesondere die Ehefrau, Rechte an Gegenständen behaupten, die Sie pfänden wollen, bitte ich gleichwohl, die Pfändung durchzuführen (§ 119 I GVGA); ein Gütertrennungsvertrag ohne Vermögensaufstellung genügt nicht.";*
- *„Sollten Sie Urkunden (Schuldscheine, Sparkassenbücher, Pfandscheine, Versicherungspolicen, Grundschuldbriefe, Wechsel oder sonstige indossable Papiere) vorfinden, beantrage ich ausdrücklich Hilfspfändung entsprechend § 156 GVGA";*
- *„Sollten Sie für andere Gläubiger schon vorgepfändet haben, bitte ich auch dann um Anschlußpfändung, wenn der Wert des Gegenstandes für beide Forderungen nicht auszureichen scheint (§ 167 V GVGA)";*
- *„Sollte der Schuldner Ratenzahlung anbieten, so besteht grundsätzlich Bereitschaft zur Stundung, wenn dadurch der Rang nicht leidet. Die endgültige Entscheidung behalte ich mir jedoch vor".*

Wird im Geschäftslokal des Schuldners gepfändet, so empfehlen sich noch folgende weitere Hinweise:

- *„Ich weise ausdrücklich darauf hin, daß vorgefundene Handelsware den Beschränkungen von § 811 ZPO nicht unterliegt".*
- *„Bitte führen Sie Ihre Vollstreckung, wenn möglich, kurz vor 18.00 Uhr durch und pfänden Sie dann die Barkasse".*

Der GVZ fühlt sich manchmal durch solche Hinweise gegängelt, weil er seine Geschäftsanweisung im Kopf hat und darauf nicht gern hingewiesen wird. Man sollte deshalb darauf achten, daß solche Hinweise 138
- höflich formuliert sind,
- sich auf den Einzelfall beziehen,
- nicht wahllos und zu häufig erteilt werden.

Die Gerichtsvollzieher-Geschäftsanweisung kann als **Textsammlung** beim Niedersächsischen Ministerium der Justiz JVA Wolfenbüttel, Ziegenmarkt 10, Postfach 15 49 (Loseblatt), bezogen werden.

In der Sammlung sind auch die Gerichtsvollzieherordnung und die Durchführungsbestimmungen zum Gesetz über Kosten der Gerichtsvollzieher enthalten.

Die Gerichtsvollzieher-Geschäftsanweisung ist allerdings nur eine Richtlinie für die einzelnen Maßnahmen des Gerichtsvollziehers, so daß einzelne Vorschriften in ihr auch rechtswidrig sein können (LG Berlin DGVZ 1983, 10 (11) – dort zu § 62 Nr. 5 GVGA (Anwesenheitsrecht des Gläubigers); AG Düren DGVZ 1986, 45).

Sind neben dem Pfändungsauftrag **weitere** Vollstreckungsmaßnahmen ergriffen worden, kann es sein, daß dort noch Kosten anfallen, die beim Sachpfändungsauftrag noch nicht berechnet werden können. In diesem 139

Fall muß der Gerichtsvollzieher ausdrücklich darauf hingewiesen werden, daß er den Titel **trotz vollständiger Zahlung nicht herausgeben** darf.

140 Der Gläubiger kann den Gerichtsvollzieher auch anweisen, einen Vollstreckungsauftrag **einstweilen ruhen** zu lassen, z.B. weil der Schuldner Teilzahlungen anbietet (AG Straubing, Rpfl. 79, 72). Ebenso kann er Verlegung eines schon angesetzten Versteigerungstermins verlangen. Viele Gerichtsvollzieher schicken dem Gläubiger in diesem Fall trotzdem wortlos den Titel zurück und rechnen ab, vermutlich, weil ein neuer Auftrag auch neue Gebühren auslöst. Das ist unzulässig.

3. Sachbehandlung

141 Wenn der Sachpfändungsauftrag der erste Vollstreckungsauftrag ist, müssen die allgemeinen und besonderen Voraussetzungen der Zwangsvollstreckung besonders sorgfältig geprüft werden (Rdnrn. 19–76).

3.1 Durchführung der Pfändung (§ 808)

Nach seiner Arbeitseinteilung, die dem GVZ niemand vorschreiben kann (§ 58 GVGA) ergibt sich, wann er in der Straße, in der der Schuldner wohnt, pfändet. Je nach Größe und Struktur des Bezirks dauert das zwischen einer und acht Wochen.

Wird der Schuldner angetroffen, so fordert der GVZ den Schuldner zur Zahlung auf (§ 105, 131 GVGA). Wird voll bezahlt (ein äußerst seltenes Ereignis!), dann quittiert der GVZ die Zahlung auf dem Titel und händigt ihn dem Schuldner aus (§ 757 I).

Wird nur teilweise oder überhaupt nicht bezahlt, dann wird **die Pfändung durchgeführt** (siehe unten Rdnr. 145).

Wenn sich dabei **keine pfändbare Habe** vorfindet, wie in sehr vielen Fällen, dann fertigt der GVZ lediglich das **Pfandabstandsprotokoll,** indem er dem Gläubiger bescheinigt, daß pfändbare Habe nicht vorhanden war.

Wenn er in einem Zeitraum bis zu 2–3 Monaten für einen anderen Gläubiger schon den „Pfandabstand" erklärt hat, dann erhält der Gläubiger, der einen neuen Auftrag erteilt, lediglich die Mitteilung:

„Der Schuldner besitzt amtsbekannt keine pfändbare Habe"

Diese Mitteilung bedeutet, daß der Gerichtsvollzieher zwar nicht in diesem konkreten Fall, wohl aber vor kurzem beim Schuldner gewesen ist und nichts Pfändbares gefunden hat. Trotzdem kann es im Einzelfall sinnvoll sein, ausdrücklich auf der Durchführung des Auftrags zu bestehen, der dann allerdings höhere Gebühren auslöst als es die bloße Pfandabstandsbescheinigung tun würde. Es ist immer notwendig, wenn man von konkreten Wertgegenständen erfahren hat, die der Schuldner vor kurzem erworben hat. Zweckmäßig ist es, beim GVZ dann telefonisch zu erfragen, was er bei dem letzten Pfändungsversuch vorgefunden hat.

Trifft der GVZ den Schuldner nicht an, hinterläßt er eine Nachricht, daß **142** er beim nächsten Besuch die Wohnung gewaltsam ggf. mit Hilfe von Schlosser und Polizei öffnen wird. Um das zu vermeiden, möge der Schuldner sich mit ihm in Verbindung setzen. In den meisten Fällen geschieht das auch.

3.2 Durchsuchungsbefehl (BVerfG v. 3.4. 1979)

Seit der Entscheidung des Bundesverfassungsgerichts (NJW 79, 1539) **143** darf der GVZ die Wohnung des Schuldners nur betreten, wenn dieser entweder einwilligt oder ein ausdrücklicher Gerichtsbeschluß vorliegt. Dieser Beschluß kann grundsätzlich nur nach vorherigem rechtlichen Gehör ergehen (BVerfG NJW 1981, 2111; LG Hannover DGVZ 1986, 62). Viele GVZ versenden jetzt vor dem ersten Vollstreckungsversuch ein Formular, in welchem sie den Schuldner bitten, sich mit ihm in Verbindung zu setzen. Geschehe dies nicht, werde zunächst der Durchsuchungsbeschluß eingeholt (dazu KG Berlin, NJW 82, 2326). Auch diese Praxis ist für den Gläubiger zweischneidig, denn die wenigen Erfolge in der Sachpfändung sind nur dem überraschenden Auftreten des GVZ's zu verdanken. Wer drei Wochen Zeit hat, um seine Wohnung leer zu räumen, muß schon sehr naiv sein, um diese Chance nicht wahrzunehmen. Das LG Hannover (DGVZ 1986, 62) meint dazu, der für den Gläubiger negative „Warneffekt (kann) ohnehin nach dem ersten Erscheinen des Gerichtsvollziehers vor der Wohnung des Schuldners nicht mehr verhindert werden". Das stimmt.

Der Durchsuchungsbeschluß kann auch verweigert werden, wenn der Gläubiger zeitlich kurz hintereinander mehrere Sachpfändungsaufträge gibt, ohne darzutun, warum auch die wiederholten Pfändungsversuche erfolgversprechend sein sollen (LG Berlin DGVZ 1983, 10).

Wenn der Gerichtsvollzieher für **mehrere Gläubiger** vollstreckt, benötigt er nur für einen von ihnen eine richterliche Durchsuchungsanordnung. Dieser Grundsatz wird aber durch Art. 13 GG insoweit eingeschränkt, als durch die Vollstreckung für mehrere Gläubiger „keine zusätzlichen, weitergehenden Maßnahmen ... erfordert (werden), die zwangsläufig zu einem **längeren Verweilen** des Gerichtsvollziehers in den Räumen des Schuldners führen" (BVerfG, NJW 1987, 2499). Da der Gerichtsvollzieher das praktisch nicht voraussehen kann, müßte er sich wohl für jeden Gläubiger einen Durchsuchungsbefehl beschaffen. In der Praxis beobachtet man das aber selten.

Mit dem Pfändungs-Einstellungsprotokoll des Gerichtsvollziehers und seinem Vollstreckungstitel muß der Gläubiger den Durchsuchungsbeschluß bei dem Vollstreckungsgericht beantragen. Dieses schickt er dann mit den Vollstreckungsunterlagen wieder an den GVZ zur Fortsetzung der Zwangsvollstreckung.

3.3 Taschenpfändung

144 Der GVZ kann eine Taschenpfändung auch außerhalb der Wohnräume des Schuldners ohne richterlichen Durchsuchungsbefehl durchführen (OLG Köln, NJW 80, 1531). Bei der Taschenpfändung fordert der GVZ den Schuldner auf, seine Taschen zu leeren und nimmt etwa gefundenes Geld an sich. Weigert sich der Schuldner, kann der GVZ notfalls die Polizei zuziehen.

3.4 Durchsuchung

145 Ist der GVZ mit Hilfe des richterlichen Durchsuchungsbefehls in der Wohnung, so kann er sich überall umsehen, verschlossene Schränke und Schubladen öffnen, Keller und Speicher durchsuchen. Seine wichtigste Aufgabe ist dabei, die nach § 811 unpfändbaren Gegenstände von pfändbaren zu trennen. Auf alles, was pfändbar ist, klebt er das Pfandsiegel, den „Kuckuck".

„Kuckuck" ist die unfreundliche Bezeichnung für den Reichsadler, der früher die Pfandmarke zierte. Das Pfandsiegel ist sichtbar anzubringen, also z.B. nicht auf der Schrankrückseite, andererseits aber auch nicht auf der Vorderseite des Videorecorders, denn bis zur Versteigerung darf der Schuldner ihn benutzen. Alles andere wäre Schikane.

Bei besonders schwierigen Schuldnern sollte man sich überlegen, ob nicht der Anwalt, die Anwaltsgehilfin oder der Gläubiger bei der Durchsuchung der Räume des Schuldners anwesend ist. Grundsätzlich hat er darauf einen Anspruch, wenn es darum geht, bestimmte Gegenstände zu identifizieren (Herausgabevollstreckung) oder wenn er dem Gerichtsvollzieher mit konkreten Hinweisen helfen kann, die nur anläßlich der Untersuchung gegeben werden können. § 62 Nr. 5 GVGA gibt ein uneingeschränktes Anwesenheitsrecht des Gläubigers, das aber aus verfassungsrechtlichen Gründen (Art. 13 Abs. 3 GG) nicht beliebig ausgeübt werden kann (LG Berlin DGVZ 1983, 10 (11); AG Düren DGVZ 1986, 45).

146 Auch der Hund des Schuldners ist pfändbar, wenn es ein Rassetier ist.

Wenige Gläubiger werden ihn jedoch pfänden, weil sie die Futterkosten beim GVZ hinterlegen müssen, die bei einem größeren Hund gar nicht gering sind.

Ein Schuldner, der 10 Maßanzüge besitzt, benötigt zu einer „seiner Verschuldung angemessenen, bescheidenen Lebensführung" (§ 811) zwar sicherlich nur drei, der GVZ wird die restlichen 7 Anzüge gleichwohl nicht pfänden, denn gem. § 803 II, 812 dürfen Gegenstände nicht gepfändet werden, bei deren Verwertung „nur ein Erlös erzielt werden würde, der zu dem Wert außer allem Verhältnis steht".

Da kaum ein anderer diesen Maßanzug wird tragen können, steht das zu erwarten.

Stellt der GVZ fest, daß Pfandgegenstände bei weiterem Gebrauch durch den Schuldner eine bedeutende Wertminderung erleiden können (z. B. Kfz), können die Kfz-Schlüssel weggenommen und der Gebrauch untersagt werden.

Wenn Verderb von gepfändeten Gegenständen droht, muß der GVZ sie wegschaffen lassen und sofort versteigern.

Nicht selten wird dem Gerichtsvollzieher beim Pfändungsversuch eine Liste vorgelegt, auf der ein Verwandter oder guter Freund des Schuldners bestätigt, daß ihm der gesamte Hausrat gehört und der Schuldner somit nur in geliehenen Möbeln wohnt (Sicherungsübereignung).

Der Gerichtsvollzieher muß sich um solche Behauptungen nicht kümmern, denn es ist Sache des Sicherungsgläubigers, ggf. Dritt-Widerspruchsklage zu erheben (oben Rdnr. 93).

Der Gerichtsvollzieher wird die Pfändung auch meistens deshalb durchführen, weil er sonst ein Haftungsrisiko eingeht, wenn sich später herausstellt, daß die Urkunde rechtlich angreifbar war. Manchmal fragt er jedoch beim Gläubiger nach, ob dieser nicht aus Kostenersparnisgründen seinen Antrag zurücknehmen will.

Die Prüfung einer solchen Sicherungsübereignung ist nicht einfach. Folgende Grundregeln muß man in jedem Fall beherrschen:

- Eine Sicherungsübereignung ist nur dann rechtswirksam, wenn der Schuldner eine Gegenleistung für die Abtretung seines Hausrats etc. bekommen hat, üblicherweise ein Darlehen. Wenn dieses Darlehen in der Urkunde nicht erwähnt ist, bestehen erhebliche Zweifel an ihrer Wirksamkeit.
- Wenn das Datum der Urkunde einen Zeitpunkt ausweist, zu welchem der Schuldner offensichtlich schon vermögenslos war, kann die Sicherungsübereignung anfechtbar sein, vor allem, wenn sie mit einem Verwandten vorgenommen worden ist (Anfechtungsgesetz).
- Eine Sicherungsübereignung ist nur dann wirksam, wenn jeder einzelne Gegenstand so genau bezeichnet ist, daß man ihn anhand der Urkunde identifizieren kann (BGH NJW 1986, 1985). Die Übereignung „aller Möbel in meinem Wohnzimmer" ist deshalb nicht möglich.
- Auch andere Bestimmungen können unwirksam sein, so etwa die Bedingung, daß nur diejenigen Gegenstände übereignet sind, „die nicht der Unpfändbarkeit gemäß § 808 ff. ZPO unterliegen" (BGH WM 1988, 346).

Wenn die Sicherungsübereignung rechtswirksam ist, darf man auf keinen Fall vergessen, die **Rückübertragungsansprüche** gegenüber dem Sicherungsgläubiger zu pfänden. Wenn der Wert der zur Sicherung übertragenen Gegenstände die noch offene Forderung übersteigt, kann man notfalls den Gläubiger befriedigen und auf wertvollen Hausrat zugreifen. Ist das nicht der Fall, so hindert man in jedem Fall den Schuldner daran, Gegenstände freihändig zu veräußern, wenn der Sicherungsgläubiger zustimmt.

3.5 Austauschpfändung (§ 811 a)

147 In unpfändbare Gegenstände kann der Gläubiger trotzdem vollstrecken, wenn er Austauschpfändung anbietet. Hat der Schuldner eine Uhr, die 3000,00 DM kostet (Rolex etc.) oder eine wertvolle Kücheneinrichtung, dann wird man dem Gläubiger empfehlen, sich im Kaufhaus eine Uhr für DM 100,00 oder eine bescheidenere Küche zu beschaffen und sie gegen die wertvolle auszutauschen. Das geschieht durch folgenden Antrag, der beim Rechtspfleger des Vollstreckungsgerichts am Schuldnerwohnsitz zu stellen ist (§§ 811 a II, 802, 20 Ziff. 17 RpflG):

„Es wird beantragt, gem. § 811 a ZPO die Austauschpfändung der dem Schuldner gehörenden Küche „Poggenpohl", bestehend aus einem, vollelektronischen Backofen, einer Cerankochmulde, einem Mikrowellenherd, vier Unterschränken, drei Oberhängeschränken, einen Besenschrank, einer Gaggenau Hochleistungskühl-Gefrierkombination zuzulassen mit der Maßgabe, daß dem Schuldner der zur Ersatzbeschaffung erforderliche Geldbetrag von DM 2500,– aus dem Versteigerungserlös ausgehändigt wird.

Begründung:

Die im Antrag geschilderte Küche ist ca. 6 Monate alt und hat einen Anschaffungspreis von ca. 30 000 DM. Ein Versteigerungserlös von ca. 15 000 DM ist nach Auskunft des GVZ zu erwarten. Die Anschaffung eines einfachen Kochherdes, eines einfachen Kühlschrankes und einer einfachen Regalablage für das Küchengerät erfüllt die notwendigsten Bedürfnisse des Schuldners (§ 812 ZPO). Sie sind mit einem Ersatzaufwand von DM 2500,– zu beschaffen.
Beweis: Auszug aus dem Ikea-Katalog 1987, S. 24/26 in der Anlage
Es besteht Bereitschaft, den zur Anschaffung der Ersatzgegenstände erforderlichen Geldbetrag Zug um Zug gegen Pfändung der Gegenstände durch den GVZ zur Verfügung zu stellen."

Ähnlich kann auch mit einem wertvollen Fernseher oder mit Antiquitäten verfahren werden, die z. B. als einziger Eßtisch sonst nicht pfändbar sind. Die praktischen Schwierigkeiten der **Austauschpfändung** sind erheblich: Der GVZ muß prüfen, ob der angebotene Austauschgegenstand funktionsfähig ist, der Schuldner wird mit großer Sicherheit sämtliche Rechtsmittel ausschöpfen, die ihm zur Verfügung stehen, vor allem mit dem Hinweis, daß die Versteigerung nichts bringen wird. Der Versteigerungserlös bleibt bei gebrauchten Gegenständen fast immer gering. Beim Hochstapler, der nur von goldenen Tellern speist, zeigt sie aber gelegentlich große Wirkung. Von ihr wird **zu wenig Gebrauch** gemacht.

3.6 Pfändung zur Nachtzeit (§§ 761, 188)

148 Wird der Schuldner zur Tageszeit nicht angetroffen, kann der Gläubiger beim Vollstreckungsgericht (§ 761) den Antrag stellen, die Pfändung zur Nachtzeit sowie an Sonn- und Feiertagen zuzulassen. Nachtzeit ist im

Sommer (1.4. bis 30.9.) die Zeit von 21.00 Uhr bis 4.00 Uhr und im Winter (1.10. bis 31.3.) die Zeit von 21.00 Uhr bis 6.00 Uhr. (§ 188). Dazu muß er z.B. glaubhaft machen, daß

- der Schuldner ein Gewerbe betreibt, obgleich er angeblich zahlungsunfähig ist. Dieser Fall ist gegeben, wenn der Schuldner die Offenbarungsversicherung schon abgeleistet hat, trotzdem aber selbständig z.B. als Elektromonteur arbeitet und „wechselnde Auftraggeber" hat. Hier kann nur die Taschenpfändung zur Nachtzeit in der Stammkneipe helfen, in der der Schuldner natürlich jeden Abend zu finden ist. 149
- der Schuldner zu den Tageszeiten niemals angetroffen werden konnte, weil er etwa als Arbeitnehmer auswärts auf Montage, oder als Kaufmann oft auf Reisen ist.

  Dann gestattet das Gericht dem Gerichtsvollzieher, die Pfändungen nach 21.00 Uhr durchzuführen.

  Der Nachtzeitbeschluß **ersetzt nicht** den Durchsuchungsbefehl (oben Rdnr. 143). Er muß also immer **zusätzlich** beantragt werden (LG Frankfurt DGVZ 1980, 23; aA Behr DGVZ 1980, 49 (55)).

3.7 Verwertung

Nach der Pfändung bestimmt der GVZ einen Termin zur öffentlichen Versteigerung der gepfändeten Sachen (§ 814). Dazu erteilt er einem Speditionsunternehmen den Auftrag, die Pfandsachen unter seiner Aufsicht aus der Wohnung zum Versteigerungsort zu schaffen (Einschaffung), dort führt er selbst die Versteigerung durch. In größeren Städten (München, Hamburg) ist die Funktion des Einschaffungs- und des Versteigerungsgerichtsvollziehers getrennt. Es sind dann also für den Gläubiger insgesamt drei GVZ tätig. Mehr Gebühren entstehen dadurch nicht. 150

Bei der Versteigerung muß mindestens die Hälfte des gewöhnlichen Verkaufswertes der Sache erreicht werden (§ 817a, Mindestgebot). Gewöhnlicher Verkaufswert ist der Preis, der bei einem Verkauf außerhalb der Versteigerung erzielt werden könnte. Der Versteigerungsgerichtsvollzieher legt ihn nach seiner Erfahrung gegebenenfalls unter Zuziehung eines Sachverständigen fest. 151

Wird kein Mindestgebot abgegeben, muß sich der Gläubiger etwas einfallen lassen, denn die Einlagerung des eingeschafften Gegenstandes kostet täglich Standgeld! Die Möglichkeiten sind (§ 825): 152

- Der Gläubiger sucht sich ggf. durch Inserat einen Interessenten für das Pfandstück. Dann darf der Gerichtsvollzieher es an diesen Interessenten zum Mindestgebot veräußern;
- der Gläubiger übernimmt den Gegenstand selbst in Anrechnung auf seinen Wert, wobei wiederum das Mindestgebot zugrundezulegen ist. In beiden Fällen ist die Zustimmung des Vollstreckungsgerichts erforderlich, das im Einzelfall auch einen höheren Preis als das Mindestgebot als angemessen bezeichnen darf (Ermessensbestimmung);
- der Gläubiger hebt die Pfändung auf, was er notgedrungen tun muß, wenn er nicht die Kosten für die Aufbewahrung des unverkäuflichen Gegenstandes tragen will. Auf diese Art und Weise hat mancher

Schuldner sein Eigentum wieder zurückbekommen, ohne seine Schulden zu bezahlen.

4. Verhalten des Schuldners/Rechtsmittel

4.1 Verhalten des Schuldners bei der Pfändung

153 Der Schuldner hat vielfältige Möglichkeiten, dem Gläubiger und dem Gerichtsvollzieher das Leben schwer zu machen. Das beginnt mit der unterlassenen Anmeldung beim Einwohnermeldeamt, dem falschen Namen am Briefkasten, der unrichtigen Auskunft durch Hausgenossen, der Schuldner sei verreist etc.

Der rechtskundige Schuldner wird keine Durchsuchung ohne richterlichen Durchsuchungsbefehl dulden. Bis der GVZ diesen beschafft hat, befindet sich die pfändbare Habe längst bei Freunden und Verwandten. Wenn diese den Zweck dieser Vermögensverteilung kennen (Scheingewahrsam), könnte der GVZ zwar trotzdem pfänden, aber er weiß ja nicht, daß die Sachen dem Schuldner gehören und wohin er sie geschafft hat. Aufklärung muß der Schuldner erst bei der OV-Versicherung geben!

4.2 Verhalten des Schuldners bei der Verwertung

154 Bei der Verwertung kann der Schuldner über Freunde sein Mobiliar wieder einsteigern und sich dann leihen lassen. Diese Konstruktion kann der Gläubiger im Prinzip nicht mehr angreifen: Zwar sind die Ansprüche des Schuldners gegenüber dem Verleiher pfändbar, sie haben aber für den Gläubiger überhaupt keinen Gegenwert. Nicht wenige Schuldner leben auf diese Weise in prächtigen geliehenen Möbeln oder aber in einer Wohnungseinrichtung, die für früher gegebene Darlehen sicherungsübereignet ist.

Ähnlich wird von Leuten verfahren, bei denen „alles der Frau oder der Freundin gehört". Ein konsequenter Gläubiger kann solche Konstruktionen **nur mit hohem Kostenaufwand** zerschlagen: Er muß die behauptete Sicherungsübereignung innerhalb der Fristen des Anfechtungsgesetzes anfechten oder den Zweck der Vermögensübertragung gerade zur Gläubigerbenachteiligung nachweisen (§ 826 BGB), wenn dem Schuldner tatsächlich Geld gegeben worden ist.

Umgekehrt hat der Gläubiger ein hohes Haftungsrisiko, wenn er bei verlangter Freigabe von Gegenständen (§ 771) nicht sofort die nötigen Überprüfungen anstellt und sich vergewissert, ob das behauptete Eigentum eines Dritten zu Recht besteht. Handelt er nicht ohne schuldhaftes Zögern (unverzüglich), dann treffen ihn die Kosten der erfolgreichen Drittwiderspruchsklage und daneben möglicherweise noch Schadensersatz für entgangene Nutzungen etc. (BGH NJW 72, 1048).

5. Rechte Dritter

Rechte Dritter sind bei der Sachpfändung in dreierlei Hinsicht zu beachten: **155**

5.1 Mitbewohner von Räumen

Die Durchsuchung der Wohnräume des Schuldners trifft oft die Rechtssphäre von Mitbewohnern. Das ist vor allem bei Wohngemeinschaften zu beachten, bei denen ein Teil der Mitbewohner Alleingewahrsam an einzelnen Bereichen der Wohnung haben kann. Die hier zunächst unsichere Rechtsprechung wird in letzter Zeit deutlicher. Das Landgericht Hamburg (NJW 85, 72) hat entschieden, daß der Gerichtsvollzieher eine richterlich angeordnete **Durchsuchung** der Wohnung **auch gegen den Widerspruch** von in der Wohnung anwesenden, weiteren Personen durchführen darf, soweit sich feststellen läßt, daß der Schuldner an seinem eigenen Zimmer Alleingewahrsam hat. Das dürfte in der Regel der Fall sein. **156**

5.2 Dritteigentum und Sicherungsrechte Dritter

Im übrigen sind Dritte betroffen, die Rechte an den gepfändeten Sachen haben. Das ist in erster Linie der Vermieter wegen seines Vermieterpfandrechts und dann die Eigentümer all jener Gegenstände, die der geübte Schuldner sich von anderen entweder geliehen oder ihnen zur Sicherung übertragen hat. **157**

Viele Gerichtsvollzieher sehen von der Anbringung des Pfandsiegels schon dann ab, wenn der Schuldner nur behauptet, „das Fernsehgerät gehört meiner Freundin", obgleich § 119 der Gerichtsvollziehergeschäftsanweisung (s. Anhang) deutlich sagt: „Für ihn (den Gerichtsvollzieher) gilt als Vermögen des Schuldners alles, was sich in dessen Gewahrsam befindet."

Man muß sich trotzdem gut überlegen, ob man sich mit dritten Personen in einer langwierigen Drittwiderspruchsklage (§ 771) darum streitet, ob der Fernseher nun wirklich der Freundin gehört oder nicht. Manchmal ist es zweckmäßiger, auf die Pfändung zu verzichten, weil der Gerichtsvollzieher dann das Pfandabstandsprotokoll ausfüllen kann und man den Schuldner schneller zur Offenbarungsversicherung bringt.

5.3 Andere Gläubiger

Da der Gerichtsvollzieher häufig für mehrere Gläubiger pfändet, ist die Rangfrage unter diesen Gläubigern zu klären. Geschieht die Pfändung am gleichen Tage, so erhalten die Gläubiger den gleichen Rang, auch dann, wenn einer von ihnen den Auftrag früher erteilt hat. Es kann aber auch sein, daß ein antiker Schrank (Wert 10 000,00 DM) für den Gläubiger A gepfändet wurde, der DM 5000,00 zu bekommen hat. Kommt der Gerichtsvollzieher eine Woche später wieder, so wird er denselben Schrank **158** im Wege der Anschlußpfändung für den Gläubiger B pfänden, der 4000,00 DM zu bekommen hat. Wenn der Versteigerungserlös insgesamt nur 6000,00 DM erbringt (Mindestgebot: 5000,00 DM), dann erhält Gläubiger A 5000,00 DM und Gläubiger B die restlichen 1000,00 DM.

Wenn ein Gegenstand versteigert wird, der nicht dem Schuldner gehört, sondern einem Dritten, erwirbt derjenige, der den Zuschlag erhält, die Sache aufgrund des staatlichen Hoheitsaktes.

In diesen Fällen und wenn ein versteigerter Gegenstand mit Sicherungsrechten Dritter belastet war, muß der **Gläubiger** den **Versteigerungserlös** aber an denjenigen **herausgeben,** dessen Recht höherrangig ist als dasjenige, das aus der Pfändung entstanden ist (BGH NJW 1987, 1880).

6. Kosten

159 Der Rechtsanwalt erhält für den Vollstreckungsauftrag eine $^{3}/_{10}$ Gebühr (§ 57 BRAGO). Der Antrag auf richterlichen Durchsuchungsbeschluß löst keine besondere Gebühr aus, ebenso wenig, wie der Antrag auf Nachtzeitbeschluß oder Pfändung an Sonn- und Feiertagen.

Der GVZ bekommt für seine Tätigkeit eine Grundgebühr, Wegegeld und Schreibauslagen. Im Beispielsfall (Forderungsübersicht bei Rdnr. 100, dort Zeile 4) (Vollstreckungsstreitwert: 12046,06 DM) berechnen sich seine Kosten wie folgt:

– $^{1}/_{1}$ Gebühr nach § 17 GVKostG	130,-- DM
– Wegegeld (Annahme 15 km Wegstrecke) nach § 37 Abs. 3 S. 1 GVKostG	4,50 DM
– Schreibauslagen (2 Fotokopien) nach § 36 Abs. 2 GVKostO	2,-- DM
SUMME	136,50 DM

Mußte Pfandabstand erklärt werden, so erhält der GVZ lediglich eine halbe Gebühr, also 65,-- DM.

Zahlt der Schuldner, beträgt die Gebühr DM 32,50 ($^{1}/_{4}$).

Wird gepfändet und nimmt die Durchführung der Pfändung mehr als eine Stunde in Anspruch, so erhöht sich die Gebühr für jede angefangene weitere Stunde um $^{1}/_{2}$ (das wären DM 65,--, jedoch höchstens um 15,-- DM, § 17 Abs. 3 GVKostO). Wenn der GVZ also 2 Stunden bleibt, kann er statt 130,-- DM 145,-- DM berechnen.

Streitig ist, ob nach Ermittlung des neuen Wohnsitzes des Schuldners der nächste Vollstreckungsauftrag eine neue Gebühr auslöst. Das wird jedenfalls dann bejaht, wenn geraume Zeit zwischen dem ersten und dem zweiten Vollstreckungsversuch verstrichen sind (ca. 3 Monate).

7. Taktik

Der Gläubiger nutzt oft sein eigenes Wissen um Vermögensgegenstände, die der Schuldner der Vollstreckung entziehen möchte, nicht genügend aus. Wenn er den Schuldner persönlich kennt, weiß er, daß dieser eine Rolex-Armbanduhr trägt oder ein echtes Bild besitzt. Da es nicht strafbar ist, den Gerichtsvollzieher anzulügen (das ist erst bei der Offenbarungsversicherung verboten!), wird der Schuldner immer versuchen, den Gerichtsvollzieher irrezuführen. Das kann der Gläubiger durch frühzeitige Detailinformation an den Gerichtsvollzieher verhindern. 160

Das Verhalten des Gläubigers ist durch die mannigfachen gesetzlichen Beschränkungen der Sachpfändung in erster Linie von **Kosten/Nutzen-Überlegungen** geprägt. Der Gläubiger und sein Anwalt können bei der Vollstreckung anwesend sein, der Anwalt erhält dafür aber keine besondere Vergütung. Der GVZ ist meist nicht glücklich darüber, denn er muß seinen sonst freien Zeitplan mit dem Gläubiger abstimmen. Er darf aber den Wunsch des Gläubigers, anwesend zu sein, nicht ablehnen (§ 62 V GVGA). Die Neigung des GVZ's, mit dem Schuldner ein auskömmliches Einvernehmen zu halten, wird durch die Anwesenheit des Gläubigers drastisch unterbunden (Lesenswert dazu: Koch, AnwBl. 83, 211; Borsbach, AnwBl. 83, 437). Der GVZ muß nämlich in dessen Anwesenheit im Einzelfall begründen, warum er einen Gegenstand für unpfändbar hält. Zwar ist mehrfach entschieden worden (zuletzt: OLG Frankfurt DGVZ 82, 116), daß der GVZ im Protokoll auch nicht gepfändete Gegenstände so beschreiben muß, daß ihre Eigenschaft als unpfändbar aus dem Protokoll hervorgeht. In der Praxis ist das aber die Ausnahme. Die GVGA (§ 135 Nr. 6) sieht vor, daß der Gerichtsvollzieher entsprechend protokollieren muß, wenn der Gläubiger es verlangt.

Bei der Durchführung der Vollstreckung hat der Gerichtsvollzieher immer die **Auswahl,** was er pfänden will.

Ein regelmäßig vollstreckender Gläubiger wird rechtzeitig dafür Sorge tragen, sich schon vor der Versteigerung zu überlegen, ob ein freihändiger Verkauf nicht mehr bringt und dem GVZ entsprechende Hinweise geben. Endlich wird er erwägen, ob es nicht zweckmäßig ist, selbst einzusteigern.

8. Checkliste

- Kann man dem Gerichtsvollzieher bei der Pfändung behilflich sein? 161
  Z. B. durch Hinweise auf den Aufenthalt des Schuldners, seinen Tätigkeitsbereich etc.
- Lohnt sich die Anwesenheit beim Pfändungstermin? In diesem Fall muß mit dem GVZ abgestimmt werden, ob die richterliche Durchsuchungsanordnung vorher eingeholt werden soll, weil sonst der erste Termin mit Sicherheit vergeblich ist.
- Hat der GVZ eine Pfändung unterlassen, weil Dritte interveniert haben, muß man konsequent bleiben und die Pfändung erzwingen. Nicht

selten unterbleibt dann die Drittwiderspruchsklage. Der bloße Hinweis auf „Gütertrennung" besagt für sich allein nichts. Es muß mindestens der Gütertrennungsvertrag samt Vermögensliste vorgelegt werden, damit man überprüfen kann, ob überhaupt gepfändete Gegenstände in der Liste erfaßt sind.

– Hat der GVZ neben der Wohnung auch Nebenräume wie Garagen, Lagerräume, Keller, Speicher, Mietplätze durchsucht? Hat er die Taschenpfändung vorgenommen?
– Wenn vier Wochen (in einigen Großstädten: sechs Wochen) ohne Nachricht verstrichen sind: Auftragserledigung beim GVZ anmahnen (§§ 6, 64 GVGA).
– Soll im Rahmen der Verwertung selbst eingesteigert werden?
– Welche Möglichkeit zur freihändigen Verwertung sind gegeben?
– Falls Dritte Rechte geltend machen: Kosten und Haftungsrisiko prüfen und im Zweifelsfall die Klage abwarten, die oft teils aus Kostengründen, teils weil die Beweislage nicht ausreicht, unterlassen wird. Notfalls nach Zustellung der Klage anerkennen, wenn man das Kostenrisiko vorher im Griff hat. Kein Thema für Anfänger!

XVI. Offenbarungsversicherung (§§ 807, 899–915 ZPO)

1. Zweck der Offenbarungsversicherung

162 Die Offenbarungsversicherung (OV) gibt dem Gläubiger das einzige Mittel, sich über das gesamte verwertbare Vermögen des Schuldners zu informieren, da der Schuldner persönlich (§§ 807 II, 478) sein Vermögen genau angeben und die Richtigkeit an Eides Statt versichern muß. Damit hat der Gläubiger die Möglichkeit,

– nach dem OV-Termin den GVZ mit der Pfändung bestimmter Sachen zu beauftragen, die im Protokoll enthalten sind,
– im OV-Protokoll aufgeführte Forderungen des Schuldners gegenüber Dritten zu pfänden,
– zu überprüfen, ob der Schuldner Vermögen ohne Gegenleistung aus der Hand gegeben hat: Solche Vorgänge kann der Gläubiger gemäß §§ 3 und 7 des AnfG anfechten und von dem Dritten Rückerstattung verlangen,
– überprüfen, ob der Schuldner sich im Zusammenhang mit dem Entstehen der Forderung z. B. durch einen Eingehungsbetrug strafbar gemacht hat.

163 Der Schuldner versucht mit allen Mitteln, der OV auszuweichen, weil sie für ihn mit unangenehmen Folgen verbunden ist: Er wird für die nächsten drei Jahre in die **„schwarze Liste"** des Amtsgerichts aufgenommen. Die Auskunftsstelle der Banken (Schufa) erfährt davon und dadurch verliert er seine Kreditwürdigkeit. Außerdem kann jeder künftige Gläubiger eine Kopie des OV-Protokolls anfordern und Anschlußpfändungen beantragen. Das Gesetz versucht den Schuldner trotzdem zu wahrheitsgemäßen

Angaben zu zwingen, indem es eine falsche eidesstattliche Versicherung unter Strafe stellt (§ 156 StGB).

In der „Schwarzen Liste" des AG wird der Schuldner auch dann erfaßt, wenn er unentschuldigt zum Termin nicht erschienen ist oder die Abgabe der Offenbarungsversicherung verweigert hat, so daß die Haft angeordnet werden mußte (§ 901). In diese Liste hat **jedermann Einsichtsrecht** (§ 915 III). Die Eintragung wird nach drei Jahren gelöscht (§ 915 II).

Viele Schuldner versuchen, den Gläubiger zum Verzicht auf die Offenbarungsversicherung zu bewegen, mit dem Hinweis auf die erheblichen rechtlichen und wirtschaftlichen Nachteile, die die Aufnahme in die schwarze Liste mit sich bringt. **164**

In einem solchen Fall gibt es die Kompromißlösung, den Schuldner freiwillig eine vollständige Vermögensübersicht vorlegen und deren Richtigkeit ggf. vor dem Notar eidesstattlich versichern zu lassen. Eine falsche eidesstattliche Versicherung ist in einem solchen Fall zwar nicht strafbar (§ 22 Abs. 1 BNotO), trotzdem ist zu erwarten, daß der Schuldner sich um Wahrheitsliebe bemühen wird. Außerdem hat der Gläubiger mit diesem Verfahren einen erheblichen Zeitvorsprung vor anderen Gläubigern, wenn der Schuldner sich an die – regelmäßig parallel abgeschlossene – Ratenzahlungsvereinbarung nicht hält.

Für Fortgeschrittene: Man könnte versuchen, mit dem Schuldner die freiwillige Abgabe einer eidesstattlichen Versicherung gemäß § 259 BGB i. V. 163, 79 FGG, zu vereinbaren. In diesem Fall dürfte die Strafdrohung im Gegensatz zur Abgabe der Versicherung beim Notar erhalten bleiben.

2. Antrag – Anlagen – Fehlerquellen

Der Antrag ist beim Vollstreckungsgericht am Schuldnerwohnsitz vorzulegen (§§ 764 II, 899). Bei Gesellschaften ist das Gericht zuständig, bei dem das Handelsregister geführt wird, nicht aber das Gericht, an dem die Gesellschaft ihre tatsächliche Verwaltung hat (OLG Stuttgart Rpfl. 1977, 220). Es kommt nicht selten vor, daß eine Gesellschaft ihre Hauptverwaltung in einem anderen Amtsgerichtsbezirk hat als in demjenigen, wo sie rechtlich (zulässig) nach wie vor ihren Sitz unterhält. Nur der Handelsregisterauszug sagt etwas über den Sitz der Gesellschaft aus. Er muß ggf. eingefordert werden. Der Wohnsitz des Geschäftsführers ist niemals entscheidend. Zum Antrag vergleiche im übrigen das Muster Rdnr. 170. **165**

Ein besonderes Problem taucht auf, wenn die Gesellschaft, gegen die vollstreckt werden soll, gar keinen Geschäftsführer mehr hat oder wenn der amtierende Geschäftsführer aus tatsächlichen Gründen keine Erkenntnisse über die Vermögenslage der Gesellschaft besitzt. Die Rechtsprechung stellt hier auf den Zeitpunkt ab, zu welchem ein Geschäftsführer ausgeschieden ist, und verpflichtet in Einzelfällen auch den ausgeschiedenen zur Abgabe der eidesstattlichen Versicherung (OLG Hamm Rpfl. 1985, 121). Die Voraussetzungen dafür sind im Einzelfall aber oft schwer nachzuweisen.

2.1 Antrag auf Auskunft aus dem Schuldnerverzeichnis

Bevor man den Antrag stellt, sollte man aus Kostenersparnisgründen beim Vollstreckungsgericht anfragen, ob der Schuldner innerhalb der letzten drei Jahre die OV schon abgeleistet hat und sich sodann das Protokoll bestellen. Der Antrag lautet:

„Ich bitte um Mitteilung, ob der Schuldner die eidesstattliche Versicherung abgegeben hat oder ob gegen ihn in anderer Sache Haftbefehl erlassen wurde.
166 *Sollte ein Vermögensverzeichnis schon vorliegen, bitte ich um Zusendung einer vollständigen Ablichtung. Dies gilt auch für alle Nachbesserungs und/oder Ergänzungsverfahren, die bisher gegen den Schuldner durchgeführt wurden."*

Beizufügen ist als **Anlage** die beglaubigte Abschrift des Titels. Manche Gerichte verlangen das Original. Gerichtskosten: DM 25,–
Ist die Antwort positiv, schickt das Gericht eine Kopie des Vermögensverzeichnisses.

2.2 Antrag auf Nachbesserung der OV

Jetzt untersucht man das Protokoll, ob die Angaben vollständig und richtig sind.
167 Falls nein: OV-Nachbesserungsantrag. Er lautet:

„Ich beantrage, den Schuldner wegen Nachbesserung der eidesstattlichen Versicherung vorzuladen. Zur Begründung verweise ich auf das OV-Protokoll vom 22. 6. 1985 (35 M 200/85): Der Schuldner hat dort als Arbeitgeber lediglich „Großhandlung Albert Stöhr" angegeben, nicht aber die Adresse. Diese ist für Pfändungsmaßnahmen erforderlich, da es nicht erkennbar ist, an welchem Ort der Betrieb des Arbeitgebers sich befindet.
Sollte der Schuldner nicht erscheinen, beantrage ich schon jetzt vorsorglich Haftbefehl."

Den Nachbesserungsantrag kann **jeder** Gläubiger stellen, also nicht nur derjenige, der die ursprüngliche Offenbarungsversicherung beantragt hatte. Deshalb sollte man sich unbedingt das Offenbarungsversicherungsprotokoll in Fotokopie zuschicken lassen, wenn das Amtsgericht mitteilt, die Offenbarungsversicherung sei bereits abgelegt: In vielen Fällen kann man in dem Protokoll Lücken entdecken, die ein anderer Gläubiger nicht gesehen hat und kann deren Nachbesserung verlangen. Bei der Auswertung des Nachbesserungsprotokolls ist man dann der Erste, auch wenn der eigene Titel viel jünger als derjenige anderer Gläubiger ist.
Für die Nachbesserung fallen keine neuen Gerichtskosten an.

2.3 Antrag auf Ergänzung der OV

Sodann ist zu prüfen, ob sich zwischenzeitlich am Einkommen oder Arbeitsverhältnis des Schuldners etwas geändert hat.
168 Falls ja: Ergänzungs-OV-Antrag. Er lautet:

„Ich beantrage, den Schuldner zur Ergänzung der eidesstattlichen Versicherung nach § 903 ZPO vorzuladen. Wie aus dem anliegenden Schreiben ersichtlich, ist der Schuldner bei seinem damaligen Arbeitgeber, Großhandlung Albert Stöhr, ausgeschieden. Er hat daher die neue Arbeitsstelle anzugeben oder mitzuteilen, wie er sonst seinen Lebensunterhalt bestreitet."

War der Schuldner arbeitslos, so kann er – örtlich verschieden – längstens nach 18 Monaten aufgefordert werden anzugeben, ob er eine neue Arbeitsstelle gefunden hat. Einige Gerichte lehnen auch das ab. Deshalb muß man die örtliche Praxis ausprobieren. Gerichtskosten DM 25,–

Es empfiehlt sich dringend, die **Anfrage** nach einer früheren OV **sofort** zu stellen, **wenn** der Titel vorliegt, auch wenn man zuvor noch andere Vollstreckungsmaßnahmen unternimmt: Die Beantwortung der Anfrage kann zwei bis drei Wochen dauern und wertvolle Zeit geht verloren.

2.4 Schuldnerbezeichnung bei oHG/KG/GmbH

Bei den Personengesellschaften (oHG/KG) muß die Versicherung von **169** den persönlich haftenden Gesellschaftern abgegeben werden, bei der GmbH vom Geschäftsführer. Deshalb muß man dessen Vor- und Nachnamen zuvor über das Handelsregister oder das Gewerbeaufsichtsamt ermitteln, falls man sie im Zusammenhang mit der Erwirkung des Titels nicht schon zeitnah im Akt hat. Die Ladung zur Offenbarungsversicherung kann dem Geschäftsführer auch an seine Privatadresse oder wo er sonst angetroffen wird, zugestellt werden (§§ 171, 180).

2.5 Unpfändbarkeitsbescheinigung (§ 807 I)

Daneben muß der Gläubiger nachweisen, daß der Schuldner keine **170** pfändbare Habe hat. In der Regel geschieht das durch das **Pfandabstandsprotokoll** (siehe oben Rdnr. 141). Die Bescheinigung des Gerichtsvollziehers, daß der Schuldner mit einer Durchsuchung der Wohnung freiwillig nicht einverstanden war (Art. 13 GG) ist nicht ausreichend, denn diese Bescheinigung sagt über das Vermögen des Schuldners nichts. In letzter Zeit entscheiden allerdings einzelne Gerichte anders (LG Dortmund Rpfl. 1987, 65; LG Detmold NJW 1986, 2261). Manche Gerichte (KG, MDR 1968, 56) wollen dem Gläubiger das Recht zur OV erst geben, wenn er zuvor eine Lohnpfändung versucht hat. Das geht sicher zu weit.

Wenn der Schuldner neben der Privatwohnung auch ein Geschäftslokal hat, fordern die meisten Gerichte zwei Pfandabstandsprotokolle: eines für die Wohnung und eines für die Geschäftsräume. Ebenso handhaben sie es bei mehreren Wohnsitzen. Diese Gerichte meinen, die Vermögenslosigkeit des Schuldners sei erst bewiesen, wenn für alle diese Orte die Fruchtlosigkeit der Sachpfändung nachgewiesen sei. Die dadurch entstehende Verzögerung ist für den Gläubiger nur dadurch verkürzbar, daß er sich mehrere Titelausfertigungen besorgt (oben Rdnr. 39). Einige Gerichte berücksichtigen allerdings, daß man von dem Gläubiger nur **zumutbare Vollstreckungsversuche** verlangen kann und lassen es ausreichen, wenn glaubhaft gemacht wird, daß an weiteren Wohnsitzen kein vollstreckbares Sachvermögen vorhanden sein könne (OLG Köln MDR 1976, 53; LG Essen Rpfl. 1975, 408; OLG Frankfurt Rpfl. 1977, 145).

Der Pfandabstand muß jüngeren Datums sein. Früher galt die Faustformel, die Offenbarungsversicherung dürfe nicht später als **sechs Monate** nach Vorliegen des Pfandabstandsprotokolls beantragt werden. Diese Grenze gilt heute nicht mehr so klar, es wird aber längstens eine Frist von 12 Monaten zugebilligt (LG Kiel MDR 1977, 786). Der Gläubiger hat die

Dr. Hugo Klutz
Rechtsanwalt
Theodorstraße 10
8000 München 2

Kto-Nr. 382778-809
Postgiroamt München

An das
Amtsgericht
- Vollstreckungsgericht -

8000 München 35

Datum: 25.10.1992

GeschäftsZ.: ZV 92/00303/Gr
(bitte stets angeben)

Aktenzeichen:
M /19

Antrag auf Bestimmung eines Termins zur Abgabe der eidesstattlichen Versicherung

in der Zwangsvollstreckungssache
TuV Teilzahlungsbank AG, ges.vertr. d.d. Vorstand
Dipl.-Kaufmann Horst Henze, Parkstraße 23, 8000 München 2

Gläubiger(in)

Prozeßbevollmächtigte(r) Rechtsanwalt Dr. Hugo Klutz, Theodorstraße 10, 8000 München 2

gegen
Theresa Ellert, Residenzstraße 14, 8000 München 2

Schuldner(in)

Nach dem anliegenden Vollstreckungstitel
Vollstreckungsbescheid des Amtsgerichts München vom 20.07.1992

Geschäftsnr.: 15 B 12717/92

hat der / die Gläubiger(in) gegen den / die Schuldner(in)

Anspruch auf vergl. anliegende Forderungsaufstellung	DM
(in Worten:	Deutsche Mark)
nebst 12% v. H. Zinsen seit 11.10.1992 aus DM 3160,29 Resthauptsache	
vorgerichtliche Kosten des Gläubigers	DM
Kosten des Mahnverfahrens / Wechsel-, Scheckkosten	DM
festgesetzte Prozeßkosten	DM
nebst 4 v. H. Zinsen seit	
sowie bisherige Vollstreckungskosten (lt. Anlagen)	
Kosten des Gerichtsvollziehers	DM
Kosten des Bevollmächtigten	DM
nebst 4 v. H. Zinsen seit	

Ausweislich der beigefügten Bestätigung des Gerichtsvollziehers hat die Zwangsvollstreckung nicht zur Befriedigung des Gläubigers geführt.

Deshalb wird wegen vorstehenden Anspruchs und folgender Kosten

1. 3/10 Gebühr, §§ 57, 58 Abs. 3 Nr. 11 BRAGO (aus höchstens DM 2400)	DM 43,50
2. Auslagen – pauschal, § 26 BRAGO	DM 6,60
3. Umsatzsteuer (MWSt), § 25 Abs. 2 BRAGO	DM 7,01
4. Gerichtsgebühr, § 11 Abs. 1 i.V.m. Nr. 1152 KostVerz. GKG	DM 25,-
5. Zustellgebühr, § 11 Abs. 1 i.V.m. Nr. 1902 KostVerz. GKG	DM

beantragt, einen Termin zur **Vorlage des Vermögensverzeichnisses** des Schuldners und zur **Abgabe der eidesstattlichen Versicherung** zu bestimmen, §§ 807, 899, 900 ZPO, – auch, wenn gegen den Schuldner bereits ein diesbezüglicher Haftbefehl vorliegt* – sowie im Falle des Nichterscheinens oder der grundlosen Verweigerung der Abgabe der eidesstattlichen Versicherung **Haft anzuordnen,** § 901 ZPO, und eine Ausfertigung des Haftbefehls zu übersenden.

Abschriften von Protokoll und Vermögensverzeichnis werden an den Bevollmächtigten erbeten; falls der Schuldner in den letzten drei Jahren bereits eine eidesstattliche Versicherung abgegeben hat, nur dieses Vermögensverzeichnis und Rückerstattung der nicht verbrauchten – vom Bevollmächtigten verauslagten* – Gebühren.

Sollte sich der Schuldner im Termin zur Leistung angemessener Teilzahlungen erbieten oder eine solche Zahlung nachweisen, so ist der Bevollmächtigte, mit dem der Schuldner sich dann unverzüglich in Verbindung zu setzen hat, mit einer Vertagung von einem Monat* einverstanden.*

Es wird gebeten, im Termin dem Schuldner auch umseitig aufgeführte Fragen zur Aufnahme ins Vermögensverzeichnis vorzulegen (z. B. Sicherungsübereignungen, Beschäftigung, Vergütung).

Vollmacht liegt an – ergibt sich aus dem Vollstreckungstitel.*
Abschrift ist beigefügt.

Rechtsanwalt

* Nichtzutreffendes streichen

Möglichkeit, im einzelnen darzutun, warum er länger gebraucht hat, z.B. deshalb, weil durch umfangreiche Forderungspfändungen erfolgreich scheinende Beitreibungsversuche unternommen wurden. Die Einhaltung eines 6-Monatszeitraums ist aber in jedem Fall ausreichend.

3. Sachbehandlung

3.1 Prüfung der Drei-Jahres-Frist

Für die Entscheidung über den Antrag ist der RPfl. zuständig. Er überprüft zunächst, ob der Schuldner schon im Schuldnerverzeichnis eingetragen ist und teilt dies ggf. dem Gläubiger mit. Schon deshalb sollte der Gläubiger diese Überprüfung selbst vornehmen, um Zeit zu gewinnen. **171**

3.2 Durchführung des Termins

Dann legt der RPfl. den Termin für die Abgabe der eidesstattlichen Versicherung fest. Zusammen mit der Terminsladung schickt er dem Schuldner ein mehrseitiges Formular, das dieser zu Hause ausfüllen sollte. Nicht wenige Schuldner verstehen das Formular nicht, werfen es weg oder füllen es bewußt schlampig aus. Dann gehen sie ohne jede Vorbereitung und ohne Unterlagen zum Termin. Der RPfl. muß dann mühsam alle Einzelheiten aus ihnen herausfragen, was ihm wenig Spaß macht. Fragt er z.B. nach Lebensversicherungen, dann fehlt in der Regel die Nummer, manchmal sogar der Name der Gesellschaft, bei der die Versicherung abgeschlossen wurde. Bei Sachen, die auf Abzahlung gekauft sind, „vergißt“ der Schuldner die Angabe, weil er ja noch nicht Eigentümer ist (§ 455 BGB). Eine richtige Bezeichnung von Grundstücken, an denen der Schuldner Rechte besitzt, habe ich noch sehr selten gesehen. Bei Kfz fehlt oft das polizeiliche Kennzeichen und meistens die Nummer des Kfz-Briefs. **172**

3.3 Der Schuldner mit „wechselnden Auftraggebern“

Ein besonderes Problem ist der selbständig tätige Schuldner, der wechselnde Auftraggeber hat. Hier ist besonders auf konkrete Angaben zu achten: Sogar der Gelegenheitsarbeiter muß die Arbeitgeber (mit Adresse) benennen, bei denen er in den letzten 12 Monaten tätig war (LG Frankfurt Rpfl. 1988, 111). **173**

- Herr Wall vertritt mehrere Strickwarenhersteller. Als ihm die Ladung zur eidesstattlichen Versicherung zugestellt wird, fährt er rasch bei seinen Fabrikanten vorbei und läßt sich sämtliche fälligen Provisionen auszahlen. Im Termin kann er wahrheitsgemäß erklären, daß er keine Provisionsansprüche besitzt. Da Herr Wall aber für einen genau feststellbaren Kreis von Lieferanten ständig tätig ist, muß er diese Lieferanten nennen, damit der Gläubiger dort künftige Forderungen (!) pfänden kann.
- Herr Streit ist Journalist und Hörfunkautor. Wenn er gerade keinen konkreten Auftrag hat, schreibt er Kurzgeschichten und bietet diese verschiedenen, stets wechselnden Verlagen an.

  Das ist ein Grenzfall: Wenn der Gläubiger glaubhaft macht, daß Herr Streit Folgeaufträge bekommen wird, muß der Schuldner den Auftraggeber nennen, auch wenn es eine größere Zahl von Verlagen ist (LG Arnsberg, JurBüro 1985, 472). Gelingt dem Gläubiger das nicht, lehnen viele Gerichte die Pflicht zur Nennung einmaliger Auftraggeber ab.

In vielen Fällen erkennt der RPfl., daß der Schuldner entweder nicht fähig oder nicht willens ist, das Erforderliche nachzuholen und beläßt es bei den unvollständigen Angaben. Er meint: Wenn der Gläubiger sich nicht um korrekte Angaben kümmert, dann kann ihm die Vollstreckung wohl nicht so wichtig gewesen sein. Und damit hat er meistens nicht Unrecht.

3.4 Anwesenheit im Termin

174 Aufgabe des Gläubigers ist es also, **korrekte Angaben** zu **erzwingen.** Das kann er am besten, wenn er im Termin anwesend ist. Er kann dann anregen, einen neuen Termin festzusetzen, in welchem der Schuldner vollständige Unterlagen beizubringen hat und ihm für den Fall erneuter Unvollständigkeit Verhaftung androhen lassen. Er kann auf Widersprüche in den Angaben des Schuldners sofort hinweisen und Aufklärung verlangen. Er kann dafür sorgen, daß der Schuldner nicht nur angibt: „Beschäftigt bei Fa. Müller", sondern gleich die Adresse nennt, um noch am gleichen Tage über die Vor-Pfändung die Lohnauszahlung zu blockieren. Nicht zuletzt erfährt er mindestens eine Woche vor allen anderen Gläubigern von weiteren Vollstreckungsmöglichkeiten. Ich glaube, der Hauptgrund, warum so wenige Gläubiger und deren Rechtsanwälte beim Termin anwesend sind, liegt darin, daß die Verhandlungsgebühr für die Terminswahrnehmung höchstens 57,62 DM beträgt (3/10 aus dem Höchststreitwert von DM 2400,-- – eine Beweisgebühr fällt selten an –) und der Gläubiger seinem Anwalt eine angemessene Gebühr nicht bezahlen will. Ich habe aber auch schon das Gegenteil erlebt: Da erschien zu einer OV in München ein Anwalt aus Hamburg und fragte den Schuldner nach anfechtbaren Vorgängen (§§ 3, 7 AnfG) so unangenehm aus, daß dieser einen Teilzahlungsvergleich anbot.

3.5 OV-Protokoll

175 Ist die Erklärung abgegeben, muß der Schuldner ihre Vollständigkeit und Richtigkeit an Eides Statt versichern.

Über die Verhandlung erstellt der RPfl. ein Protokoll und schickt es zusammen mit den Angaben des Schuldners an den Gläubiger. Da nicht selten verschiedene Gläubiger zeitlich kurz nacheinander die OV beantragen, legt der RPfl. den Termin so, daß er für mehrere Gläubiger gleichzeitig gilt, die auch gleichzeitig das Protokoll zugeschickt bekommen. Hier hängt es vom Geschick des Gläubigers ab, das OV-Protokoll **so schnell wie möglich auszuwerten,** bevor ihm ein anderer Gläubiger zuvorkommt.

Bei dieser Auswertung wird man in erster Linie darauf achten, ob der Schuldner seinen Arbeitgeber, sein Bankkonto oder andere Hinweise auf mögliche Forderungspfändungen wahrheitsgemäß angegeben hat.

3.6 Anfechtung von Rechtshandlungen (§ 3 AnfG)

176 Fortgeschrittene werden darüber hinaus das Protokoll auf Rechtshandlungen und Verträge hin untersuchen, die der Gläubiger wegen ihrer zeitlichen Nähe zum Vermögensverfall des Schuldners anfechten kann. Dazu enthält das amtliche Formular unter C Nr. 32–34 eine Reihe von Fragen, die in 90% aller Protokolle mit „nein" beantwortet werden. Wenn der Gläubiger nicht nachweisen kann, daß die Auskunft falsch ist, muß es dabei sein Bewenden haben. Ist in dieser Spalte aber ausnahmsweise einmal angegeben, daß der Schuldner Vermögensgegenstände verschenkt oder seine Verwandten in anfechtbarer Weise bevorzugt hat, dann kommt eine Anfechtung mit dem Ziel in Frage, den Empfänger zur Rückgabe der Leistung zu verpflichten. In den meisten Fällen sind anfechtbare Rechtshandlungen auch nach §§ 283 ff. StGB strafbar.

3.7 Nachbesserung der Offenbarungsversicherung

Wenn Angaben des Schuldners im OV-Protokoll unvollständig oder unrichtig sind, kann der Gläubiger beantragen, daß solche Lücken oder Fehler vom Schuldner beseitigt werden. **177**

Dieses Recht ist in der ZPO nicht ausdrücklich geregelt, es ergibt sich aber daraus, daß alle Angaben „so vollständig sein müssen, daß der Gläubiger sofort Maßnahmen zu seiner Befriedigung ergreifen kann" (LG Hamburg MDR 1981, 61).

Sehr häufig ist die Adresse des Drittschuldners unvollständig. Die Angabe „angestellt bei Siemens Nürnberg" reicht deshalb nicht aus, weil es in Nürnberg eine Reihe von (rechtlich selbständigen) Niederlassungen der Firma Siemens gibt und eine Lohnpfändung bei der falschen Firma wirkungslos wäre. Vor allem Auslandsadressen müssen ganz genau angegeben werden (LG Stade Rpfl. 1984, 324 – Saudi Arabien).

Oft wird der Antrag auf Nachbesserung unvollständiger Angaben mit der Begründung abgelehnt, die vermißte Information sei für die Befriedigung des Gläubigers nicht relevant. Ein solches Prüfungsrecht steht dem Vollstreckungsgericht aber nicht zu (KG Berlin DGVZ 1981, 75): Der Gläubiger muß selbst überprüfen können, ob ein behaupteter Anspruch besteht und muß sich nicht mit der Behauptung begnügen, der Anspruch sei offenbar nichts wert.

Deshalb muß der Schuldner auch angeben, wo Urkunden geblieben sind, die man bei der Sachpfändung nicht gefunden hat (OLG Frankfurt Rpfl. 1975, 442 – Postsparbuch; AG Groß-Gerau Rpfl. 1982, 75 – Kfz-Brief).

3.8 Ergänzung der Offenbarungsversicherung (§ 903)

Wenn die Angaben des Schuldners lückenlos und präzise sind, kann er vor Ablauf von drei Jahren nur unter folgenden Voraussetzungen zur Ergänzung seiner Offenbarungsversicherung vorgeladen werden: **178**

- neuer Vermögenserwerb
- Auflösung eines bestehenden Arbeitsverhältnisses (auch bei nachfolgender Arbeitslosigkeit)
- Aufnahme oder Wechsel der Erwerbstätigkeit

Der Gläubiger kann diese Umstände meist dadurch glaubhaft machen, daß Pfändungsmaßnahmen, die er im Anschluß an den ersten Offenbarungsversicherungstermin getroffen hat, ins Leere gehen, weil der Drittschuldner ihm mitteilt, der Schuldner sei bei ihm nicht mehr beschäftigt etc.

4. Verhalten des Schuldners/Rechtsmittel

4.1 Der Schuldner erscheint nicht zum Termin

179 Wenn der Gläubiger im Terminsantrag gleichzeitig den Haftantrag gestellt hat (s. Muster Rdnr. 170), müßte der Rpfl. den Akt ohne weiteres dem Richter zum Erlaß des Haftbefehls vorlegen (§§ 901, 4 II RpflG). Viele Vollstreckungsgerichte benachrichtigen stattdessen den Gläubiger vom Nichterscheinen des Schuldners und fordern ihn auf, seinen Antrag nochmals zu stellen, wenn er den Haftbefehl haben möchte. Das ist überflüssige Mehrarbeit, gegen die der Gläubiger sich nicht wehren kann.

4.2 Der Schuldner bittet um Vertagung

180 Einen Rechtsanspruch auf Vertagung hat der Schuldner grundsätzlich nicht. Wenn der RPfl. auf dessen Antrag grundlos den Termin verlegt, kann der Gläubiger mit befristeter RPfl.-Erinnerung (§ 11 I 2 RpflG mit § 793) den Beschluß anfechten. In der Praxis nützt das wenig, weil der nächste Termin dann noch erheblich später als die verfügte Vertagung stattfindet, denn die Unrechtmäßigkeit des Beschlusses muß höheren Orts festgestellt werden, und das braucht Zeit.

4.3 Der Schuldner wird krank

181 Schreibt der Schuldner an das Gericht, er sei krank, so muß er die Krankheit glaubhaft machen, also mindestens ein qualifiziertes Arztattest vorlegen. Die meisten dieser Atteste lauten: „Herr Meier kann aus gesundheitsbedingten Gründen den Gerichtstermin nicht wahrnehmen". Ein **solches Attest ist** genauso **unbrauchbar** wie ein Privatschreiben des Schuldners, denn aus ihm ist nicht zu erkennen, ob die Krankheit so gravierend ist, daß die Wahrnehmung des Termins für den Schuldner wirklich mit erheblicher Gesundheitsgefährdung verbunden ist. Legt der Schuldner kein qualifiziertes Attest vor, das eine Überprüfung ermöglicht, kann das Gericht die **amtsärztliche Untersuchung** durchführen. Weigert sich der Schuldner, sich untersuchen zu lassen, wird Haftbefehl erlassen, weil er den Abwesenheitsgrund nicht glaubhaft machen kann.

4.4 Der Schuldner bietet Teilzahlungen an

Viele Schuldner verbinden die Vertagungsbitte mit dem Angebot „die Schuld in Teilzahlungen zu begleichen". Auch das rechtfertigt die Vertagung nicht, denn diese ist nur statthaft, wenn

182 – der Schuldner die Forderung des Gläubigers binnen **drei Monaten** tilgen kann (§ 900 IV)
und

– dies auch durch Urkunden oder ausdrückliche eidesstattliche Versicherung **glaubhaft** macht (LG Frankenthal, RPfl. 1981, 363).

Obwohl es an diesen Voraussetzungen fast immer fehlt, wird nicht selten vertagt oder der Gläubiger gar aufgefordert, mit dem offenbar zahlungswilligen Schuldner zu verhandeln. Gegenreaktion des Gläubigers: Antrag auf Haftbefehl!

5. Rechte Dritter

Dritte sind vom Verfahren der Offenbarungsversicherung nur insoweit betroffen, als der Schuldner Anfechtungstatbestände offenbart.

Da die Anfechtung nur innerhalb bestimmter Fristen möglich ist, muß **183**
der Gläubiger nach Vorliegen des OV-Protokolls unverzüglich die Frist berechnen und die Anfechtung aussprechen. In den meisten Fällen wird man schon aus Haftungsgründen gleichzeitig die Anfechtungsankündigung nach § 4 des AnfG vorzunehmen haben.

Die hier auftauchenden Probleme sind nichts für Anfänger.

6. Kosten

Gerichtskosten: **184**

Je Antrag, unabhängig vom Streitwert, DM 20,00 und DM 5,00 Zustellungsgebühr pro Schuldner

Nachbesserung der OV: Keine Gebühr;

Wiederholung der OV (§ 903): DM 20,00 und DM 5,00 Zustellungsgebühr.

Auskunft aus dem Schuldnerverzeichnis:

Keine Gebühr, jedoch Fotokopiekosten für das Protokoll.

Anwaltsgebühren:

$^{3}/_{10}$ für den Antrag gem. § 57 BRAGO, jedoch beschränkt auf den Höchststreitwert von DM 2400,00. Bei Teilnahme des RA an der mündlichen Verhandlung: Zusätzlich $^{3}/_{10}$ nach §§ 57, 31 I 2 BRAGO. Höchststreitwert von DM 2400,00.

7. Taktik

Wenn man gar keine Informationen über den Schuldner hat, ist die **185**
Sachpfändung die erste Maßnahme. Bringt sie keinen Erfolg, erhält man weitere Information nur über die OV. Sie ist deshalb ein besonders wichtiges Instrument.

Bei ihr ist Schnelligkeit das erste Gebot: Viele OV werden für mehrere Gläubiger durchgeführt, die das Protokoll zur gleichen Zeit erhalten. Wer als erster die Angaben des Schuldners auswertet (siehe Checkliste), wird bei den nachfolgenden Vollstreckungsmaßnahmen den ersten Rang besetzen, während die übrigen Gläubiger leer ausgehen.

8. Checkliste

186 – Unverzüglich nach Vorliegen des Titels muß die Auskunft aus dem Schuldnerverzeichnis eingeholt werden;
– wenn der RPfl. nicht terminiert, muß nachgefaßt werden;
– beim OV-Termin sollte man, jedenfalls ab einer bestimmten Forderungshöhe, anwesend sein, sich Vollstreckungsmöglichkeiten mitschreiben und unverzüglich Vorpfändungen (§ 845) ausbringen;
– liegt das OV-Protokoll vor, ist es unverzüglich auszuwerten, nach
  – neuen Pfändungsmöglichkeiten
  – Anfechtungsmöglichkeiten (§§ 3, 7 AnfG)
  – Überprüfung, ob die Angaben des Schuldners wahrheitsgemäß sind (Rückfrage beim Gläubiger, Überprüfung der eigenen Handakte)
  – ggf. Strafanzeige;
– der Haftbefehlsantrag muß schon im OV-Antrag gestellt werden (siehe Muster)
– wird bei Nichterscheinen des Schuldners der Haftbefehl nicht sofort erlassen, ist unverzüglich zu mahnen.

9. Der Haftbefehl

187 Die Haftanordnung nach § 901 darf nicht mit dem Haftbefehl der Strafverfolgungsbehörden verwechselt werden: Auf einem roten Formblatt wird dem Gläubiger die Möglichkeit eingeräumt, den GVZ zu beauftragen, den Schuldner zu verhaften und dem Vollstreckungsgericht zur Abgabe der eidesstattlichen Versicherung vorzuführen. Der verhaftende GVZ kann bei Widerstand des Schuldners die Polizei hinzuziehen, bei Verweigerung der Offenbarungsversicherung wird der Schuldner in das örtliche Untersuchungsgefängnis gebracht (Erzwingungshaft bis zu sechs Monaten, § 913). Der Schuldner kann die Erzwingungshaft jederzeit beenden, wenn er nur die eidesstattliche Versicherung abgibt.

So zweckmäßig dieser quasi „zivilrechtliche" Haftbefehl auch ist, so deutlich sind auch die Schwachpunkte:

– Es ist wieder dem Gläubiger überlassen, den zu verhaftenden Schuldner aufzufinden. Viele Schuldner entwickeln eine erstaunliche Geschicklichkeit, sich über viele Monate der Verhaftung zu entziehen. Oftmals ist der Schuldner dem GVZ nicht einmal persönlich bekannt, ohne ein Lichtbild oder ohne eine den Schuldner kennende Begleitperson ist eine Identifizierung außerhalb der Wohnung äußerst schwierig.
– Abgesehen von der meist fehlenden Bereitschaft hierzu hat der verhaftete Schuldner auch kaum die Möglichkeit, die erzwungene Vermögensoffenbarung wirklich richtig und vollständig abzugeben. Es ist dem Schuldner eigentlich auch nicht zu verdenken, wenn er etwa die Fahrgestellnummer seines PKW, die Nummer seines Lebensversicherungsscheines oder die Adressen seiner Auftraggeber nicht im Kopf hat. Im

Gegensatz zum gesetzlichen Leitbild sind viele durch Verhaftung erzwungene Offenbarungsversicherungen ungenau und unvollständig, sodaß nach dem Antrag auf Nachbesserung das Spiel von vorne beginnt.

– Die Erzwingungshaft scheitert auch bei Schuldnern, die sich ohnehin in Untersuchungs- oder Strafhaft befinden. Der Gläubiger kann „seinen" Haftbefehl auch nicht von der Staatsanwaltschaft vormerken lassen, damit der Schuldner bei Fortfall des strafrechtlichen Haftgrundes sogleich in Erzwingungshaft genommen wird.

Der Gläubiger kann nur zusammen mit dem GVZ versuchen, rechtzeitig das Entlassungsdatum des Schuldners in Erfahrung zu bringen.

Zusammen mit dem Haftbefehl schickt das Vollstreckungsgericht auch die kompletten Vollstreckungsunterlagen (Titel, Forderungsaufstellung, Kostennachweise) an den Gläubiger zurück. Der Haftbefehl ist jedenfalls solange gültig, als der Anspruch des Gläubigers besteht, das Gesetz sieht keine zeitliche Begrenzung für die Vollziehung der Haftanordnung vor. Eine Grenze wird allerdings durch den verfassungsrechtlichen Grundsatz der Verhältnismäßigkeit und das Übermaßverbot aufgestellt, entscheidend sind aber immer die Besonderheiten des Einzelfalls. Kümmert sich der Gläubiger nach Erlaß des Haftbefehls 10 Jahre nicht mehr um seine Forderung, dann kann er den Schuldner sicher nicht überraschend verhaften lassen.

Der Vollzug eines 3 bis 4 Jahre alten Haftbefehls wird noch als zulässig anzusehen sein, wobei im Einzelfall auch zu berücksichtigen sind:

Zwischenzeitliche Vollstreckungsversuche des Gläubigers; Höhe der Forderung; persönliche Verhältnisse des Schuldners (Auslandsaufenthalt, Krankheit); Ratenzahlungen des Schuldners etc.

Der Verhaftungsauftrag des Gläubigers ist an den für den Wohnsitz des Schuldners zuständigen GVZ zu richten. Wie auch bei Einleitung des OV-Verfahrens sind die Vollstreckungsunterlagen komplett beizufügen! Zum einen könnte der Schuldner ja an den zu seiner Verhaftung erschienenen GVZ zahlen wollen, zum anderen müssen die Vollstreckungsunterlagen spätestens bei der Vorführung des Schuldners dem Vollstreckungsgericht vorliegen. Zu welchem Zeitpunkt der Schuldner verhaftet wird ist freilich ebenso ungewiß wie die Frage, ob er gleich die OV abgeben will.

Für den Gläubiger kann es sich deshalb auch empfehlen, bereits in den Verhaftungsauftrag die Bitte aufzunehmen, von der Verhaftung des Schuldners telefonisch benachrichtigt zu werden, um an der Abnahme der OV noch teilnehmen zu können. Dies lohnt natürlich nur, wenn der Gläubiger bzw. sein Anwalt flexibel und schnell genug sind, um unerwartet zum Vollstreckungsgericht fahren zu können. Es gibt aber Schuldner und Forderungen, für die dieser Aufwand lohnt! Nicht immer, aber häufig kommen die GVZ diesem Wunsch nach.

XVII. Forderungspfändung (§§ 828–863)

1. Sinn und Zweck der Forderungspfändung

1.1 Die Ansprüche des Schuldners

188 Ein wesentlicher Teil des Schuldnervermögens besteht aus Forderungen gegenüber anderen Personen. Dazu gehört vor allem der Anspruch, für seine Arbeit bezahlt zu werden. Bei Arbeitnehmern (Heizungsmonteure, Werkmeister, Kellner) ist das der Lohnanspruch, der am Monatsende fällig wird (§ 611 BGB). Die Selbständigen, also z.B. der Schreinermeister, der Elektroinstallateur, der Unternehmensberater, haben Ansprüche auf Vergütung gegenüber ihren Kunden (§ 633, 631 ff. BGB), ebenso die freiberuflich Tätigen, also z.B. der Journalist und der Designer.

Daneben gibt es noch eine Vielzahl weiterer Ansprüche aus den verschiedensten Rechtsgründen, so z.B.

- den Anspruch des Aktionärs auf seine Dividende gegenüber der Aktiengesellschaft (AG);
- den Gewinnanspruch des GmbH-Gesellschafters gegenüber der Gesellschaft;
- den Zinsanspruch des Bankkunden für seine Einlagen gegenüber der Bank (näher s. Rdnr. 223).

1.2 Der Drittschuldner

189 Bei diesen Ansprüchen spielt, wie man auf den ersten Blick sieht, immer ein Dritter eine Rolle: Das ist der Drittschuldner, also der Arbeitgeber, der Auftraggeber, die AG, die Bank etc. Ohne es zu wollen und ohne Einfluß darauf zu haben, wird der Drittschuldner in das Zwangsvollstreckungsverfahren mit einbezogen. Obwohl ihm das oft nicht unerhebliche Kosten verursacht, muß er den gesetzlichen Verpflichtungen, vor allem seiner **Auskunftspflicht** über das Bestehen der Forderung, genügen, **ohne** dafür eine **Kostenerstattung** verlangen zu dürfen (zuletzt BGH, WM 85, 238; zum Stand der Meinungen: Stöber, RdNr. 647).

1.3 Umfang der Pfändung

190 Der Gläubiger kann Forderungen in jedem Stadium pfänden, nämlich

- entstandene, aber noch nicht fällige Forderungen: Das ist z.B. der Anspruch auf Rückzahlung eines schon gekündigten Darlehens;
- bedingte Forderungen;
- künftige Forderungen, sofern sie bereits bestimmbar sind (BGHZ 80, 172): Dazu gehört etwa der Anspruch auf Auszahlung von künftig dem Bankkonto gutgeschriebenen Einzahlungen Dritter;
- von einer Gegenleistung abhängige Forderungen (§ 844): Das ist z.B. der Anspruch des Schuldners auf Eigentumsübertragung an Gegenstän-

den, die auf Raten gekauft worden sind, sofern noch einzelne Raten offen stehen.

Die Forderung, die der Schuldner hat, wird **in der Höhe der Forderung des Gläubigers** beschlagnahmt.

Möbelhändler Roll schuldet seiner Bank DM 2500,00. An Dr. Knopf hat er einen Einbauschrank für DM 8000,00 verkauft. Die Bank pfändet diesen Anspruch. Dr. Knopf zahlt an die Bank DM 2500,00 und an Herrn Roll DM 5500,00.

1.4 Der fiktive Charakter der Pfändung

Der Gläubiger weiß nur in seltenen Fällen, ob und in welchem Umfang **191**
die Forderung wirklich besteht. (Woher soll er erfahren, zu welchem Preis Möbelhändler Roll den Einbauschrank an Dr. Knopf verkauft hat?) Die Forderungspfändung hat deshalb einen fiktiven Charakter. Es wird der **„angebliche** Anspruch" des Schuldners gepfändet. Besteht der Anspruch in Wirklichkeit nicht, dann kann er auch staatlich nicht beschlagnahmt („verstrickt") werden. Die Pfändung geht dann ins Leere.

1.5 Rangprobleme

1.5.1 Kollision von Pfändung und Abtretung

Nicht selten hat der Schuldner eine gepfändete Forderung vorher schon abgetreten (§ 398f. BGB).

Ernst Bill, Werkmeister, hat bei der TuV-Bank einen Kleinkredit über DM 8000,00 bekom- **192**
men, den er in Monatsraten von DM 500,00 zurückbezahlt. Als Sicherheit hat er der Bank seinen Lohnanspruch abgetreten. Danach hat er noch ein Auto gekauft, ist dem Verkäufer aber noch DM 1000,00 schuldig. Als dieser nach Erlaß des Vollstreckungsbescheides den Lohn pfändet, überweist der Arbeitgeber den pfändbaren Teil des Lohns an den Verkäufer, da die Lohnabtretung von der Bank (absprachegemäß) nicht aufgedeckt worden ist. Als Herr Bill zwei Monate später die fälligen Raten bei seiner Bank nicht mehr bezahlt, schreibt die TuV-Bank an den Arbeitgeber und erfährt, daß zwischenzeitlich dort die Pfändung vorliegt und schon DM 400,– bezahlt worden sind. Die TuV-Bank verlangt ab sofort Zahlung an sich und will außerdem die an den Verkäufer bezahlten DM 400,– zurückhaben.

Da die Abtretung an die Bank **früher** erfolgt ist als die Pfändung, geht sie der Pfändung vor (§ 804 Abs. 3).

Der zeitliche Vorrang einer früheren Abtretung gegenüber einer späteren Pfändung darf den Pfändungsgläubiger keinesfalls von einer sorgfältigen Überprüfung abhalten, ob denn die Lohnabtretung überhaupt **wirksam** ist! Nach BGH (NJW 1989, 2383) unterliegt die formularmäßige Abtretung künftiger Lohn-, Gehalts-, Provisions- und Sozialleistungsansprüche strengen Voraussetzungen, um nach § 9 AGB-Gesetz wirksam zu sein. Viele ältere, gelegentlich auch nach diesem Urteil noch verwendete Lohnabtretungsklauseln im sog. „Kleingedruckten" sind wegen Übersicherung oder mangelnder Bestimmbarkeit des Umfangs der Abtretung unwirksam!

Wer sich auf eine vorrangige Lohnabtretung beruft, sollte also immer zur Vorlage aufgefordert werden!

Schließlich ist vielen Arbeitnehmern tarifvertraglich die Lohnabtretung untersagt! Auch hierin liegt eine Möglichkeit des Pfändungsgläubigers, seine zeitlich nachrangige Lohnpfändung doch noch zu retten!

Diese Rangordnung entsteht aufgrund der gesetzlichen Vorschriften, ohne daß die Abtretung offengelegt werden muß. Der Verkäufer muß also die DM 400,–, die er bekommen hat, abzüglich der von ihm für den Pfändungs- und Überweisungsbeschluß nutzlos aufgewendeten Zwangsvollstreckungskosten, an die TuV-Bank herausgeben (§ 812 I 2 BGB; BGH NJW 1976, 1090; Stöber Forderungspfändung Rdnr. 1253).

1.5.2 Mehrfachpfändung

193 – Gleichzeitige Entscheidung und Zustellung
Wenn mehrere Gläubiger einen Pfändungsantrag zu verschiedenen Zeiten einreichen, das Vollstreckungsgericht über sie aber **gleichzeitig** entscheidet und der GVZ sie gleichzeitig zustellt (§ 173 Nr. 1, 5 GVGA), erhalten alle beteiligten Gläubiger **nach Höhe** ihrer Forderung **einen Teil** des gepfändeten Betrages.

Gläubiger A fordert DM 10 000,00, Gläubiger B DM 5000,00, Gläubiger C 2500,00 (geforderte Gesamtsumme: 17500,00 DM).
Gepfändet wurden DM 1000,00. Diese werden wie folgt verteilt:
Gläubiger A 571,40 DM (= 57,14%), Gläubiger B 285,70 DM (= 28,57%), Gläubiger C 142,90 DM (= 14,29%).

– Unterschiedliche Entscheidung und/oder unterschiedliche Zustellung
Entscheidet das Vollstreckungsgericht zeitlich verschieden oder stellt der GVZ (vielleicht nur zufällig) die Beschlüsse nacheinander zu, dann erhält der **Gläubiger** den **gesamten** Betrag, für den der Beschluß **zuerst zugestellt** wird. Diesen Zufall kann man nur durch Vorpfändung (Rdnr. 238 ff.) ausschalten.

1.6 Verwertung der Forderung

194 Mit der Zustellung der Pfändung an den Drittschuldner ist die Forderung beschlagnahmt, sie wird gleichzeitig dem Gläubiger zur Verwertung überwiesen („Pfändungs- und Überweisungsbeschluß"). Damit kann der Gläubiger die Bezahlung direkt vom Drittschuldner verlangen. **Zahlt** dieser **trotz Kenntnis** der Zustellung an den Schuldner, muß er danach **nochmals** an den Gläubiger **zahlen.**

1.7 Hinterlegung und Verteilungsverfahren

195 Das ist für den Drittschuldner ein erhebliches Risiko, vor allem dann, wenn ihm mehrere Forderungspfändungen zugehen. **Wenn** er **Zweifel** hat, an welchen der Gläubiger er zahlen muß, kann er, um Risiken zu vermeiden, den Betrag, den der Schuldner zu fordern hatte, beim Amtsgericht **hinterlegen** (§ 853). Hinterlegte Beträge werden in einem eigens geschaffenen Verfahren (Verteilungsverfahren §§ 872 ff.) an die berechtigten Gläubiger nach Feststellung des Ranges ausbezahlt.

Der Antrag ist an das Amtsgericht zu richten, bei dem der Betrag hinterlegt ist (§ 853). Zuständig für die Entscheidung ist der Rechtspfleger (§ 20 Nr. 17 RPflG).

1.8 Ruhenlassen der Pfändung

Manchmal bittet der Schuldner oder der Drittschuldner den Gläubiger, **196**
die Rechte aus der Pfändung ruhen zu lassen oder gar die Pfändung aufzuheben. Das wird meistens mit dem Angebot verbunden, Teilzahlungen zu leisten, die geringer sind als der pfändbare Betrag. Hier muß der Gläubiger wissen, daß er sich mit der Pfändung den Rang vor allen späteren Gläubigern gesichert hat. Dieser **Rang geht** ihm unwiederbringlich **verloren, wenn** er die **Pfändung aufhebt** (§ 843). Will er dieses Risiko vermeiden, dann sollte er **nur auf** die **Rechte** aus der **Überweisung** so lange **verzichten,** bis etwa ein anderer Gläubiger nach ihm pfändet. Die Formulierung lautet:

„Ich bin damit einverstanden, daß die Zwangsvollstreckung aus dem Überweisungsbeschluß vom . . . auf monatlich DM . . . beschränkt wird. Die Zustimmung wird hinfällig bei Forderungspfändung oder Geltendmachung von Abtretungsrechten durch Dritte".

Bei Arbeitsverhältnissen sollte es ergänzend lauten:

„Sie wird auch hinfällig bei Kündigung oder Auflösung des Arbeitsverhältnisses."

Der nach wie vor **unbeschränkt** bestehende **Pfändungsbeschluß** wahrt den Rang gegenüber anderen, später pfändenden Gläubigern. Pfänden diese, so wird bei Gericht beantragt, den **Überweisungsbeschluß** neu und unbeschränkt **nochmals** zu **erlassen.**

2. Einzelne Forderungspfändungen

2.1 Checkliste: Einzelne Möglichkeiten der Forderungspfändung

Die Ansprüche, die ein Schuldner gegenüber einem Dritten haben **197**
kann, sind äußerst vielfältig. Wenn man vor jeder Pfändung einen Blick auf die nachfolgende Liste wirft, um zu prüfen, ob man nicht eine Pfändungsmöglichkeit übersehen hat, wird man mit der Zeit erheblich mehr Möglichkeiten sehen als die üblichen Lohn- und Lebensversicherungspfändungen.

Die in der Praxis am häufigsten vorkommenden Ansprüche sind fettgedruckt und unten noch detailliert behandelt.

- Akkreditiv der Banken
- Arzthonorar gegenüber den Ersatzkassen
- Arzthonorar gegenüber den Privatpatienten
- Altenteilsanspruch
- Anwaltsvergütung
- Arbeitnehmerzulagen
- Auseinandersetzung einer Arbeitsgemeinschaft
- Ankaufsrechte

- Anwartschaftsrechte auf Eigentumserwerb
- **Arbeitseinkommen**
- Arbeitseinkommen fiktiv
- Arbeitnehmererfindervergütung
- Auflassungsansprüche
- Automatenaufstellvertrag

- Baukostenzuschüsse
- Bausparkassenverträge
- **Bankguthaben**
- Bauhandwerkerforderungen
- Bedienungsgeld (Trinkgeld)
- Bezugsrecht auf neue Aktien
- Briefhypothekenansprüche
- Bergmannsprämien
- Bürgschaften
- Bundesentschädigungsgesetz
- Bundesseuchengesetz, Entschädigungen
- Bruchteilsgemeinschaft

- Darlehensgewährung (Pfändung der Kreditlinie)
- Darlehensgewährung an Dritte
- Dauerwohnrecht

- Entschädigung für Strafverfolgungsmaßnahmen
- Erbansprüche
- Erbersatzansprüche
- Erbbauzinsen

- Gebrauchsmuster
- Geschmacksmuster
- Gefangenenbezüge
- Genossenschaftsansprüche
- Gesellschaftsansprüche aus der Gesellschaft nach bürgerlichem Recht
- **Gesellschaftsansprüche aus der GmbH**
- Grundschuldansprüche

- Heimarbeitsvergütung
- Herausgabeansprüche
- Hinterlegungsansprüche
- Haftpflichtversicherungsansprüche

- Kaufvertragsforderungen
- **Kautionsforderungen** gegenüber dem Vermieter
- Kommanditgesellschaftsverträge
- Kontokorrentguthaben
- Kreditkartenverhältnisse
- Kostenerstattungsansprüche
- Künstlersozialkasse

- **Lebensversicherungsansprüche**
- Lastenausgleichsansprüche
- Leasingvertrag, Anspruch auf Restwert

- Leasingvertrag, Anspruch auf Überlassung (LG Düsseldorf Rpfl. 1988, 75)
- Leibrentenansprüche
- Lizenzvertragsansprüche: Patent, Know-How, Urheberrecht

- Mietvertrag: Rückzahlung von Nebenkostenpauschalen
- Mietforderungen
- Mietvorauszahlung
- Miteigentumsanteile
- Miterbenanteile
- Musikverwertung: GEMA (München); GVL (Hamburg)

- Nacherbschaften
- Nießbrauchsansprüche

- Offene Handelsgesellschaftsanteile

- Patentansprüche
- Pflichtteilsansprüche
- Postscheckguthaben
- **Postsparguthaben**

- Reisevertragsansprüche
- Reparationsentschädigungen
- Reallasten
- Rechtsanwaltsvergütungen
- Rechtsanwalts-Anderkonten
- Rentenschulden
- **Rückübertragungsansprüche** von Sicherheiten
- Rückerstattungsansprüche

- Sachverständigenentschädigungen
- Sicherungsübereignungsverträge
- Soldatenbezüge
- **Schadensersatzforderungen**
- Schadensversicherungsforderungen
- Schenkansprüche
- Schmerzensgeldansprüche
- Sicherheitsleistungen
- Software: Lizenzansprüche
- **Sparguthaben**
- Stammeinlagenforderungen bei der GmbH
- Stationierungsschäden
- **Steuererstattungsansprüche**
- Scheckforderungen
- Schiffshypotheken
- Sparprämien
- Stipendien
- Subventionszahlungen

- **Taschengeldansprüche**
- Treuhandansprüche

- Verkehrsunfallansprüche auf Schmerzensgeld, Schadensersatz, Arbeitsausfall
- Verlöbnisrückerstattungsansprüche
- **Versicherungsansprüche**
- Versteigerungsansprüche
- Vertreterprovisionen
- Versorgungsausgleich

- Werkvertrag
- Werklieferungsvertrag
- Wohnungseigentum
- Wehrsoldansprüche
- Wiederkaufsrechte

- Zeugenentschädigung
- Zugewinnausgleich
- Zwangsversteigerungserlöse
- Zwangsverwaltungserlöse

2.2 Pfändung von Arbeitseinkommen

Damit der Schuldner trotz Lohnpfändung seine Arbeitskraft erhalten kann, muß ihm ein Mindestbetrag zum Leben verbleiben, der nicht pfändbar ist (§§ 850, 850a, 850c bis 850i). Die Höhe des Betrages hängt davon ab, ob der Schuldner nur für sich selbst sorgen muß oder seine Frau, seine Kinder oder Verwandte unterhalten muß. Er ergibt sich aus der Lohnpfändungstabelle (abgedruckt im Anhang).

198 Der **Arbeitgeber** kann aus den Arbeitspapieren (Steuerklasse etc). die erforderlichen Informationen entnehmen und die pfändbaren Beträge errechnen. Wenn er dabei **Fehler** macht, **haftet** er für die **Differenz.**

Werner Müller hat ein Nettoeinkommen von 3085,15 DM. Er ist verheiratet und hat 2 minderjährige Kinder, mithin drei unterhaltsberechtigte Personen. Der Arbeitgeber wird demnach dem Gläubiger monatlich 210,30 DM bezahlen, Herr Müller erhält nur noch 2874,85. Hat der Schuldner Geldunterhalt zu bezahlen, zahlt er aber nicht, so kann der Gläubiger die Freibeträge vom Vollstreckungsgericht herabsetzen lassen.

Lohnansprüche von Beschäftigten der Natostreitkräfte unterliegen aus öffentlich-rechtlichen Gründen (Natotruppenstatut) nur beschränkt der Pfändung.

2.2.1 Pfändung des fiktiven Lohnanspruches

199 Manchmal teilt der Arbeitgeber mit, der Schuldner, der bei ihm als Werkmeister beschäftigt sei, verdiene nur DM 1300,00 netto oder in einem anderen Fall heißt es: „Der Schuldner arbeitet nur halbtags und erhält DM 750,-- netto." Wenn das – gemessen an der beruflichen Position des Schuldners – offensichtlich zu wenig erscheint, dann besteht der Verdacht, daß der Schuldner einen Teil seines Gehaltes „schwarz" bezieht (verschleiertes Arbeitseinkommen). Vor allem bei den sozialversicherungsfreien Arbeitsverhältnissen sollte man darauf achten. Folge: Es kann das gepfändet

werden, was dem angemessenen Arbeitslohn entspricht (§ 850h). In einem solchen Fall sollte man sofort ermitteln, ob es konkrete Anhaltspunkte dafür gibt, daß das genannte Gehalt im Verhältnis zur Tätigkeit des Schuldners zu gering ist. Solche Anhaltspunkte ergeben sich teils aus der Ausbildung des Schuldners, teils aus dem Umfang seiner Tätigkeit. Ggf. sind eigene Ermittlungen erforderlich (Detektiv).

Als nächsten Schritt sollte man den Schuldner zur Ergänzung der Offenbarungsversicherung vorladen lassen, um ihm dort Angaben über die konkrete Art seiner Tätigkeit machen zu lassen. Dafür reichen die oben geschilderten Anhaltspunkte aus (LG Lübeck Rpfl. 1986, 99). Hier steht der Schuldner nämlich unter Eideszwang und darf nicht die Unwahrheit sagen. Erhebt man hingegen sofort die Drittschuldnerklage, dann ist der in ihrem Rahmen ggf. begangene Prozeßbetrug erheblich schwerer nachzuweisen. Obgleich die Lohnpfändung den fiktiven Lohnanspruch mit umfaßt (Stöber, Rdz. 1215), sollte man vorsorglich auch diesen Anspruch im Lohnpfändungsantrag genauer darstellen. Er lautet:

„Die Pfändung umfaßt sämtliche Vergütungsansprüche des Schuldners, die diesem aufgrund seiner beruflichen Qualifikation, der ihm übertragenen Kompetenz und des tatsächlichen Umfanges seiner Arbeitsleistung beim Drittschuldner zustehen, auch soweit eine Vergütung in Geld tatsächlich nicht bezahlt wird (§ 850h, verschleiertes Arbeitseinkommen)".

2.2.2 Besonderheiten beim Arbeitgeberdarlehen

Der Arbeitgeber hat dem Schuldner ein Darlehen gegeben, welches er **200**
zunächst zurückfordert. Damit muß der Gläubiger sich nicht zufrieden geben. Bei Arbeitgeberdarlehen ist sehr oft noch gar keine konkrete Fälligkeit vereinbart. Wenn das so ist, dann kann der Arbeitgeber nicht im Zeitpunkt der Pfändung seinen Rückzahlungsanspruch geltend machen, er muß ihn vielmehr erst mit dem Arbeitnehmer vereinbaren und hat daher gegenüber dem Gläubiger den schlechteren Rang. Er muß warten, bis die gepfändete Forderung zuerst befriedigt ist. Behauptet der Arbeitgeber etwas anderes, muß er glaubhaft machen (§ 294 Abs 1), daß sein eigener Anspruch früher fällig war. An dem dazu erforderlichen schriftlichen Vertrag fehlt es meistens.

2.3 Pfändung für Unterhaltsberechtigte

Ist der Gläubiger gegenüber dem Schuldner unterhaltsberechtigt (z.B. minderjährige Kinder gegenüber dem geschiedenen Vater), dann sind die Pfändungsgrenzen höher.

Peter Gronau ist geschieden, seine drei Kinder haben einen Unterhaltsanspruch von je **201**
400,-- DM pro Monat gegen ihn. Nachdem sein Lohn (netto DM 3380,--) schon für die TuV Bank gepfändet ist (pfändbar lt. Tabelle: DM 300,30) gerät er auch mit den Unterhaltszahlungen in Verzug. Nun wird für den Unterhaltsanspruch der drei Kinder gepfändet. Hier gelten **nicht** die Grenzen des § 850c zugunsten des Schuldners.

Vielmehr bestimmt das Vollstreckungsgericht nach seinem Ermessen, welcher Betrag dem Schuldner verbleiben muß, um seine notwendigsten

Ausgaben zu decken. Die örtliche Handhabung ist verschieden. Als angemessen wird in der Regel ein Betrag zwischen 800,-- und 850,-- DM je Monat betrachtet. Im Beispielsfall zahlt der Arbeitgeber wie folgt aus:

Nettolohn		3380,-- DM
an die TuV-Bank	300,30 DM	
an die 3 Kinder	1200,-- DM	
an Herrn Gronau		1879,70 DM

Wenn im Beispielsfall Herr Gronau etwa noch Unterhaltsrückstände zu begleichen hat oder demnächst die Unterhaltsforderungen der Kinder höher werden, dann kann das Vollstreckungsgericht – je nach seiner örtlichen Praxis – zu Gunsten der Kinder weitere 1029,70 DM als pfändbar festsetzen.

Wegen dieser einschneidenden Folgen gibt es nicht wenige, die sich durch Schwarzarbeit allen Unterhaltsverpflichtungen entziehen. In einem solchen Fall hilft nur die Strafanzeige wegen Verletzung der Unterhaltspflicht (§ 170 b StGB) (s. dazu Rdnr. 349).

Da bei der Pfändung für Unterhaltsforderungen das Gericht den pfändbaren Betrag nach seinem Ermessen festsetzt und sich nicht an der Lohnpfändungstabelle orientieren muß, wird dem Schuldner manchmal irrtümlich **mehr belassen,** als in der Pfändungstabelle vorgesehen ist (§ 850 d Abs. 1 S. 3).

Unterhaltsrückstände, die älter als ein Jahr sind, werden nur dann privilegiert, wenn der **Schuldner** sich **absichtlich** seiner Unterhaltspflicht entzogen hat (§ 850 d Abs. 1 S. 4) – dazu muß ggfs. dem Gericht ein **Hinweis** gegeben werden.

Endlich muß man darauf achten, mit dem Beschluß **auch** die **künftig erst fällig werdenden Ansprüche** zu pfänden (850 d Abs. 3). Deshalb verwendet man zweckmäßig das im Handel erhältliche Formular „Pfändung für Unterhaltsleistungen".

2.4 Pfändung von Bankkonten

202 Da der bargeldlose Zahlungsverkehr immer mehr zunimmt, gibt es kaum einen Schuldner, der nicht ein Bankkonto hat. Dabei ist es wichtig zu wissen, daß man zwar die **örtliche Zweigstelle,** aber **nicht** die **Kontonummer** wissen muß, um wirksam pfänden zu können. Da die Pfändung **bei echtem Filialbetrieb** nur wirksam ist, wenn der kontoführenden Stelle zugestellt wird, nützt die Pfändung bei der „Deutschen Bank AG, Frankfurt" nichts, wenn man meint, damit alle Konten des Schuldners in Deutschland erfassen zu können (näher dazu Stöber, Rdnr. 332 aber auch LG Frankfurt WM 1986, 239).

Daneben gibt es Sonderprobleme, die im Antragsvorschlag berücksichtigt sind (unten Rdnr. 223).

Sehr nützlich ist das Skript von Ehlenz/Diefenbach (s. Literaturhinweise), da es aus der Sicht der Bank geschrieben ist, und zwar mit dem Ziel, ungenaue Pfändungsanträge zugunsten der Bank anzugreifen. Wer die dort enthaltenen Ratschläge berücksichtigt, kann bei Pfändung von Bankkonten fast keine Fehler mehr machen.

Banken berufen sich gelegentlich auf das Bankgeheimnis, wenn sie aufgefordert werden, die Drittschuldnererklärung (§ 840) abzugeben. Das Bankgeheimnis schützt aber nur den Kunden gegenüber fahrlässigem Verhalten seiner Bank, nicht aber gegenüber dem gesetzlichen Zugriff des Gläubigers (Stöber, Forderungspfändung Rdnr. 627).

Die Bank muß auch **konkret** Auskunft geben, welche Ansprüche der Kunde hat und ggf., warum sie eigene Rechte geltend macht. Das ergibt sich aus dem allgemeinen Auskunftsrecht des Kunden gegenüber der Bank (§ 666 BGB), das als unselbständiger Nebenanspruch nicht gesondert gepfändet werden muß (LG Frankfurt Rpfl. 1986, 186).

Im einzelnen müssen folgende Fälle unterschieden werden:

- Wenn das Konto überzogen ist, muß die Höhe des Negativsaldos nicht mitgeteilt werden, denn wo kein Guthaben ist, gibt es auch kein Rechtsschutzbedürfnis für den Auskunftsanspruch (Sühr WM 1985, 742).
- Ist ein Guthaben vorhanden, so muß die Bank das mitteilen. Wenn sie eigene Ansprüche auf das Guthaben hat (weil beispielsweise ein anderes Konto überzogen ist), muß sie das konkret darlegen (Sühr WM 1985, 741).
- Kopien von Kontoauszügen kann er nicht verlangen, da in ihnen Informationen enthalten sind, die über den Auskunftsanspruch des Bankvertrages hinausgehen (LG Frankfurt aaO).

2.4.1 Sparguthaben

Bei der Pfändung von Sparguthaben ist zu beachten, daß zusammen mit **203** dem Pfübantrag im Wege der Hilfspfändung der GVZ beauftragt wird, das Sparbuch in Besitz zu nehmen, denn ohne Vorlage des Sparbuches muß die Bank nicht auszahlen, es sei denn, der Verlust wird nachgewiesen (§ 156 GVGA).

2.4.2 Girokonten

Der Textvorschlag (Rdnr. 223) berücksichtigt die besonderen Probleme **204** bei der Pfändung von Ansprüchen aus Girokonten in den Ziffern 1 bis 3. Danach sind pfändbar (BGH Rpfl. 1985, 207):

- Der **Anspruch** auf **Gutschrift** eingehender Beträge: Er hat zur Folge, daß der Kontoinhaber nicht vor der Gutschrift über sie anderweitig verfügen kann.
- Der laufende **Auszahlungsanspruch:** Er besteht nur dann, wenn gutgeschriebene Beträge so hoch sind, daß ein Guthaben entsteht. Wenn das Konto nach wie vor überzogen ist, kann die Bank die eingegangenen Gutschriften zunächst zu ihren Gunsten verrechnen (§ 355 HGB).
- Der **Anspruch** auf Durchführung von **Überweisungen** an Dritte: Auch er ist nur pfändbar, wenn ein Guthaben vorhanden ist oder die besonderen Bedingungen der Pfändung einer Kreditlinie vorliegen (unten Rdnr. 205). Bei Verwendung von Scheck und EC-Karte haben die Ban-

ken darüber hinaus ein Pfandrecht für eigene Forderungen (OLG Hamm, WM 1986, 372).

Gutschriften, die der Schuldner aufgrund von sozialgeschützten Ansprüchen (z.B. Kindergeld oder Sozialhilfe) erhält, sind bis zu 7 Tage nach der Überweisung unpfändbar, damit der Schuldner Gelegenheit hat, das Geld abzuheben. Läßt er es länger stehen, wird vermutet, daß er es nicht nötig hat, so daß auch diese Gutschriften von der Pfändung erfaßt werden.

2.4.3 Pfändung der Kreditlinie

205 Der Pfändungsantrag (Rdnr. 223) enthält in Ziffer 5 auch die Pfändung der Kreditlinie, obgleich ihre Zulässigkeit umstritten ist. Man unterscheidet

- Kreditzusagen **mit konkreter Zweckbestimmung** (z. B. „für die Renovierung ihrer Gaststätte"). Bei dieser Kreditzusage ist die Pfändung **rechtlich** zwecklos, weil die Bank entweder die Kreditzusage aus wichtigem Grund kündigen wird oder sich darauf berufen kann, daß sie den Kredit aufgrund der vertraglichen Vereinbarung mit dem Schuldner nur zu dem vereinbarten Zweck auszahlen muß und nicht zur Befriedigung eines Gläubigers. Dann existiert auch kein Anspruch, den der Gläubiger pfänden kann. Anders ist es möglicherweise, wenn ein Kredit „zur Tilgung von Lieferantenverbindlichkeiten" zugesagt worden ist und der Titel gerade solche Verbindlichkeiten erfaßt. Deshalb und auch aus **taktischen Gründen** sollte der Antrag auch solche Kreditzusagen umfassen.
- Kredite **ohne besondere Zweckbestimmung** (offene Kreditlinie): Ihre Inanspruchnahme wird teilweise als höchstpersönliches Recht des Schuldners gesehen, das nicht pfändbar sei (LG Dortmund, NJW 1986, 997), andererseits wird ein solcher höchstpersönlicher Bezug verneint (LG Hamburg, NJW 1986, 998).

Da die Zulässigkeit von der örtlichen Rechtsprechung abhängt, sollte der Antrag vorsorglich auch solche Kredite umfassen.

Ob die Pfändung der Kreditlinie praktischen Nutzen hat, zeigt sich erst an der Reaktion der Bank, denn die Bank hat immer das Recht, das laufende Kreditverhältnis einschließlich der Kreditzusage zu kündigen, wenn die Vermögensverhältnisse des Schuldners sich plötzlich verschlechtern. Durch die ausgebrachte Pfändung ist eine solche Verschlechterung offenkundig. Die Banken kündigen aber die Kreditverhältnisse nicht immer, z. B., weil sie andere Sicherheiten haben oder davon überzeugt sind, daß der Schuldner sich wirtschaftlich wieder erholen wird. Deshalb ist die Pfändung der Kreditlinie auch in Zweifelsfällen taktisch zweckmäßig: Bei zweckgebundenen Krediten, die höher sind als die titulierte Forderung, hat der Schuldner ein gutes Motiv, mit dem Gläubiger zu vereinbaren, daß dieser die Pfändung gegen eine Teilzahlung aufhebt; bei der offenen Kreditlinie braucht man nur abzuwarten, ob der Schuldner sein Recht nach der Pfändung ausübt (und die Bank es erfüllt) oder nicht. Wenn er das tut, ist die Ausübung des Rechts nachgewiesen. Der Gläubiger wird sich in solchen Fällen nach Zustellung der Pfändung einige Monate nicht rühren und dann den Auskunftsanspruch (§ 666 BGB) gegenüber der Bank geltend machen. Er erfährt dann, wie der Schuldner sich verhalten hat.

2.5 Pfändung von Versicherungsansprüchen

Bei Versicherungen ist zu unterscheiden zwischen:

2.5.1 Risikoversicherungen:

Dazu zählen z. B. die Unfall-, die Feuer-, die Hausrats-, die Berufsunfähigkeits- und schließlich die Risikolebensversicherung. Bei ihnen ist eine Pfändung in der Regel sinnlos, weil keine (zukünftig) sicheren Zahlungsansprüche bestehen und die Pfändbarkeit eingeschränkt ist (§§ 15, 76 VVG). Das gilt auch für Versicherungsleistungen, die über den bloßen Sachwert hinausgehen (LG Detmold Rpfl. 1988, 154). **206**

2.5.2 Kapitalversicherungen:

Anders ist es bei der Kapitalversicherung. Bei ihr entsteht mit jeder Prämieneinzahlung ein Guthaben des Schuldners, das ähnlich wie das Bankguthaben pfändbar ist und ausgezahlt werden muß, wenn die Versicherung gekündigt wird **(Rückkaufswert).** Hier (wie übrigens auch bei der Risikolebensversicherung) entsteht jedoch das Sonderproblem, daß in vielen Fällen das Bezugsrecht aus der Versicherung einem Dritten (z. B. der Ehefrau) zusteht. Ist das in unwiderruflicher Weise erfolgt, dann hat der Schuldner von Anfang an für einen Dritten angespart, so daß der Rückkaufswert schon verschenkt ist. Hier geht der Gläubiger leer aus, wenn er nicht anfechten kann. Kann das Bezugsrecht jedoch jederzeit widerrufen werden, dann kann der Gläubiger auch das Widerrufsrecht pfänden lassen, seinerseits widerrufen und den Rückkaufswert an sich ziehen. Auszahlungen erfolgen nur gegen Vorlage des **Versicherungsscheines,** der daher im Wege der **Hilfspfändung** durch den GVZ beschlagnahmt werden muß. Ist er verlorengegangen, muß der Verlust, ggf. durch eidesstattliche Versicherung (§ 883 II), glaubhaft gemacht werden. **207**

2.6 Pfändung von Ansprüchen auf Rückübertragung von Sicherheiten

Kompliziert, in der Praxis aber oft wirkungsvoll ist die Pfändung von Ansprüchen des Schuldners in folgenden Fällen: **208**
- Der Schuldner hat eine Sache (z. B. sein Kfz) auf Abzahlung gekauft
- der Schuldner hat eine Sache einem Dritten (z. B. der Bank) als Sicherungseigentum übertragen
- der Schuldner hat auf seinem Grundstück Grundschulden eintragen lassen.

In all diesen Fällen kann der Gläubiger **zwar derzeit** das Vermögen des Schuldners nicht verwerten, denn diese Rechte stehen vorerst anderen Gläubigern des Schuldners als Sicherheiten zur Verfügung.

Damit der Schuldner sein Kfz, sein Grundstück oder seine Eigentumswohnung weiterhin benutzen kann, wird er sich besonders bemühen, die hier fälligen Raten pünktlich einzuhalten. Mit jeder Ratenzahlung wird seine Schuld gegenüber den früher abgesicherten Gläubigern kleiner, er bekommt also schrittweise den Wert seines Eigentums zurück.

Damit hat er ein **Anwartschaftsrecht auf Rückübertragung** des Eigentums an der Sache oder der Belastung des Grundstücks. Die künftige Forderung auf Rückübertragung der Vermögensgegenstände kann der Gläubiger nun pfänden. Versäumt er das, dann wird die Bank dem Schuldner am Tag der Zahlung der letzten Rate z.B. den Kfz-Brief aushändigen und ein geschickter Schuldner wird das Kfz sobald als möglich verkaufen oder neu verpfänden. Pfändet der Gläubiger hingegen das Anwartschaftsrecht des Schuldners, dann wird die Bank ihm den Brief übergeben. Bei beweglichen Sachen wird sehr oft der Gegenstand bei Zahlung der letzten Kaufpreisrate keinen wesentlichen Wert mehr haben, bei Grundstücken hingegen ist das anders. Beim Antrag muß man darauf achten, daß zuvor genau geprüft wird, welcher **konkrete** Anspruch auf Rückübertragung dem Schuldner möglicherweise zustehen kann. Ein Beispiel ist im Pfändungsantrag gegenüber Banken (Rdnr. 223 Ziffer 10) enthalten, er bezieht sich aber nur auf die dort genannten Sicherheiten. Ein Antrag „auf Rückübertragung aller Sicherheiten“ ist unzulässig (OLG Koblenz Rpfl. 1988, 72; zu weiteren Antragsproblemen Stöber Rdnr. 770, 1886 bis 1900).

2.7 Pfändung von Gesellschaftsanteilen

209 Anteile des Schuldners an Gesellschaften unterliegen ebenfalls der Pfändung. Auch das ist kein Gebiet für Anfänger, da die Pfändung mit den nachfolgenden prozessualen Schritten sorgfältig abgestimmt werden muß. Daher nur ein grob skizzierter Überblick:

2.7.1 Gesellschaft des bürgerlichen Rechts (GbR):

Sie liegt etwa vor, wenn der Schuldner zusammen mit einem anderen ein Handelsgeschäft oder eine freiberufliche Sozietät (z.B. mehrere Anwälte, Steuerberater, Ärzte) betreibt.

210 Max Roll und Peter Dölle haben mit je 10000,00 DM Startkapital das Restaurant „Palmengarten“ eröffnet. Ein Gläubiger von Max Roll beauftragt den Gerichtsvollzieher, wegen DM 2000,00 die dort befindliche Stereoanlage zu pfänden, die aus der gemeinsamen Kasse bezahlt worden war.

Der GVZ darf gegen den Widerspruch von Peter Dölle (§ 809) weder die Stereoanlage insgesamt, noch die „Hälfte“, also z.B. nur den Plattenspieler im Wert von DM 1000,00 pfänden. Der Gläubiger muß vielmehr „den Anteil des Schuldners an der BGB-Gesellschaft Roll-Dölle“ pfänden, diese kündigen und kann dann einen Teil des Auseinandersetzungsguthabens beanspruchen.

2.7.2 Offene Handelsgesellschaft (oHG), Kommanditgesellschaft (KG)

211 Ganz ähnlich ist es bei den Handelsgesellschaften. Auch hier können die zur Gesellschaft gehörenden Sachen und Rechte nicht einzeln verwertet werden, pfändbar ist immer nur dasjenige, was dem Schuldner nach Auflösung der Gesellschaft zusteht.

2.7.3 Gesellschaft mit beschränkter Haftung (GmbH)

Die GmbH ist eine eigene Rechtsperson, die selbständig Rechte und Pflichten begründen kann. Schon daraus ergibt sich, daß es kein unmittelbares Eigentum des Gesellschafters an Gegenständen der GmbH gibt. Auch hier kann nur der Gesellschaftsanteil und Einzelrechte, vor allem das Gewinnbezugsrecht, gepfändet und verwertet werden. **212**

Der Anteil der Schuldner, die GmbH-Geschäftsanteile halten, ist erstaunlich hoch. Nicht selten ist der Schuldner Alleingesellschafter und Geschäftsführer oder teilt sich diese Aufgaben mit seiner Frau oder geeigneten Freunden. Erfahrene Schuldner benutzen regelmäßig für ihre Geschäfte zwei Briefköpfe, nämlich denjenigen einer Einzelfirma („Fritz Heidegger") und denjenigen der GmbH („Fritz Heidegger GmbH").

Das führt auch im Bereich der Sachpfändung zu Schwierigkeiten, vor allem dann, wenn der Gewerbebetrieb in der Privatwohnung des Schuldners untergebracht ist.

Hat man einen Titel gegen den Schuldner persönlich und pfändet den Gesellschaftsanteil, das Gewinnbezugsrecht und das Auskunftsrecht des Schuldners gegenüber der GmbH über entstandene Gewinne etc., dann wird der Beschluß dem Schuldner gleich zweimal zugestellt: Einmal in seiner Eigenschaft als Schuldner, zum zweiten aber in seiner Eigenschaft als Drittschuldner (Geschäftsführer der Fritz Heidegger GmbH).

In der Regel geschieht nach einer solchen Maßnahme nichts, weil ein erfahrener Schuldner weiß, daß die Verwertung eines Geschäftsanteils dem Gläubiger außer Kosten praktisch nichts bringt: Der Geschäftsanteil wird nach § 844 verwertet, wozu Schuldner und Drittschuldner (also Fritz Heidegger zweimal) gehört werden, sodann muß der Wert des Geschäftsanteils durch einen Sachverständigen festgestellt werden. Dafür fallen mindestens DM 1000,– Kosten, manchmal bis zu DM 5000,– an. Der Gutachter kann den Wert der GmbH nur feststellen, wenn er Bilanzen und sonstige Geschäftsunterlagen bekommt. Wenn der Schuldner diese – wie üblich – nicht herausgibt, müßte er zunächst auf Herausgabe an den Gutachter verklagt werden. Es gibt zwar noch die Möglichkeit freihändiger Verwertung durch Übernahme des Geschäftsanteils (ggf. durch den Gläubiger), aber auch dafür muß der Wert feststehen und kann nicht ins Blaue geschätzt werden.

Angesichts all dieser Schwierigkeiten sollte man sich überlegen, ob man den Schuldner nicht mit gewerbeaufsichtlichen Maßnahmen (indirekt) zur Begleichung seiner Schulden anhalten kann.

Man unterrichtet das Gewerbeaufsichtsamt darüber, daß der zahlungsunfähige Schuldner Geschäftsführer einer GmbH sei. Das Gewerbeaufsichtsamt muß dann von Amts wegen ermitteln, ob der Schuldner unzuverlässig ist (§ 35 GewO). Diese Vorschrift hat das Ziel, Gewerbetreibende vom Wirtschaftsverkehr fernzuhalten, die wegen der Besorgnis einer nicht ordnungsgemäßen Gewerbeausübung eine Gefahr für die Allgemeinheit darstellen (BVerwG, GewArch 1982, 233 (234).

Das Gewerbeaufsichtsamt muß also feststellen, ob diese Voraussetzungen wegen der Überschuldung des Geschäftsführers vorliegen. Wenn der

Gläubiger dann – wie nicht selten geschieht – als Geschäftsführer ausscheidet und seine Ehefrau, Freundin oder sonst gute Freunde zum Geschäftsführer bestellt, muß der Gläubiger (ggf. mit eigenen Ermittlungen) feststellen, ob der Schuldner nach wie vor die Geschäfte der GmbH führt. Tut er das, dann sind auch die neuen Geschäftsführer („Strohfrau") bereits deshalb unzuverlässig, weil sie einem unzuverlässigen Dritten einen maßgeblichen Einfluß auf die Geschäftsführung einräumen und weder willens noch praktisch in der Lage sind, einen derartigen Einfluß tatsächlich auszuschalten (BVerwG, GewArch 1977, 14; Landmann/Rohmer/Marcks, GewO § 35 Rdnr. 70). Detektivkosten in diesem Zusammenhang sind notwendige Kosten der Zwangsvollstreckung (LG Berlin, Rpfl. 1986, 107).

2.8 Pfändung von Rechten an Grundstücken

213 Die Vollstreckung in Grundstücke, die dem Schuldner gehören oder in dingliche Rechte, die der Schuldner an Grundstücken Dritter hat, ist die hohe Schule der Zwangsvollstreckung. Der Anfänger muß immerhin folgendes wissen:

2.8.1 Grundstückseigentum des Schuldners

In dieses Eigentum wird durch Eintragung von Sicherungshypotheken vollstreckt, aufgrund deren dann die Zwangsverwaltung und die Zwangsversteigerung nach dem ZVG betrieben werden kann (Rdnr. 255 ff.).

214 Ist der Schuldner Miteigentümer an einem Grundstück, dann kann daneben der Anteil des Schuldners an den erzielten Mieten (§ 743 BGB), sein Anspruch auf Aufhebung der Gemeinschaft (§ 749 BGB) oder sein Anspruch auf Teilung des Erlöses aus einem Grundstücksverkauf (§ 753 BGB) gepfändet werden.

Das gilt auch dann, wenn die Aufhebung der Gemeinschaft ausgeschlossen ist (§§ 857 III ZPO, 181 II ZVG).

2.8.2 Rechte des Schuldners an fremden Grundstücken

215 Hat der Schuldner Ansprüche aus einer Hypothek oder einer Grundschuld am Grundstück eines Dritten, dann unterliegen diese Ansprüche der Forderungspfändung.

216 Zusätzlich muß bei der Buchhypothek die Pfändung ins Grundbuch eingetragen werden (§ 830 I 3).

Bei der Briefhypothek wird es erheblich schwieriger, weil hier der GVZ den Brief (ähnlich wie das Sparkassenbuch) im Wege der Hilfspfändung wegnehmen muß (§ 883). Wenn der GVZ den Brief nicht findet, muß der Herausgabeanspruch des Schuldners gepfändet werden (§§ 952, 985 BGB, 886 ZPO), der Schuldner im Wege der OV ggf. gezwungen werden, an Eides statt zu versichern, daß er nicht weiß, wo der Brief ist und im schlimmsten Fall muß man auch noch den Briefbesitzer verklagen, wenn er den Brief nicht freiwillig herausgibt. Ist der Brief wirklich verloren gegangen, hilft dem Gläubiger nur noch das Aufgebotsverfahren nach § 946, in dem der Brief für kraftlos erklärt wird. All dies sei nur deshalb skizziert, um klar zu machen, wie stark materielles Recht und Prozeßrecht hier ineinandergreifen.

2.9 Taschengeldpfändung

Diese Pfändung ist von **hoher praktischer Bedeutung:** Nicht wenige Schuldner werden von ihrer Ehefrau ernährt, oder die Ehefrau als Schuldnerin führt den Haushalt und hat kein eigenes Einkommen. Auf diesen Umstand stützt die Rechtsprechung den Anspruch des Schuldners auf Zahlung von Taschengeld gegenüber seinem Ehegatten, der den Familienverdienst erzielt. Dabei ist es gleichgültig, ob Mann oder Frau: Auch der Taschengeldanspruch des Ehemannes ist pfändbar (OLG Bamberg, Rpfl. 1988, 154). Er berechnet sich nach dem Unterhaltsanspruch des Schuldners gegenüber dem verdienenden Ehegatten (zwischen $^{2}/_{5}$ und $^{3}/_{7}$ des Nettoeinkommens) und beträgt etwa 5 bis 7% hiervon. 217

Frau Maier hat vor ihrer Ehe von der TuV Bank ein Anschaffungsdarlehen bekommen, aus dem sie noch DM 2500,00 schuldet. Jetzt ist sie Hausfrau und arbeitet nicht mehr. Ihr Mann verdient DM 2400,00 netto. Davon $^{2}/_{5}$ = 960,00, 7% hieraus 67,20 DM. Diesen Betrag muß Herr Maier monatlich an die TuV Bank zahlen, auch wenn er seiner Frau niemals Taschengeld gegeben hat.

Das praktische Problem bei der Taschengeldpfändung besteht darin, die Einkünfte des Ehegatten ausfindig zu machen, deren Höhe in jedem Fall schlüssig dargelegt werden muß. Manche Gläubiger (z.B. Teilzahlungsbanken) haben solche Informationen aus der Vorgeschichte der Vertragsbeziehung, die übrigen müssen ggf. eigene Ermittlungen anstellen.

Bei der Taschengeldpfändung ist allerdings stets eine **Billigkeitsprüfung** vorzunehmen und – ähnlich wie bei den sozial gesicherten Ansprüchen – im Einzelfall zu prüfen, ob ein tatsächlich bestehender Taschengeldanspruch nicht ausnahmsweise dem Schuldner verbleiben muß. Die Billigkeitsprüfung erfolgt nach denselben Kriterien wie bei den sozial gesicherten Ansprüchen (unten Rdnr. 218). Die bloße Tatsache, daß der Schuldner den Gläubiger lange Zeit hingehalten und sich der Vollstreckung mit allen Mitteln zu entziehen versucht hat, reicht für sich allein allerdings nicht aus (OLG Stuttgart Rpfl. 1987, 466).

2.10 Besonderheiten bei sozial gesicherten Ansprüchen (§ 54 III SGB)

Stehen dem Schuldner Ansprüche aus Sozialgesetzen (z.B. Renten, Arbeitslosengeld, nicht: Sozialhilfe, s. Stöber; Rdnr. 1301 f., Meierkamp Rpfl. 1986, 349) zu, dann dürfen diese nur gepfändet werden, wenn die Pfändung der Billigkeit entspricht. Dazu muß der Gläubiger besondere Voraussetzungen vortragen, nämlich: 218

- bisherige Vollstreckungsmaßnahmen blieben ohne Erfolg;
- besondere Anzeichen sprechen dafür, daß der Schuldner sich absichtlich vermögenslos stellt;
- eine besondere Hilfsbedürftigkeit des Schuldners durch die drohende Pfändung ist nicht ersichtlich;

– eine Änderung der Vermögensverhältnisse des Schuldners im positiven Sinn ist nicht erkennbar.

Die Tatsachen, aus denen sich das ergibt, müssen **glaubhaft gemacht** werden. Dazu legt der Gläubiger Korrespondenz oder sonstige Urkunden vor, notfalls eidesstattliche Versicherung über eigene Ermittlungen.

2.11 Pfändung von Steuererstattungsansprüchen

219 Der Erstattungsanspruch für Lohn-, Einkommen- und Kirchensteuern ist in der Praxis am wichtigsten, man sollte aber auch an die Rückzahlung von Investitionszulagen, Konjunkturzuschlägen, Ergänzungsabgaben etc., bei Gewerbetreibenden an die Rückzahlung von Umsatzsteuern, Gewerbesteuern und Körperschaftssteuern denken.

Die Adresse des zuständigen Finanzamts findet man im großen deutschen Ortsbuch (unten Rdnr. 359).

Die Pfändung der Lohnsteuererstattungsansprüche hat eine Reihe von organisatorischen Besonderheiten:

– Der Antrag kann erst nach Ablauf des Steuerjahres gestellt werden (für 1988 also frühestens am 1. 1. 1989). Großgläubiger sind deshalb ab Mitte Dezember damit beschäftigt, über ihre EDV diese Anträge so vorbereiten zu lassen, daß sie pünktlich am 2. 1. zu den Vollstreckungsgerichten geschickt werden können. Wer nicht so gut organisiert ist, hat beim Wettrennen um den besseren Rang keine Chance.
– Wenn der Schuldner selbst einen Steuererstattungsanspruch stellt, ist das weitere Vorgehen unproblematisch: Das Finanzamt wird dann den Steuererstattungsbetrag dem Pfändungsgläubiger überweisen.
– Stellt der Schuldner keinen Antrag, dann wird es kompliziert: Zunächst muß die Lohnsteuerkarte herausverlangt werden, die zweckmäßig schon im Wege der Hilfspfändung beschlagnahmt wird (§ 156 GVGA, 808 ZPO – LG Berlin DGVZ 1983, 10). Wenn man sie nicht innerhalb der Antragsfrist erhält, muß der Erstattungsantrag notfalls ohne Lohnsteuerkarte gestellt werden (FG Berlin, EFG 1968, 585). Die Lohnsteuerkarte wird nicht gebraucht, wenn der Arbeitgeber das Erstattungsverfahren durchführt (§ 42 b EStG).
– Ist die Lohnsteuerkarte unauffindbar, muß der Schuldner notfalls über die erneute eidesstattliche Versicherung (§ 903 ZPO) gezwungen werden, alle erforderlichen Angaben für den Erstattungsantrag zu machen (LG Koblenz MDR 1985, 63).
– Der Antrag muß spätestens zwei Jahre nach Ablauf des Steuerjahres (für 1988 also erst am 31. 12. 1990) gestellt werden (§ 42 Abs. 2 S 3 EStG). Man sollte deshalb darauf achten, den Antrag vorsorglich auch auf die beiden vorvergangenen Jahre zu erstrecken für den Fall, daß der Schuldner für diese Zeit nicht schon Erstattungsbeträge erhalten hat.
– Bei komplizierten Lohnsteuererstattungsanträgen kann der Gläubiger auch einen Steuerberater zuziehen, dessen Kosten notwendige Vollstreckungskosten sind (LG Kassel DGVZ 1983, 141 aA LG Berlin DGVZ 1985, 43).

Manchmal bietet der Schuldner freiwillig die **Abtretung** seiner Steuerrückerstattungsansprüche an. Sie ist **rechtlich unwirksam,** wenn dazu nicht das amtlich vorgeschriebene Formular benutzt wird, das man beim Finanzamt anfordern kann (§ 46 Abs. 3 AO).

3. Antrag – Anlagen – Fehlerquellen

Der Antrag ist beim Amtsgericht – Vollstreckungsgericht – am Wohnsitz des Schuldners einzureichen (§ 802), er wird vom Rechtspfleger entschieden (§ 20 Nr. 17 RpflG).

Das **Grundproblem** des Gläubigers ist es, **den vermuteten Anspruch** 220 **so genau wie** nur **möglich** zu **bezeichnen** (BGH Rpfleger, 65, 365).

Das ist schon bei den gängigen Anträgen, wie z. B. bei der Lohnpfändung nicht einfach:

Mit dem Antrag auf „Pfändung der Vergütung des Schuldners aus dem Arbeitsverhältnis" ist zwar mit Sicherheit der Lohnanspruch und wohl auch der Anspruch auf die tarifmäßigen Nebenvergütungen, wie etwa das Urlaubsgeld, das Weihnachtsgeld und ähnliches erfaßt, Sondervergütungen wie etwa die Arbeitnehmersparzulage fallen nicht darunter (BAG, NJW 77,75).

Bei Fassung des Antrages muß der Gläubiger also bestrebt sein, sich möglichst umfassende Kenntnisse über mögliche Ansprüche aus dem jeweiligen Vertragsverhältnis zwischen Schuldner und Drittschuldner zu verschaffen.

Bei jeder Pfändung muß man damit rechnen, daß der Drittschuldner nicht freiwillig zahlt, sondern später verklagt werden muß. Die Klage kann nur bezüglich des Anspruches erhoben werden, der konkret gepfändet worden ist. Für den Anfänger ist das eine schwierige Aufgabe.

Die meisten Fehler werden dabei gemacht, lediglich von „Ansprüchen aus dem Erbfall X, Verkehrsunfall vom ..." zu sprechen oder sonstige Sachverhaltsschilderungen, wie z. B. „Ansprüche aus der Auflösung des Vertrages mit X" zum Anlaß zu nehmen. Bei diesen Fassungen wird übersehen, daß sich aus jedem Sachverhalt eine **Fülle** von **Einzelansprüchen** auf eine bestimmte Rechtsfolge hin (!) ergeben können. Richtig muß es also z. B. lauten:

„Es wird beantragt, folgende Ansprüche des Schuldners gegenüber X aus dem Verkehrsunfall vom 10. 1. 1985 zu pfänden:
- *Anspruch auf Zahlung von Schmerzensgeld*
- *Anspruch auf Erstattung des eigenen Schadens des Schuldners aufgrund des Vertrages mit dem Kasko-Versicherer Hamburg-Mannheimer".*

Hervorragende Formulierungshilfen für die Lösung dieses Problems bieten Groß/Waigel/Diepold, Stöber (Seite 27–142) und Haegele/David (S. 159–245).

221 3.1 Grundantrag für Pfändung und Überweisung von Forderungen

An das Amtsgericht 8000 München 35

Dr. Hugo Klutz
Rechtsanwalt
Theodorstraße 10
8000 München 2

Kto.: Postgiroamt München
Kto.Nr. 382778-809

mit dem Antrag,
nachstehenden Beschluß zu erlassen und
x[X] dem Bevollmächtigten zwecks Zustellung zurückzusenden
x[X] die Zustellung zu vermitteln, an Drittschuldner mit der Aufforderung nach § 840 ZPO.
Schuldtitel und Vollstreckungskostennachweise liegen an.
– Keine – Prozeßkostenhilfe.

München, den 12.09.1992

Geschäftszeichen: ZV 92/00303/Gr
Rechtsanwalt

Pfändungs- und Überweisungsbeschluß

Aktenzeichen (bei allen Zuschriften angeben!):

M / 19

DR / 19

Kosten	
Gegenstandswert DM	11.194,49
I des Gerichts	
Gebühr gem. § 11 (1), Nr. 1149 KostVerz GKG	DM 15,--
II des Anwalts	
1. 3/10 Gebühr, § 57 BRAGO	DM 180,30
2. Auslagen-pauschal, § 26 BRAGO	DM 27,10
3. Umsatzst. (MWSt.) § 25 (2) BRAGO	DM 29,04
	DM 236,44
III der Zustellung	
1. Zustellung, § 16 GvKostG,	
an a) Drittschuldner	DM
b) Schuldner	DM
Zustellungsvers., § 16 (4) GvKostG	DM
Zustellungsrückn., § 16 (5) GvKostG	DM
2. Beglaubigungen, § 16 (7) GvKostG	DM
3. Schreibausl., § 35 (1) Nr. 1 GvKostG	DM
4. Wegegeld km, § 37 GvKostG	DM
5. Vordrucke, § 35 (1) Nr. 2 GvKostG	DM
Postkosten, § 35 (1) Nr. 3 GvKostG	DM
Nachnahme, § 35 (1) Nr. 3 GvKostG	DM
6. Dazu Postgeb. d. Gl. f. Übersend. des Kostenvorschusses an GV	DM
	DM

in der Zwangsvollstreckungssache
TuV Teilzahlungsbank AG, vertr.d.d.Vorstand
Dipl.-Kaufmann Horst Henze — Gläubiger(in)
Parkstraße 23, 8000 München 2
Prozeßbevollmächtigte(r) Dr. Hugo Klutz
Theodorstraße 10, 8000 München 2

gegen
Theresa Ellert
Residenzstraße 14, 8000 München 2 — Schuldner(in)

Nach dem vollstreckbaren
Vollstreckungsbescheid des Amtsgerichts München
vom 20.07.1991
Geschäftsnr.: 15 B 12717/88
hat der/die Gläubiger(in) gegen den/die Schuldner(in)
Anspruch auf siehe anliegende DM
(in Worten: Forderungsaufstellung Deutsche Mark)
nebst 12% v.H. Zinsen seit 13.09.1991 aus DM 10.000,00
vorgerichtliche Kosten des Gläubigers DM
Kosten des Mahnverfahrens DM
festgesetzte Prozeßkosten DM
nebst 4 v.H. Zinsen seit 13.09.1991 aus DM 1.063,33
sowie bisherige Vollstreckungskosten (lt. Anlagen) DM
Abzüglich am gezahlte Beträge in Höhe von DM
Wegen dieser Ansprüche sowie wegen der nebenstehenden Kosten (I, II, III) wird die angebliche Forderung des Schuldners gegen

Albert Trocken, Werner-Albrecht-Straße 15, 8000 München 22
Drittschuldner

auf* Zahlung von DM 3.000,00 (fälliger Darlehensrückzahlungsanspruch)

in Höhe der genannten Beträge gepfändet. Gleichzeitig wird gem. § 836 (3) ZPO angeordnet, an den beauftragten Gerichtsvollzieher herauszugeben:*

* ggf. einsetzen: **wie umseitig näher ausgeführt**

Dem Drittschuldner ist verboten, soweit die Forderung gepfändet ist, an den Schuldner zu zahlen, § 829 (1) 1 ZPO.
Der Schuldner hat sich jeder Verfügung über die Forderung, insbesondere ihrer Einziehung, zu enthalten, § 829 (1) 2 ZPO.
Zugleich wird die gepfändete Forderung dem Gläubiger zur Einziehung überwiesen, § 835 (1) 1. Altern. ZPO.

, den

Ausgefertigt mit Vollstr. Titel und Anlagen

a) Rechtsanwalt

Schrankfach — Zur Bewirkung der Zustellung

b) Gerichtsvollzieher

c) Geschäftsstelle des Amtsgerichts

mit dem Ersuchen um Vermittlung der Zustellung

am: ....

Vollstreckungsgericht

(Siegel)

Das Amtsgericht

....

Rechtspfleger

Ausgefertigt:

....

als Urkundsbeamter der Geschäftsstelle des Amtsgerichts

222 3.2 Lohnpfändungsantrag

An das Amtsgericht 8000 München 35

Dr. Hugo Klutz
Rechtsanwalt
Theodorstraße 10
8000 München 2

Kto.: Postgiroamt München
Kto.Nr. 38277-809

mit dem Antrag,
nachstehenden Beschluß zu erlassen und
xXX dem Bevollmächtigten zwecks Zustellung zurückzusenden
xxx die Zustellung zu vermitteln, an Drittschuldner mit der Aufforderung nach § 840 ZPO.
Schuldtitel und Vollstreckungskostennachweise liegen an.
– Keine – Prozeßkostenhilfe.

München, den 12.09.1992

Geschäftszeichen: ZV 92/00303/Gr

Rechtsanwalt

Pfändungs- und Überweisungsbeschluß

Aktenzeichen (bei allen Zuschriften angeben!):

M / 19

DR / 19

Kosten

Gegenstandswert DM 11.194,49

I des Gerichts	
Gebühr gem. § 11 (1), Nr. 1149 KostVerz GKG	DM 15,--
II des Anwalts	
1. 3/10 Gebühr, § 57 BRAGO	DM 180,30
2. Auslagen-pauschal, § 26 BRAGO	DM 27,10
3. Umsatzst. (MWSt.) § 25 (2) BRAGO	DM 29,04
	DM 236,44
III der Zustellung	
1. Zustellung, § 16 GvKostG, an a) Drittschuldner	DM
b) Schuldner	DM
Zustellungsvers., § 16 (4) GvKostG	DM
Zustellungsrückn., § 16 (5) GvKostG	DM
2. Beglaubigungen, § 16 (7) GvKostG	DM
3. Schreibausl., § 35 (1) Nr. 1 GvKostG	DM
4. Wegegeld km, § 37 GvKostG	DM
5. Vordrucke, § 35 (1) Nr. 2 GvKostG	DM
Postkosten, § 35 (1) Nr. 3 GvKostG	DM
Nachnahme, § 35 (1) Nr. 3 GvKostG	DM
6. Dazu Postgeb. d. Gl. f. Übersend. des Kostenvorschusses an GV	DM
	DM

in der Zwangsvollstreckungssache

TuV Teilzahlungsbank AG, vertr.d.d.Vorstand
Dipl.-Kaufmann Horst Henze, Parkstraße 23,
8000 München 2

Gläubiger(in)

Prozeßbevollmächtigte(r) Dr. Hugo Klutz
Theodorstraße 10, 8000 München 2

gegen

Theresa Ellert
Residenzstraße 14, 8000 München 2

Schuldner(in)

Nach dem vollstreckbaren

Vollstreckungsbescheid des Amtsgerichts
München vom 20.07.1991 Geschäftsnr.:

hat der/die Gläubiger(in) gegen den/die Schuldner(in)

Anspruch auf (in Worten: siehe anliegende Forderungsaufstellung DM Deutsche Mark)

nebst 12% v.H. Zinsen seit 13.09.1991 aus DM 10.000,00

vorgerichtliche Kosten des Gläubigers DM

Kosten des Mahnverfahrens DM

festgesetzte Prozeßkosten DM

nebst 4 v.H. Zinsen seit 13.09.1991 aus DM 1063,33

sowie bisherige Vollstreckungskosten (lt. Anlagen) DM

Abzüglich am gezahlte Beträge in Höhe von DM

Wegen dieser Ansprüche sowie wegen der nebenstehenden Kosten (I, II, III) wird die angebliche Forderung des Schuldners an den Arbeitgeber

Albert Westphal GmbH & Co. KG
Römerstraße 35, 8000 München 36

Drittschuldner

aus Gehalt, Lohn und sonstigen Vergütungen

nach Maßgabe der umseitigen Vorschriften bis zur Höhe der genannten Beträge gepfändet.

Dem Drittschuldner ist verboten, soweit die Forderung gepfändet ist, an den Schuldner zu zahlen, § 829 (1) ZPO. Der Schuldner hat sich jeder Verfügung über die Forderung, insbesondere ihrer Einziehung, zu enthalten, § 829 (1) 2 ZPO. Zugleich wird die gepfändete Forderung dem Gläubiger zur Einziehung überwiesen, § 835 (1) 1. Altern. ZPO.

, den

Ausgefertigt mit Vollstr. Titel und Anlagen

Das Amtsgericht

a) Rechtsanwalt

Schrankfach

b) Gerichtsvollzieher

Zur Bewirkung der Zustellung

(Siegel)

Rechtspfleger

c) Geschäftsstelle des Amtsgerichts

mit dem Ersuchen um Vermittlung der Zustellung

am: ....

Ausgefertigt:

Vollstreckungsgericht

als Urkundsbeamter der Geschäftsstelle des Amtsgerichts

---

1. **Arbeitseinkommen** (§§ 832, 833, 850 ZPO):
Arbeitseinkommen sind zum Beispiel die Dienst- und Versorgungsbezüge der Beamten, Arbeits- und Dienstlöhne, Ruhegelder und ähnliche, nach dem einstweiligen oder dauernden Ausscheiden aus dem Dienst- oder Arbeitsverhältnis gewährte fortlaufende Einkünfte, ferner Hinterbliebenenbezüge sowie sonstige Vergütungen für Dienstleistungen aller Art, die die Erwerbstätigkeit des Schuldners vollständig oder zu einem wesentlichen Teil in Anspruch nehmen.
Soweit sie in Geld zahlbar sind auch solche Bezüge, die ein Arbeitnehmer zum Ausgleich für Wettbewerbsbeschränkungen für die Zeit nach Beendigung seines Dienstverhältnisses beanspruchen kann, sowie Renten, die aufgrund von Versicherungsverträgen gewährt werden, wenn diese Verträge zur Versorgung des Versicherungsnehmers oder seiner unterhaltsberechtigten Angehörigen eingegangen sind.
Die Pfändung des in Geld zahlbaren Arbeitseinkommens erfaßt alle Vergütungen, die dem Schuldner aus der Arbeits- oder Dienstleistung zustehen, ohne Rücksicht auf ihre Benennung oder Berechnungsart.
Das Pfandrecht, das durch die Pfändung einer Geldforderung oder einer ähnlichen in fortlaufenden Bezügen bestehenden Forderung erworben wird, erstreckt sich auch auf die nach der Pfändung fällig werdenden Beträge.
Durch die Pfändung eines Diensteinkommens wird auch das Einkommen betroffen, das der Schuldner infolge der Versetzung in ein anderes Amt, der Übertragung eines neuen Amtes oder einer Gehaltserhöhung zu beziehen hat.

2. **Berechnung des pfändbaren Arbeitseinkommens** (§§ 850 a, b, e Nr. 1 ZPO):
Nicht mitzurechnen sind Beträge, die unmittelbar aufgrund steuerrechtlicher oder sozialrechtlicher Vorschriften zur Erfüllung gesetzlicher Verpflichtungen des Schuldners abzuführen sind; ebenso Beträge in üblicher Höhe, die der Schuldner nach den Vorschriften der Sozialversicherungsgesetze zur Weiterversicherung entrichtet oder an eine Ersatzkasse oder an eine private Krankenversicherung leistet; ferner
a) zur Hälfte die für die Leistung von Mehrarbeitsstunden gezahlten Teile des Arbeitseinkommens;
b) die für die Dauer eines Urlaubs über das Arbeitseinkommen hinaus gewährten Bezüge, Zuwendungen aus Anlaß eines besonderen Betriebsereignisses und Treugelder, soweit sie den Rahmen des Üblichen nicht übersteigen;
c) Aufwandsentschädigungen, Auslösungsgelder und sonstige soziale Zulagen für auswärtige Beschäftigungen, das Entgelt für selbstgestelltes Arbeitsmaterial, Gefahrenzulagen sowie Schmutz- und Erschwerniszulagen, soweit diese Bezüge den Rahmen des Üblichen nicht übersteigen;
d) Weihnachtsvergütungen bis zum Betrage der Hälfte des monatlichen Arbeitseinkommens, höchstens aber bis zum Betrage von DM 470,--;
e) Heirats- und Geburtshilfen, sofern die Vollstreckung wegen anderer als der aus Anlaß der Heirat oder der Geburt entstandenen Ansprüche betrieben wird;
f) Erziehungsgelder, Studienbeihilfen und ähnliche Bezüge;
g) Sterbe- und Gnadenbezüge aus Arbeits- oder Dienstvehältnissen;
h) Blindenzulagen.

3. **Berechnung des pfändbaren Betrages** (§ 850 c ZPO):
a) Das nach 2. errechnete Netto-Einkommen des Schuldners ist unpfändbar, wenn es, je nach dem Zeitraum, für den es gezahlt wird, nicht mehr als monatlich DM 754,--, wöchentlich DM 174,-- oder täglich DM 34,80 beträgt.
b) Gewährt der Schuldner aufgrund einer gesetzlichen Verpflichtung seinem Ehegatten, einem früheren Ehegatten oder einem Verwandten oder nach §§ 1615 l, 1615 n BGB der Mutter eines nichtehelichen Kindes Unterhalt, so erhöht sich der Betrag, bis zu dessen Höhe Arbeitseinkommen unpfändbar ist, auf bis zu monatlich DM 2028,--, wöchtlich DM 468,-- oder täglich DM 93,60, und zwar um monatlich DM 338,--, wöchentlich DM 78,-- oder täglich DM 15,60 für die erste Person, der Unterhalt gewährt wird, und um je monatlich DM 234,--, wöchentlich DM 54,-- oder täglich DM 10,80 für die zweite bis fünfte Person.
c) Übersteigt das Arbeitseinkommen den Betrag, bis zu dessen Höhe es je nach der Zahl der Personen, denen der Schuldner Unterhalt gewährt, nach 3. a) und b) unpfändbar ist, so ist es hinsichtlich des überschießenden Betrages zu einem Teil unpfändbar, und zwar in Höhe
von drei Zehnteln, wenn der Schuldner keiner der unter 3. b) genannten Personen Unterhalt gewährt,
zwei weiteren Zehnteln für die erste Person, der Unterhalt gewährt wird, und
je einem weiteren Zehntel für die zweite bis fünfte Person.
Der Teil des Arbeitseinkommens, der monatlich DM 3002,-- (wöchentlich DM 762,--, täglich DM 152,40) übersteigt, bleibt bei der Berechnung des unpfändbaren Betrages unberücksichtigt.
d) Bei der Berechnung des nach 3. c) pfändbaren Teils des Arbeitseinkommens ist das Arbeitseinkommen, ggf. nach Abzug des nach 3. c) letzter Absatz pfändbaren Betrages, nach unten abzurunden, und zwar bei Auszahlung für Monate auf einen durch DM 20,--, bei Auszahlung für Wochen auf einen durch DM 5,-- und bei Auszahlung für Tage auf einen durch DM 1,-- teilbaren Betrag.
Der pfändbare Betrag ergibt sich unter Berücksichtigung der gesetzlichen Unterhaltspflichten des Schuldners aus der Tabelle gemäß § 850 c (3) ZPO (in der Fassung mit Wirkung ab 1. April 1984).
e) Hat eine Person, welcher der Schuldner aufgrund ges. Verpflichtung Unterhalt gewährt, eigene Einkünfte, so kann das Vollstreckungsgericht auf Antrag des Gläubigers nach billigem Ermessen bestimmen, daß diese Person bei der Berechnung des unpfändbaren Teils des Arbeitseinkommens ganz oder teilweise unberücksichtigt bleibt; bei teilweiser Berücksichtigung genügt die Bezugnahme auf die Tabelle im Pfändungsbeschluß nicht.

4. Bei mehreren Arbeitseinkommen, bei Naturalleistungen, bei Änderung der Unpfändbarkeitsvoraussetzungen, bei verschleiertem Arbeitseinkommen und bei Sonderfällen des Pfändungsschutzes sind maßgeblich die §§ 850 e Nr. 2, 2 a, 3, 850 g – k ZPO, für weitere Änderungen des unpfändbaren Betrages § 850 f ZPO.

3.3 Pfändung gegenüber Banken

223 Bei Pfändung von Ansprüchen gegenüber Banken gibt es im Handel kein geeignetes Formular. Gerade hier ist aber die detaillierte Formulierung der Pfändungsansprüche besonders wichtig. Das beigefügte Muster erfaßt (hoffentlich) alle gegenüber einer Bank denkbaren Ansprüche:

Anlage als Bestandteil zum Antrag auf Vorpfändung bzw. Pfändungs- und Überweisungsbeschluß

Gepfändet

werden alle angeblichen gegenwärtigen und zukünftigen Ansprüche der Schuldnerin gegen die vorstehend bezeichneten Drittschuldner unter Einschluß ihrer sämtlichen Filialen und Zweigniederlassungen aus allen mit der Schuldnerin unterhaltenden Geschäftsverbindungen, soweit sie nachstehend dargestellt werden, und bestehenden Verträgen, insbesondere Giro-, Festgeld-, Verwahr-, Termingeld-, Spar- und Treuhandverträgen insbesondere auf

1. Auszahlung der gegenwärtigen und zukünftigen gesamten Überschusses (Guthaben), der der Schuldnerin bei Saldoziehung aus der in laufenden Rechnung bestehenden Geschäftsverbindung von allen dort unterhaltenden Konten jeweils gebührt;
2. Gutschriften aller künftigen Eingänge und auf laufende Auszahlung der Guthaben, auf Durchführung von Überweisungen an Dritte aus allen dort unterhaltenden Giroverträgen oder anderen Konten der oben bezeichneten Art;
   - dies gilt insbesondere für die täglich zwischen zwei Rechnungsabschlüssen entstehenden Kontoguthaben (sog. Tagessalden), auch dann, wenn es sich um ein Kontokorrentkonto handelt; ferner das Recht des Schuldners, zwischen den Rechnungsabschlüssen Auszahlung von Guthaben an sich selbst oder an Dritte (Barzahlung, Überweisung oder Zahlung in anderer Weise) verlangen zu können (hierzu wird ausdrücklich auf die Entscheidung des Bundesgerichtshof vom 30.06. 1982 – VIII ZR 129/81 – und vom 08.07. 1982 – I ZR 148/80 – abgedruckt in NJW 1982, 2192/2195 verwiesen);
3. Auszahlung von Geldern, die durch Überweisung oder auf anderem Weg bei dem Drittschuldner eingehen und für den Schuldner bestimmt sind;
4. Auszahlung von Spareinlagen einschließlich der Prämienzahlung samt Zinsen und Zinseszinsen;
5. Auszahlung der bereitgestellten, noch nicht abgerufenen Darlehensvaluta aus den bereits mit dem Schuldner abgeschlossenen Kreditgeschäften. Dies gilt insbesondere
   - unter Bezugnahme auf die vorstehend genannten Urteile
   - auch für die dem Schuldner zur Überziehung seiner Konten zur Verfügung gestellten Kreditrahmen und der bereits zugesagten Kredite;
6. Kündigung aus dem zwischen dem Schuldner und dem Drittschuldner abgeschlossenen Verträgen, namentlich den Giro-, Darlehens-, Sicherungsübereignungs-, Hinterlegungs- und Sparverträgen, wobei ausdrücklich klargestellt wird, daß das Kündigungsrecht nicht als selbständiges Recht gepfändet ist, sondern lediglich als Nebenrecht in Verbindung mit der Pfändung der übrigen, genannten Vertragsgestalten;
7. Soweit der Drittschuldner die Rechtsform der eingetragenen Genossenschaft hat, wird der dem Schuldner als Genosse gegen den Drittschuldner zustehende Anspruch auf fortlaufende Gewinnbeteiligung und Gewinnauszahlung und auf Auszahlung des Geschäftsguthabens (= des bei der Auseinandersetzung mit der Genossenschaft auf den Schuldner entfallendes Guthaben);
   Ferner werden die Ansprüche des Schuldners auf Auskunft über den beiderseitigen Forderungsbestand gepfändet (= unselbständiges Nebenrecht, das bei der Pfändung der Forderung zwar mitgepfändet ist, aber hier zu Klarstellung ausdrücklich aufgeführt wird);
8. Gepfändet wird der Anspruch des Schuldners auf Darlehensrückzahlung durch den jeweiligen Drittschuldner ohne Rücksicht auf deren Benennung, insbesondere aus Sparkassenbriefen, Schuldverschreibungen, Festgelddarlehen samt den angefallenen Zinsen und anderen möglichen Gutschriften;

9. Gepfändet wird der Anspruch des Schuldners aus Papieren, wie Sparkassenbücher, Pfandscheine, Versicherungsscheine, Depotscheine, Hypotheken- und Grundschuldbriefe an den Grundstücken;
10. Gepfändet werden ferner die gegenwärtigen Ansprüche des Schuldners auf Rückübertragung des Eigentums an den den jeweiligen Drittschuldnern sicherungsübereigneten Kraftfahrzeugen, Warenlagern, Wertpapieren, Wertgegenständen nach Tilgung des Darlehens oder Wegfall des Schuldgrundes, der der Sicherung zugrundeliegt oder sonstiger Beendigung des Sicherungszwecks, außerdem der Anspruch des Schuldners auf Auskehrung des bei der Verwertung des Sicherungsgutes verbleibenden Erlösüberschusses;
11. Gepfändet werden ferner die Ansprüche des Schuldners gegenüber dem Drittschuldner aus
    - Zutritt zu dort unterhaltenen Schließfächern unter Mitwirkung des jeweiligen Drittschuldners;
    - die Ansprüche des Schuldners auf Herausgabe von Wertpapieren und Urkunden aller Art; aus Depot- und Verwahrungsverträgen, auf Auskunftserteilung und aus Ausfolgung hinterlegter Waren und sonstiger Sicherheiten;
    - Zugleich wird im Wege der Hilfspfändung angeordnet, daß für die Pfändung des Inhalts der genannten Schließfächer ein vom Gläubiger zu beauftragender Gerichtsvollzieher Zutritt zu den Schließfächern zum Zweck der Pfändung beweglicher Gegenstände zu nehmen hat.
12. Im Rahmen der Hilfspfändung wird ferner angeordnet, daß der Schuldner evtl. in seinem Besitz befindliche Sparbücher an einen vom Gläubiger zu beauftragenden Gerichtsvollzieher herauszugeben hat.
13. Alle Ansprüche des Schuldners auf Rückabtretung und Rückzahlung abgetretender Forderungen insbesondere aus dem Verkehr von Häusern, Grundstücken und Eigentumswohnungen.
14. Es wird angeordnet, daß der Schuldner die Scheck- (auch Euroscheck-)Formulare und Scheckkarte(n) bezüglich der von der Pfändung erfaßten Verträge an den Gläubiger herauszugeben hat.

Der Schuldner hat sich jeder Verfügung über die Ansprüche und Rechte zum Nachteil des Gläubigers, insbesondere ihrer Einziehung, zu enthalten.

Rechtsanwalt

Dieses Formular wird dem Grundformular (Rdnr. 221) als Anlage beigefügt.

3.4 Pfändung von sozial gesicherten Ansprüchen (§ 54 III SGB)

Hier müssen die besonderen Umstände eines jeden Einzelfalls vorgetragen werden. Die Begründung kann etwa lauten:

„Die Gläubiger betreiben die Zwangsvollstreckung bereits seit 5 Jahren. Zahlreiche Vollstreckungsmaßnahmen blieben ohne Erfolg (s. Forderungsübersicht). Die Eidesstattliche Versicherung wurde schon zum zweitenmal abgegeben. Nennenswerte Habe ist nicht vorhanden. Der Schuldner läßt sich vom Schnelldienst des Arbeitsamtes München zu ständig wechselnden Arbeitgebern vermitteln. Die Arbeitsverhältnisse dauern meist nur einen Tag und lassen eine Pfändung in das Arbeitseinkommen nicht zu. Unter diesen Voraussetzungen ist auch für die Zukunft eine positive Änderung der Vermögensverhältnisse nicht zu erwarten. Eine durch die Pfändung entstehende Hilfsbedürftigkeit des Schuldners ist nicht erkennbar. **224**
Demnach wird beantragt, folgenden

Beschluss

zu erlassen:
Gepfändet werden die angeblichen Ansprüche des Schuldners auf Zahlung des rückständigen und künftig fälligen Arbeitslosengeldes sowie der Anspruch auf Arbeitslosenhilfe im Rahmen der §§ 54 III SGB, 850ff. ZPO und der angeblichen Ansprüche auf Wiedereingliederungshilfe, Umschulungskosten und andere Zuschüsse nach dem Arbeitsförderungsgesetz bis zur vollen Befriedigung des Gläubigeranspruchs.“

3.5 Pfändung von Versicherungsleistungen

Anlage als Bestandteil zum Antrag auf Vorpfändung bzw. Pfändungs- und Überweisungsbeschluß

Gepfändet

wird der nach der Tilgung des gesicherten Darlehens oder sonstiger Erledigung des Sicherungszwecks zu erfüllende angebliche Anspruch auf

- Rückübertragung gegenüber der Versicherung gepfändeter Rechte, soweit sie übertragbar sind und von dem Schuldner an den Drittschuldner übertragen wurden, aus dem Lebensversicherungsvertrag

  Vertrags-Nr.

  bei der
- Auszahlung des durch die Verwertung des sicherungsübereigneten Versicherungsvertrages verbleibenden Erlösüberschusses;
- das Recht des Schuldners, durch Zahlung der gesicherten Schuld die Rückübertragung des sicherungsübereigneten Versicherungsvertrages herbeizuführen;
- das Kündigungsrecht des Schuldners auf Kündigung von Darlehens-, Sicherungsübereignungs- und Hinterlegungsverträgen jeder Art;
- Herausgabe des Versicherungsvertrages und entsprechender Urkunden, vorbehaltlich der vorgenannten Punkte, an den Gläubiger bzw. an einen von diesem zu beauftragenden Gerichtsvollzieher.

Für den Fall, daß bei Abschluß des Sicherungsübereignungsvertrages nach den dort getroffenen Vereinbarungen die Rückübertragung des Eigentums automatisch eintritt (auflösend bedingt), wird außerdem gepfändet

- das angebliche Anwartschaftsrecht des Schuldners auf den Wiedererwerb des Eigentums bzw. des Lebensversicherungsvertrages.

Rechtsanwalt

3.6 Pfändung für Unterhaltsleistungen

(Raum für Kostenmarke und Eingangsstempel)

Amtsgericht

(Postleitzahl, Ort, Tag)

Geschäfts-Nr.
(Bitte bei allen Schreiben angeben!)

(Anschrift) (Fernruf)

An das
Amtsgericht
8000 München 35

Ich – ~~Wir~~ beantrage(n), den nebenstehend entworfenen Beschluß zu erlassen – sowie die Zustellung – und zwar an Drittschuldner mit Aufforderung nach § 840 ZPO – zu vermitteln *. – Ich stelle selbst zu *. –

Der Schuldner ist XXXXXXXXXX XXXXXXXXXXX / geschieden *

und hat 2 weitere unterhaltsberechtigte Kinder *.

Die Voraussetzungen des § 850 d Abs. 1 Satz 4 ZPO liegen vor. Soweit die pfandfreien Beträge von uns nicht eingetragen werden konnten, bitten wir, diese nach den in Ihrem Gerichtsbezirk geltenden Sätzen einzusetzen.

Die Ehefrau hat / kein / eigenes Einkommen.

Drei Durchschläge anbei. *

.... Schuldtitel – und 1 Vollmacht – ist – sind – beigefügt und – wird – werden * – zurückerbeten.

den 10.09.1992

Dr. Klutz
(Unterschrift)

Geschäftszeichen:
ZV 92/00303/Gr

bitte stets angeben

Dem Gläubiger ist das Armenrecht – nicht – bewilligt (§ 114 ZPO) – *
Kostenfrei gemäß § 118 BSHG. Gebührenfrei gemäß § 150 Abs. 2 BSHG hinsichtlich der Gerichtsvollziehergebühren *

Pfändungs- und Überweisungsbeschluß

in der Zwangsvollstreckungssache
Peter Ellert
Liebigstraße 35, 8000 München 80 **Gläubiger**

Prozeßbevollmächtigter: Dr. Hugo Klutz, Theodorstraße 10,
8000 München 2
Überweisung bitte auf Konto Postgiroamt München Nr. 382778-809

gegen

Theresa Ellert
Residenzstraße 14, 8000 München 2 **Schuldner**

Prozeßbevollmächtigter:

Nach dem vollstreckbaren
Endurteil des Amtsgerichts - Familiengerichts - München
vom 31.07.1991 - 81 F 200/91 -

(Bezeichnung des Titels nach Art, Behörde, Tag, Geschäftsnummer und Zustellungsdatum)

steht d. Gläubiger gegen d. Schuldner ein Anspruch zu auf

1.600,00 DM (i. W.: eintausendsechshundert Deutsche Mark, Pf wie vorstehend)

– Unterhaltsrückstand –

für die Zeit vom 01.06.1991 bis 30.09.1991

dazu v. H. Zinsen seit dem

400,00 DM (i. W.: vierhundert Deutsche Mark, Pf wie vorstehend)

Regelunterhalt / Unterhalt

Von Geburt an bis zum 6. Lebensjahr . . . . DM

Vom 7. bis zum 12. Lebensjahr . . . . DM

Vom 13. bis zum 18. Lebensjahr . . . . DM *

Der Regelunterhalt ist monatlich zahlbar am jeden Monats laufend ab 01.10.1991 bis zur Vollendung des 18. Lebensjahres des Gläubigers zuzüglich eines Zuschlags von %,

153,20 DM – bisherige Vollstreckungskosten * –

165,71 DM – Kosten für diesen Beschluß (vgl. umseitige Kostenrechnung I a und I b) * – abzüglich am gezahlter .... DM *

Wegen dieser Ansprüche – sowie wegen der Zustellungskosten für diesen Beschluß (vgl. umseitige Kostenrechnung II) * – wird die angebliche Forderung des Schuldners an den Arbeitgeber
Albert Westphal GmbH & Co. KG,
Römerstraße 35, 2000 Hamburg 36 **Drittschuldner**

auf Zahlung des gesamten Arbeitseinkommens ohne Rücksicht auf die Benennung oder Berechnungsart (einschließlich des Geldwertes von Sachbezügen) so lange **gepfändet**, bis der Gläubigeranspruch gedeckt ist. Auf Antrag soll jedoch kein höherer Betrag als .... DM – monatlich * – wöchentlich * – täglich * – abgezogen werden.

* Nichtzutreffendes streichen!

Bitte wenden!

Der Arbeitgeber (Drittschuldner) darf, soweit die Forderung gepfändet ist, nicht mehr an den Schuldner zahlen.

Der Schuldner darf den gepfändeten Teil des Arbeitseinkommens nicht mehr verlangen, ihn auch nicht verpfänden oder abtreten.

Soweit die Forderung des Schuldners an den Arbeitgeber (Drittschuldner) gepfändet ist, wird sie dem Gläubiger zur Einziehung überwiesen. Daher hat der Arbeitgeber die gepfändeten Beträge an den Gläubiger auszuzahlen.

Angenommen ist, daß d...... Schuldner........ .... Person(en) Unterhalt zu gewähren hat.

Die Überweisung der eingezogenen Beträge soll monatlich auf das Kto.-Nr. .... Bankleitzahl ....

der Stadt-/Kreis-Kasse in .... bei ....

.... in .... erfolgen.

A. Berechnung des pfändbaren Netto-Einkommens

Von der Pfändung sind ausgenommen und daher nicht mitzurechnen:

1. Steuern, öffentliche Abgaben und Beiträge zur gesetzlichen Sozialversicherung, die der Arbeitgeber unmittelbar abführt; ebenso Beiträge in üblicher Höhe, die der Schuldner laufend an eine Ersatzkasse, eine private Krankenversicherung oder zur Weiterversicherung zahlt,
2. Aufwandsentschädigungen, Auslösungsgelder und andere soziale Zulagen für auswärtige Beschäftigung, das Entgelt für selbstgestelltes Arbeitsmaterial, Gefahren-, Schmutz- und Erschwerniszulagen (alle Bezüge jedoch nur in üblicher Höhe),
3. die Hälfte des Mehrarbeitslohnes,
4. Weihnachtsvergütungen bis zur Hälfte des monatlichen (Brutto-)Einkommens, höchstens aber bis 195 DM,
5. die weiteren Bezüge nach § 850 a, Nr. 2, 5 bis 8 ZPO (z. B. Urlaubs- und Treuegelder, Heirats- und Geburtsbeihilfen, Erziehungsgelder, Sterbe- und Gnadenbezüge sowie Blindenzulagen).

B. Berechnung des pfändbaren Betrages

(1) Arbeitseinkommen ist unpfändbar, wenn es, je nach dem Zeitraum, für den es gezahlt wird, nicht mehr als 559 DM monatlich, 129 DM wöchentlich oder 25,80 DM täglich beträgt. Gewährt der Schuldner auf Grund einer gesetzlichen Verpflichtung seinem Ehegatten, einem früheren Ehegatten oder einem Verwandten oder nach §§ 1615 l, 1615 n BGB der Mutter eines nichtehelichen Kindes Unterhalt, so erhöht sich der Betrag, bis zu dessen Höhe Arbeitseinkommen unpfändbar ist, auf bis zu 1573 DM monatlich, 363 DM wöchentlich oder 72,60 DM täglich, und zwar um 234 DM monatlich, 54 DM wöchentlich oder 10,80 DM täglich für die erste Person, der Unterhalt gewährt wird, und um je 195 DM monatlich, 45 DM wöchentlich oder 9,– DM täglich für die zweite bis fünfte Person.

(2) Übersteigt das Arbeitseinkommen den Betrag, bis zu dessen Höhe es je nach der Zahl der Personen, denen der Schuldner Unterhalt gewährt, nach Absatz 1 unpfändbar ist, so ist es hinsichtlich des überschießenden Betrages zu einem Teil unpfändbar, und zwar in Höhe von drei Zehnteln, wenn der Schuldner keiner der in Absatz 1 genannten Personen Unterhalt gewährt, zwei weiteren Zehnteln für die erste Person, der Unterhalt gewährt wird, und je einem weiteren Zehntel für die zweite bis fünfte Person. Der Teil des Arbeitseinkommens, der 3003 DM monatlich (693 DM wöchentlich, 138,60 DM täglich) übersteigt, bleibt bei der Berechnung des unpfändbaren Betrages unberücksichtigt.

(3) Bei der Berechnung des nach Absatz 2 pfändbaren Teils des Arbeitseinkommens ist das Arbeitseinkommen, ggf. nach Abzug des nach Absatz 2 Satz 2 pfändbaren Betrages, wie aus der Tabelle ersichtlich, nach unten abzurunden, und zwar bei der Auszahlung für Monate auf einen durch 5 DM, bei der Auszahlung für Wochen auf einen durch 1 DM oder bei der Auszahlung für Tage auf einen durch 0,20 DM teilbaren Betrag. Auf die Tabelle zu § 850 c Abs. 3 ZPO (in der Fassung des Vierten Gesetzes zur Änderung der Pfändungsfreigrenzen mit Wirkung ab 1. 4. 1978) wird Bezug genommen.

C. Künftiges Arbeitseinkommen

Die Pfändung umfaßt das künftig fällig werdende Arbeitseinkommen, soweit am jeweiligen Zahltag noch Unterhaltsrückstände bestehen, weitere Unterhaltsbeträge fällig geworden sind oder fällig werden.

....
(Name und Amtsbezeichnung)
Rechtspfleger

I. Kosten für den Beschluß

Wert des Streitgegenstandes: 6.553,20 DM

a) Gerichtskosten:

Gebühr (§ 11 Abs. 1, Nr. 1149 Kost-Verz. GKG) . . . . 12,– DM

b) Anwaltskosten:

1. Gebühr (§ 57 BRAGO) . . . . 114,90 DM
2. Auslagen (Richtigkeit versichert) 17,30 DM
3. Mehrwertsteuer . . . . 18,51 DM

Summe zu b) 150,71 DM

Summe zu I 165,71 DM

Für den Gleichlaut mit der Urschrift:

.................................., den ....

Der Urkundsbeamte der Geschäftsstelle

....

II. Zustellungskosten

(Gesetz über Kosten der Gerichtsvollzieher)

1. Gebühr für die Zustellung (§ 16) an den
   a) Drittschuldner . . . .DM
   b) Schuldner . . . .DM
2. Gebühr für Beglaubigung von Seiten (§ 16 Abs. 7)* . . . .DM
3. Schreibauslagen Seiten (§ 35 Abs. 1 Nr. 1, § 36)* . . . .DM
4. Pauschsatz für Vordruckkosten (§ 35 Abs. 1 Nr. 2) . . . .DM
5. Postgebühren (§ 35 Abs. 1 Nr. 3)* . . . .
   a) für die Zustellung an Schuldner / Drittschuldner . . . .DM
   b) für die Rücksendung der Urkunden an den Gläubiger unter Kosteneinziehung durch Nachnahme . . . .DM
6. Reisekostenpauschbetrag – Wegegeld – (§ 37)* . . . .DM

dazu: Postgebühr des Gläubigers für die Übersendung des Kostenvorschusses an den Gerichtsvollzieher* . . . .DM

Summe zu II ....DM

* Nur auszufüllen, wenn solche Kosten erforderlich waren.

3.7 Pfändung von Steuerrückerstattungsansprüchen

Bei dieser Pfändung ist Drittschuldner das jeweils für die Steuerfestsetzung zuständige Finanzamt, bei der Gewerbesteuer die zuständige Gemeinde (Stadtsteueramt). 225

Die Anträge lauten:

Anlage als Bestandteil zum Antrag auf Vorpfändung bzw. Pfändungs- und Überweisungsbeschluß

Gepfändet

werden die angeblichen Ansprüche des Schuldners gegen den vorbezeichneten Drittschuldner auf
- Durchführung und Erstattung des Lohnsteuerjahresausgleiches (Lohn- und Kirchensteuer, Investitionszahlungen, Konjunkturzuschlag) für das Jahr 1991 und alle früheren noch nicht abgeschlossenen Erstattungszeiträume;
- Auszahlung des Überschusses, der sich bei Abrechnung der Einkommenssteuer, Ergänzungsabgabe und aller zu vorstehender Ziffer genannten Leistungen für das Jahr 1991 sowie für alle früheren Kalenderjahre ergibt;
- Erstattung der sich bei einer Veranlagung zu Vermögenssteuer, Umsatzsteuer, Körperschaftssteuer oder aller sonstiger Steuerarten ergebenden Überzahlung; für 1991 und alle früheren Kalenderjahre;
- Erstatten aller Beträge, die sich durch die von dem Drittschuldner ausgebrachten Überpfändung ergeben für 1991.

Hinsichtlich des Schuldners wird im Rahmen der Hilfspfändung angeordnet, daß er die Lohnsteuerkarte für 1991 und evtl. die der früheren Kalenderjahre oder eine entsprechende Lohnbescheinigung des jeweiligen Arbeitgebers und entsprechende Nachweise (§ 42 EStG) an einen von dem Gläubigern zu beauftragenden Gerichtsvollzieher herauszugeben hat.

Rechtsanwalt

Anlage als Bestandteil zum Antrag auf Vorpfändung bzw. Pfändungs- und Überweisungsbeschluß

Gepfändet

werden gegenüber dem vorbezeichneten Drittschuldner die angeblichen Ansprüche des Schuldners auf
- Durchführung und Erstattung von Gewerbesteueransprüchen für den derzeitigen Veranlagungszeitraum; für das abgelaufene Kalenderjahr 1991 sowie für alle früheren Erstattungszeiträume;
- Auszahlung des als Überzahlung auszugleichenden Erstattungsbetrages für das abgelaufene Kalenderjahr 1991 sowie für alle früheren Erstattungszeiträume.

Rechtsanwalt

3.8 Anlagen

Mit den Anträgen sind gleichzeitig
- der Originaltitel
- die Forderungsübersicht
- die bisher vorliegenden **Original-**Vollstreckungsunterlagen

einzureichen. Kopien genügen dem Vollstreckungsgericht in der Regel nicht!

4. Sachbehandlung

4.1 Antragsprüfung

226 Sobald der Antrag beim Vollstreckungsgericht eingeht, prüft der Rechtspfleger
- die allgemeinen Vollstreckungsvoraussetzungen, also insbesondere Titel, Klausel, Zustellung
- die rechnerische Richtigkeit der Forderungsberechnung
- die Glaubhaftmachung der bisher entstandenen Vollstreckungskosten
- die ausreichende Konkretisierung des Antrags
- die Zustellfähigkeit der Anschriften von Drittschuldner und Schuldner
- die besonderen Vollstreckungsvoraussetzungen, also insbesondere die Frage notwendiger Sicherheitsleistung

Es kann vorkommen, daß die Anschrift des Schuldners nicht bekannt ist, weil er z.B. in das Ausland verzogen ist, aber noch eine Forderung im Inland hat. Für die Wirksamkeit der Pfändung ist ausschließlich die **Zustellung an den Drittschuldner** erforderlich.

4.2 Drittschuldnerlose Rechte

227 Anders ist es bei den Ansprüchen, bei denen es keinen Drittschuldner gibt, z.B. bei Pfändung des Rechtes aus Patenten, Gebrauchsmustern, Warenzeichen und Urheberrechten. In diesem Fall wird die Pfändung nur durch **Zustellung an den Schuldner** wirksam.

4.3 Rechtliches Gehör

228 **Vor Erlaß** des Pfändungs- und Überweisungsbeschlusses wird der Schuldner **nicht gehört,** um zu verhindern, daß er vor Zustellung an den Drittschuldner die Forderung selbst eintreibt.

Sein verfassungsrechtlich abgesicherter Anspruch auf rechtliches Gehör (§ 103 I GG) entfällt dadurch nicht, weil er seine Einwendungen vorbringen kann, sobald ihm zugestellt wurde (§ 834 ZPO).

4.4 Wirkung der Beschlagnahme

229 Mit der Zustellung an den Drittschuldner ist die Forderung beschlagnahmt, es sei denn, weitere Voraussetzungen wie etwa bei den Hypotheken und Grundschulden sind zu erfüllen.

Die Beschlagnahme hat die Wirkung, daß der Drittschuldner die Forderung gegenüber dem Schuldner nicht mehr erfüllen darf. Tut er es trotzdem, so muß er danach an den Gläubiger nochmal zahlen. Da dies auf seinem eigenen Verhalten beruht, kann er in diesem Fall nicht etwa vom Schuldner später Erstattung verlangen.

4.5 Auskunftspflicht des Drittschuldners

Sobald die Zustellung erfolgt ist, muß der Drittschuldner dem pfändenden Gläubiger Auskunft geben (§ 840), 230
- ob die Forderung besteht;
- in welcher Höhe sie besteht;
- ob sie fällig, bedingt, betagt oder von einer Gegenleistung abhängig ist;
- ob die Forderung bestritten wird;
- ob der Drittschuldner eigene vorrangige Forderungen besitzt, mit denen er aufrechnen kann;
- ob andere Gläubiger gepfändet haben und ggfs. in welcher Höhe, zu welchen Zinsen, etc. (Stöber, Rdnr. 641, Mümmler, Jur Büro 86, 334).

Für den Drittschuldner ist es sehr lästig, diese Auskünfte zu geben. In größeren Unternehmen sind in der Personalabteilung oft mehrere Sachbearbeiter ausschließlich damit beschäftigt, die täglich dutzendweise eingehenden Lohnpfändungen zu bearbeiten. Dazu müssen die Pfändungsfreigrenzen im einzelnen errechnet werden, vorliegende Abtretungen geprüft, Arbeitgeberdarlehen gegengerechnet werden etc. Diesen gesamten Aufwand erstattet dem Drittschuldner niemand. Verständlich, daß viele Arbeitgeber ihren Beschäftigten ankündigen, sie würden bei Zustellung einer Pfändung „fristlos entlassen". Dazu ist der Arbeitgeber in keinem Fall berechtigt! Mancher Schuldner bittet den Gläubiger unter Hinweis auf die drohende Entlassung, von der Pfändung Abstand zu nehmen. Solche Schuldner haben meistens noch mehr Schulden. Dann erlebt der gutmütige Gläubiger, wenn er nachgibt, nicht selten, daß kurz danach der Schuldner wegen einer anderen Pfändung selbst freiwillig kündigt, weil sich das Arbeiten für ihn nicht mehr lohnt. Solche Zugeständnisse kann man nur machen, wenn der Schuldner mit einer sofortigen Lohnabtretung einverstanden ist, die nachfolgenden Pfändungen vorgeht (§ 804) oder wenn man den Pfüb zwar zustellt, die Rechte aus dem **Überweisungs**beschluß aber ruhen läßt (s. oben Rdnr. 196).

Der Drittschuldner haftet dem Gläubiger für den aus der Nichterfüllung seines Auskunftsverpflichtung entstandenen Schaden (§ 840 II S. 2).

4.6 Ist die Auskunft einklagbar?

Außer bei Großunternehmen, Behörden und Versicherungen sind die meisten von den Drittschuldnern gegebenen Auskünfte unvollständig, die wenigsten erfolgen fristgerecht und ein ganz erheblicher Anteil überhaupt nicht. Obgleich der Drittschuldner zur Auskunft verpflichtet ist, kann der Gläubiger ihn nicht auf Auskunft verklagen (BGH NJW 84, 1901). 231

Herr Krüll hat der Wema GmbH am 1.3. 1985 einen Pfüb zustellen lassen. Danach ist der Lohn des Werkmeisters Selge gepfändet. Die Wema GmbH gibt keine Auskunft, Mahnungen bleiben erfolglos.

Der Gläubiger, dem der pfändbare Lohnanteil zusteht, kann nur die Drittschuldnerklage gegen die Wema GmbH vor dem Arbeitsgericht erheben. Dabei steht er vor einem Problem: Erst in der OV-Versicherung erfährt der Gläubiger, was Herr Selge netto verdient, ob er verheiratet ist und wie viele Kinder er hat. Ohne diese Daten kann er den pfändbaren Lohnanteil nicht errechnen. Also wird er zunächst die OV-Versicherung beantragen.

Dieses Verfahren kann sich aber mit den vielfältigen, dem Schuldner zu Gebote stehenden Rechtsmitteln und praktischen Verzögerungsmöglichkeiten (Krankheit) erheblich verzögern. Will der Gläubiger so lange nicht warten, dann bleibt ihm, um Kostennachteile zu vermeiden, nur noch eine weitere Möglichkeit:

Er errechnet überschlägig (Tariflohn!), wieviel Herr Selge wohl verdient, kürzt diesen Betrag um vermutete Unterhaltsleistungen und kommt so auf einen (geschätzten) pfändbaren Betrag von DM 700,00 pro Monat.

Klagt er vor dem Arbeitsgericht nach Ablauf von zwei Monaten DM 1400,00 ein, so gibt es zwei Möglichkeiten:

- Entweder ergibt sich, daß die Wema GmbH den Betrag schuldet, dann muß sie zahlen, auch wenn sie den pfändbaren Lohnbestandteil nicht einbehalten hat
- oder der Lohnanspruch besteht aus irgendwelchen Gründen nicht (z.B. weil Herr Krüll gekündigt hat), dann kann der Gläubiger von der schweigenden Drittschuldnerin die Kosten des Rechtsstreits verlangen und zwar unabhängig von § 12a S. 1 ArbGG!

5. Verhalten des Schuldners

232 Der Schuldner hat ebenso wie der Drittschuldner Rechtsmittel (s. Rdnr. 85 ff.), um den erlassenen Pfüb anzugreifen. Unbeachtlich ist allerdings seine Einwendung, die Forderung bestehe nicht. Der Pfüb setzt gedanklich nicht voraus, daß die Forderung gegen den Drittschuldner wirklich existiert. Er geht in diesem Fall einfach ins Leere.

6. Rechte Dritter

6.1 Drittschuldner

Auch der Drittschuldner hat die Möglichkeit, formelle Fehler beim Erlaß des Pfüb mit Rechtsmitteln anzugreifen.

233 Erklärungen, die der Drittschuldner dem Gläubiger gibt, müssen inhaltlich richtig sein, anderenfalls setzt sich der Drittschuldner der Haftung aus.

Allerdings darf er **Irrtümer** in der Erklärung **jederzeit berichtigen.**

Wenn die Buchhaltung der Wema GmbH zunächst erklärt hat, es stünde ein pfändbarer Lohnanteil von 700,00 DM zur Verfügung, dann kann die

Geschäftsleitung das korrigieren und später vortragen, dieser Betrag müsse vereinbarungsgemäß zunächst mit einem Arbeitgeberdarlehen verrechnet werden. Die zunächst erfolgte **Erklärung** hat nämlich **nicht** die Qualität eines rechtlichen **Schuldanerkenntnisses** (BGH NJW 78, 44).

Derartige Erklärungen des Drittschuldners müssen allerdings glaubhaft gemacht werden (§ 294). Geschieht das nicht und klagt der Gläubiger, dann muß der Drittschuldner die Prozeßkosten zahlen, wenn er erst im Prozeß die notwendigen Mittel zur Glaubhaftmachung präsentiert.

6.2 Andere Gläubiger

Andere Gläubiger streiten um den Rang. Ihnen gegenüber muß man **234**
klarstellen, ob ein früherer Rang anerkannt wird. **Aufheben** muß man die Pfändung **nicht,** da sonst der Rang gegenüber den Nachfolgenden verloren geht!

7. Kosten

Für den Antrag auf Erlaß des Pfüb erhält der Rechtsanwalt eine 3/10 Ge- **235**
bühr gemäß § 57 BRAGO, die Gerichtskosten betragen unabhängig vom Streitwert DM 15,00. Um Gerichtskosten zu sparen, kann der Gläubiger auch einen **einheitlichen** Pfüb beantragen, der **mehrere** Forderungen des Schuldners (z.B. gegenüber mehreren Banken oder Versicherungen) beinhaltet.

Bei Pfändung künftiger Unterhaltsansprüche errechnet sich der Streitwert aus den Rückständen und für künftige Unterhaltsansprüche aus einem Jahresbetrag. Der GVZ erhält für die Zustellung je DM 5,- pro Drittschuldner (§ 16 Abs. 3 GVKostG) und DM 4,-- bei persönlicher Zustellung, für die Zustellung an den Schuldner durch Aufgabe zur Post DM 2,-- (§ 16 Abs. 1 GVKostO). Hinzu kommen Fotokopiekosten und Auslagen für Wegegelder, die von den örtlichen Verhältnissen abhängig sein können. Durchweg betragen die Kosten für den GVZ DM 20,--.

8. Taktik

Abgesehen von den gängigen Anträgen ist die Forderungspfändung ein kompliziertes Gebiet.

Trotzdem muß auch der Anfänger mehr als die Grundzüge beherrschen, **236**
denn in der Praxis wird der Gläubiger durch Forderungspfändung am ehesten sein Geld erhalten: Während der Schuldner sein Sachvermögen ohne große Mühe verwerten und beiseite schaffen kann, muß er bei Ansprüchen gegen Dritte immer deren Zustimmung erwirken.

Das gelingt im Familienkreis durch die Strohmann (Strohfrau)-Konstruktionen, durch „unbezahlte" Mithilfe im Geschäft oder dadurch, daß der Schuldner „von seiner Freundin lebt". Bei kleineren Betrieben mag auch der Chef (nicht zuletzt im eigenen Interesse) die Schwarzarbeit des Schuldners unterstützen. Sobald aber der Rahmen persönlicher Beziehungen verlassen wird, gibt es nicht mehr sehr viele Verdeckungsmöglichkeiten.

Wenn der Gläubiger Kosten nicht scheut, dann kann er auch die Strohmannkonstruktion zunichte machen.

Das gelingt durch die schnelle Drittschuldnerklage, in welcher er zum Beweis der Forderung den Schuldner selbst als Zeugen anbietet. Hier riskiert der Schuldner ungern ein Eidesdelikt und der Drittschuldner ebenso ungern den Prozeßbetrug (§ 263 StGB). Dieser Vorwurf droht ihm schon bei inhaltlich unrichtigen Sachangaben. Nicht selten wird der Drittschuldner schon durch die Führung des Prozesses ausreichend beeindruckt, um einen Vergleich anzubieten.

Voraussetzung für all diese Maßnahmen ist ein möglichst breitgefächerter, aber präzise definierter Pfändungsantrag, dessen Fassung schon im Hinblick auf die Drittschuldnerklage überlegt wird. Der zweite Gesichtspunkt ist die Schnelligkeit: Stehen keine anderen Ermittlungsmöglichkeiten zur Verfügung, so ist die schnelle Auswertung des OV-Protokolls unmittelbar nach seiner Ankunft die erste Maßnahme, die diesem Ziel dient.

Taktisch wirksam ist auch die **gleichzeitige** Pfändung von mehreren Ansprüchen, was außerdem auch Kosten spart, denn wenn die Lohnpfändung und die Pfändung eines Bankkontos im selben Beschluß angeordnet werden, fallen nur einmal Gerichts- und Anwaltskosten an.

Rechtlich umstritten, aber sehr wirksam ist die Schleppnetzpfändung: Dabei werden etwa in einer mittleren Stadt, die nur 5 Bankfilialen hat, sämtliche möglichen Ansprüche des Schuldners bei allen diesen Banken gepfändet oder aber man plaziert bei einem Makler eine Reihe von Vorpfändungen gegenüber möglichen Auftraggebern, ohne daß man aber genau weiß, ob ein Maklerauftrag vorliegt. Die Bedenken kommen in erster Linie aus der dadurch entstehenden schwierigen Situation für den Schuldner (AG München WM 1988, 174). Die Pfändung ins Blaue ist aber nur dann zu enttarnen, wenn mehrere Pfändungsanträge gleichzeitig gestellt werden. Wenn der Gläubiger also die Kosten nicht scheut, kann die Streubreite einer bestimmten Pfändung nicht eingeengt werden.

9. Checkliste

237
- Pfändungsmöglichkeiten prüfen. Das sind in der Regel:
  Lohn/Gehalt – Bankverbindungen – Lebensversicherungen – sonstige Einkünfte – Gesellschaftsanteile – Miteigentumsanteile/Hypotheken/Grundschulden.
- Welche Ermittlungsmöglichkeiten gibt es, um weitere Ansprüche des Schuldners zu ermitteln, z.B.:
  Nachbesserung und Ergänzung der OV-Versicherung – Kontaktaufnahme zu schuldnernahen Personen – Einschaltung von Auskunfteien – Detektive – Einsichtnahme in das Handelsregister – Einsichtnahme beim Grundbuchamt – Hat der Gläubiger Briefköpfe oder Rechnungen des Schuldners in Händen?
- Ist der Antrag konkret genug gefaßt?
- Sind die Zustelladressen ausreichend?

XVIII. Vorpfändung (§ 845)

1. Zweck der Vorpfändung

Der Gläubiger, dessen Pfändung zuerst dem Drittschuldner zugeht, hat den besten Rang. Sein Anspruch muß zuerst bezahlt werden (§§ 804 III, 829 II, III). 238

Wegen der unterschiedlichen Auslastung der Gerichte kann es leicht vorkommen, daß ein Pfändungsantrag, der am 1.3. eingereicht worden ist, später bearbeitet wird, als ein anderer, der erst am 10.3. zu Gericht ging. Um diesen Nachteil auszugleichen, gibt § 845 dem **Gläubiger** die Möglichkeit, **selbst** dafür zu **sorgen,** den **ersten Rang** zu bekommen.

1.1 Notwendige Voraussetzungen

Spätestens bei der Zustellung (nicht schon beim Absenden des Antrags) 239
müssen folgende Voraussetzungen erfüllt sein:

- Der Schuldtitel muß eine Geldforderung betreffen
  Falls der Titel eine Bedingung enthält, Bedingungseintritt (§ 726)
- Ablauf des Kalendertages (§ 751 Abs. 1 – jedoch Ausnahme: § 850 d III)
- Bei Verurteilung Zug um Zug: Angebot der Gegenleistung

1.2 Nicht erforderliche Voraussetzungen

Nicht erforderlich sind 240

- die Erteilung der vollstreckbaren Ausfertigung des Titels
- Die Zustellung des Titels oder der in § 750 II bezeichneten Urkunden
- Ausfertigung nach § 727 einschließlich der Beweisurkunden
- Sicherheitsleistungen oder Zustellung des nur gegen Sicherheitsleistung vorläufig vollstreckbaren Titels mit Klausel. Ferner ist der Fristablauf nach § 750 III nicht erforderlich: Die Vorpfändung sichert nur den Rang, so daß eine Gefährdung der Interessen des Schuldners noch nicht endgültig eintreten kann (arg. § 720 a).

Der Anspruch muß in gleicher Weise wie bei der Forderungspfändung genau beschrieben werden (s. oben Rdnr. 221), die Vorpfändung wird wirksam, sobald der **Gerichtsvollzieher** sie zugestellt hat, wobei ausnahmsweise jeder GVZ für diese Zustellung zuständig ist.

Die Anforderungen an die Vorpfändung sind deshalb so gering, weil sie nur den Rang sichern sollen (auflösend bedingtes Pfandrecht), die unwirksam wird, wenn der Pfändungs- und Überweisungsbeschluß nicht spätestens einen Monat nach der Zustellung der Vorpfändung ebenfalls zugestellt wird (§ 845 II 1). Die **Vorpfändung** berechtigt also **niemals** zur **Verwertung.**

1.3 Die Bedeutung der Monatsfrist

241 Gelingt es dem Gläubiger nicht, den Pfändungs- und Überweisungsbeschluß innerhalb der Monatsfrist zustellen zu lassen, kann er die Vorpfändung beliebig oft wiederholen. Dadurch entsteht eine **Kette von Vorpfändungen,** bei der allerdings jede einzelne Vorpfändung nur eine **Sperrwirkung** während der durch sie in Gang gesetzten Dreiwochenfrist entfaltet.

Das zeigt sich an einem Beispielsfall:

1.10. Versäumnisurteil TuV-Bank/Bense
3.10. Auftrag zur Zustellung der Vorpfändung der TuV-Bank
5.10. Zustellung der Vorpfändung beim Arbeitgeber des Schuldners
20.10. Zustellung eines Pfüb des Gläubigers Merten, mit dem der Arbeitslohn ebenfalls gepfändet wird
22.10. Zustellung des Pfüb der TuV-Bank

Die Sperrwirkung der Vorpfändung reicht von der Zustellung am 5.10. bis zum 5.11.

Da der Pfüb der TuV-Bank vor dem 26.10. dem Arbeitgeber zugestellt wird, hat er gegenüber dem am 20.10. zugestellten Pfüb des Gläubigers Merten den besseren Rang: Er ist ihm durch die Zustellung der Vorpfändung am 5.10. wirksam gesichert worden.

Wenn es der TuV-Bank jedoch **nicht** gelingt, den Pfüb vor dem 5.11. zuzustellen, dann würde auch eine weitere Vorpfändung nichts nützen, wenn sie im Zeitraum zwischen dem 21.10. und dem 5.11. zugestellt würde: Gegenüber dieser zweiten Vorpfändung wäre der bereits am 21.10. zugestellte Pfüb des Gläubigers Merten vorrangig: Die Vorpfändungskette verlängert nämlich nicht die Sperrwirkung der ersten Vorpfändung zu Lasten eines anderen Gläubigers (näher Stöber, Forderungspfändung Rdnr. 808).

2. Antrag – Anlagen – Fehlerquellen

242 Im Antrag muß die Forderung genau so bezeichnet werden wie im Pfändungs- und Überweisungsbeschluß. Wie er bei einer Lohnpfändung zu lauten hat, siehe nebenstehend im Formularbeispiel.

Mit der Zustellung kann auch ein Gerichtsvollzieher am Wohnsitz des Gläubigers beauftragt werden. Das ist zu empfehlen, weil es schneller geht.

Dr. Hugo Klutz
Rechtsanwalt
Theodorstraße 10
8000 München 2

Kto.: Postgiroamt München, Kto-Nr. 382778-809

An das Amtsgericht
– Gerichtsvollzieher-Aufträge –
Herrn Obergerichtsvollzieher

8000 München 35

Datum: 12.09.1992

GeschäftsZ.: ZV 92/00303/Gr
(bitte stets angeben)

Aktenzeichen (bei allen Zuschriften angeben!):
DR /19

mit der Bitte um – Vermittlung der – Zustellung

Pfändungsankündigung

Die Benachrichtigung an den Drittschuldner hat die Wirkung eines Arrestes (§§ 845 (2), 930 ZPO).

Der Drittschuldner wird gebeten, binnen zwei Wochen dem Bevollmächtigten des Gläubigers zu erklären,

1. **ob und inwieweit er die Forderung als begründet anerkenne und die Zahlung zu leisten bereit sei;**
2. **ob und welche Ansprüche andere Personen an die Forderung machen;**
3. **ob und wegen welcher Ansprüche die Forderung bereits für andere Gläubiger gepfändet sei.**

Nach der Zustellung des gerichtlichen Pfändungsbeschlusses hat der Drittschuldner gemäß § 840 ZPO die Pflicht, diese Auskunft dem Bevollmächtigten des Gläubigers zu erteilen. Der Drittschuldner haftet für den aus der Nichterfüllung seiner Verpflichtung entstehenden Schaden.

Der Drittschuldner wird gebeten, einen Arbeitsplatzwechsel des Schuldners dem Bevollmächtigten des Gläubigers mitzuteilen.

in der Zwangsvollstreckungssache

TuV Teilzahlungsbank AG, vertr.d.d.Vorstand
Dipl.-Kaufmann Horst Henze,
Parkstraße 10, 8000 München 2 Gläubiger(in)

Prozeßbevollmächtigte(r) Dr. Hugo Klutz, Theodorstraße 10, 8000 München 2

gegen

Theresa Ellert,
Residenzstraße 14, 8000 München 2 Schuldner(in)

Nach dem vollstreckbaren
Vollstreckungsbescheid des Amtsgerichts München
vom 20.07.1992

Geschäftsnr.: 15 B 12717/92

hat der / die Gläubiger(in) gegen den / die Schuldner(in)
Anspruch auf siehe anliegende DM
(in Worten: Forderungsaufstellung Deutsche Mark)
nebst 12 v. H. Zinsen seit 13.09.1992 aus DM 10.000,00
vorgerichtliche Kosten des Gläubigers DM
Kosten des Mahnverfahrens DM
festgesetzte Prozeßkosten DM
nebst 4 v. H. Zinsen seit 13.09.1992 aus DM 1.063,33
sowie bisherige Vollstreckungskosten (lt. Anlagen) DM
Wegen dieser Ansprüche **steht die Pfändung**
der Ansprüche des Schuldners an – den Arbeitgeber [1] –

Firma Albert Westpfahl GmbH & Co. KG
Römerstraße 35, 2000 Hamburg 36

Drittschuldner

aus [2] Lohn, Gehalt und sonstigen Vergütungen - siehe Anlage -

– nach Maßgabe der umseitigen Vorschriften [1] – bis zur Höhe der genannten Beträge

bevor. Davon werden hiermit gem. § 845 ZPO benachrichtigt
der Drittschuldner mit der Aufforderung, nicht an den Schuldner zu zahlen, und
der Schuldner mit der Aufforderung, sich jeder Verfügung über die Forderung, insbesondere ihrer Einziehung, zu enthalten.

Rechtsanwalt

[1] bitte streichen, wenn **nicht** Benachrichtigung wegen bevorstehender Pfändung von **Arbeitseinkommen**
[2] bitte bei bevorstehender Pfändung von **Arbeitseinkommen** einsetzen: Gehalt, Lohn und sonstige Vergütungen

XVIII. Vorpfändung

1. **Arbeitseinkommen** (§§ 832, 833, 850 ZPO):
Arbeitseinkommen sind zum Beispiel die Dienst- und Versorgungsbezüge der Beamten, Arbeits- und Dienstlöhne, Ruhegelder und ähnliche, nach dem einstweiligen oder dauernden Ausscheiden aus dem Dienst- oder Arbeitsverhältnis gewährte fortlaufende Einkünfte, ferner Hinterbliebenenbezüge sowie sonstige Vergütungen für Dienstleistungen aller Art, die die Erwerbstätigkeit des Schuldners vollständig oder zu einem Teil in Anspruch nehmen.

   Soweit sie in Geld zahlbar sind auch solche Bezüge, die ein Arbeitnehmer zum Ausgleich für Wettbewerbsbeschränkungen für die Zeit nach Beendigung seines Dienstverhältnisses beanspruchen kann, sowie Renten, die aufgrund von Versicherungsverträgen gewährt werden, wenn diese Verträge zur Versorgung des Versicherungsnehmers oder seiner unterhaltsberechtigten Angehörigen eingegangen sind.

   Die Pfändung des in Geld zahlbaren Arbeitseinkommens erfaßt alle Vergütungen, die dem Schuldner aus der Arbeits- oder Dienstleistung zustehen, ohne Rücksicht auf ihre Benennung oder Berechnungsart.

   Das Pfandrecht, das durch die Pfändung einer Geldforderung oder einer ähnlichen in fortlaufenden Bezügen bestehenden Forderung erworben wird, erstreckt sich auch auf die nach der Pfändung fällig werdenden Beträge.

   Durch die Pfändung eines Diensteinkommens wird auch das Einkommen betroffen, das der Schuldner infolge der Versetzung in ein anderes Amt, der Übertragung eines neuen Amtes oder einer Gehaltserhöhung zu beziehen hat.

2. **Berechnung des pfändbaren Arbeitseinkommens** (§§ 850 a, b, e Nr. 1 ZPO):
Nicht mitzurechnen sind Beträge, die unmittelbar aufgrund steuerrechtlicher oder sozialrechtlicher Vorschriften zur Erfüllung gesetzlicher Verpflichtungen des Schuldners abzuführen sind; ebenso Beträge in üblicher Höhe, die der Schuldner nach den Vorschriften der Sozialversicherungsgesetze zur Weiterversicherung entrichtet oder an eine Ersatzkasse oder an eine private Krankenversicherung leistet; ferner

   a) zur Hälfte die für die Leistung von Mehrarbeitsstunden gezahlten Teile des Arbeitseinkommens;
   b) die für die Dauer eines Urlaubs über das Arbeitseinkommen hinaus gewährten Bezüge, Zuwendungen aus Anlaß eines besonderen Betriebsergebnisses und Treugelder, soweit sie den Rahmen des Üblichen nicht übersteigen;
   c) Aufwandsentschädigungen, Auslösungsgelder und sonstige soziale Zulagen für auswärtige Beschäftigungen, das Entgelt für selbstgestelltes Arbeitsmaterial, Gefahrenzulagen sowie Schmutz- und Erschwerniszulagen, soweit diese Bezüge den Rahmen des Üblichen nicht übersteigen;
   d) Weihnachtsvergütungen bis zum Betrage der Hälfte des monatlichen Arbeitseinkommens, höchstens aber bis zum Betrage von DM 470,--;
   e) Heirats- und Geburtshilfen, sofern die Vollstreckung wegen anderer als der aus Anlaß der Heirat oder der Geburt entstandenen Ansprüche betrieben wird;
   f) Erziehungsgelder, Studienbeihilfen und ähnliche Bezüge;
   g) Sterbe- und Gnadenbezüge aus Arbeits- oder Dienstverhältnissen;
   h) Blindenzulagen.

3. **Berechnung des pfändbaren Betrages** (§ 850 c ZPO):
   a) Das nach 2. errechnete Netto-Einkommen des Schuldners ist unpfändbar, wenn es, je nach dem Zeitraum, für den es gezahlt wird, nicht mehr als monatlich DM 754,--, wöchentlich DM 174,-- oder täglich DM 34,80 beträgt.
   b) Gewährt der Schuldner aufgrund einer gesetzlichen Verpflichtung seinem Ehegatten, einem früheren Ehegatten oder einem Verwandten oder nach §§ 1615 l, 1615 n BGB der Mutter eines nichtehelichen Kindes Unterhalt, so erhöht sich der Betrag, bis zu dessen Höhe Arbeitseinkommen unpfändbar ist, auf bis zu monatlich DM 2028,--, wöchentlich DM 468,-- oder täglich DM 93,60,

      und zwar um monatlich DM 338,--, wöchentlich DM 78,-- oder täglich DM 15,60 für die erste Person, der Unterhalt gewährt wird,

      und um je monatlich DM 234,--, wöchentlich DM 54,-- oder täglich DM 10,80 für die zweite bis fünfte Person.
   c) Übersteigt das Arbeitseinkommen den Betrag, bis zu dessen Höhe es je nach der Zahl der Personen, denen der Schuldner Unterhalt gewährt, nach 3. a) und b) unpfändbar ist, so ist es hinsichtlich des überschießenden Betrages zu einem Teil unpfändbar, und zwar in Höhe

      von drei Zehnteln, wenn der Schuldner keiner der unter 3. b) genannten Personen Unterhalt gewährt,

      zwei weiteren Zehnteln für die erste Person, der Unterhalt gewährt wird, und

      je einem weiteren Zehntel für die zweite bis fünfte Person.

      Der Teil des Arbeitseinkommens, der monatlich DM 3302,-- (wöchentlich DM 762,--, täglich 152,40) übersteigt, bleibt bei der Berechnung des unpfändbaren Betrages unberücksichtigt.
   d) Bei der Berechnung des nach 3. c) pfändbaren Teils des Arbeitseinkommens ist das Arbeitseinkommen, ggf. nach Abzug des nach 3. c) letzter Absatz pfändbaren Betrages, nach unten abzurunden, und zwar bei Auszahlung für Monate auf einen durch DM 20,--, bei Auszahlung für Wochen auf einen durch DM 5,-- und bei Auszahlung für Tage auf einen durch DM 1,-- teilbaren Betrag.

      Der pfändbare Betrag ergibt sich unter Berücksichtigung der gesetzlichen Unterhaltspflichten des Schuldners aus der Tabelle gemäß § 850 c (3) ZPO (in der Fassung mit Wirkung ab 1. April 1984).
   e) Hat eine Person, welcher der Schuldner aufgrund ges. Verpflichtung Unterhalt gewährt, eigene Einkünfte, so kann das Vollstreckungsgericht auf Antrag des Gläubigers nach billigem Ermessen bestimmen, daß diese Person bei der Berechnung des unpfändbaren Teils des Arbeitseinkommens ganz oder teilweise unberücksichtigt bleibt; bei teilweiser Berücksichtigung genügt die Bezugnahme auf die Tabelle im Pfändungsbeschluß nicht.

4. Bei mehreren Arbeitseinkommen, bei Naturalleistungen, bei Änderung der Unpfändbarkeitsvoraussetzungen, bei verschleiertem Arbeitseinkommen und bei Sonderfällen des Pfändungsschutzes sind maßgeblich die §§ 850 e Nr. 2, 2 a, 3, 850 g – k ZPO, für weitere Änderungen des unpfändbaren Betrages § 850 f ZPO.

5. **Pfändung wegen Unterhaltsansprüchen** (§ 850 d ZPO):
Wegen der Unterhaltsansprüche, die kraft Gesetzes einem Verwandten, dem Ehegatten, einem früheren Ehegatten oder nach §§ 1615 l, 1615 n BGB der Mutter eines nichtehelichen Kindes zustehen, sind das Arbeitseinkommen und die in 2. a), b) und d) genannten Bezüge ohne die unter 3. bezeichneten Beschränkungen pfändbar. Dem Schuldner ist jedoch so viel zu belassen, als er für seinen notwendigen Unterhalt und zur Erfüllung seiner laufenden gesetzlichen Unterhaltspflichten gegenüber den dem Gläubiger vorgehenden Berechtigten oder zur gleichmäßigen Befriedigung der dem Gläubiger gleichstehenden Berechtigten bedarf; von den in 2. a), b), d) genannten Bezügen hat ihm mindestens die Hälfte des nach 2. a) – h) unpfändbaren Betrags zu verbleiben. Der dem Schuldner hiernach verbleibende Teil seines Arbeitseinkommens darf den Betrag nicht übersteigen, der ihm nach den unter 3. genannten Vorschriften gegenüber nicht bevorrechtigten Gläubigern zu verbleiben hätte. Für die Pfändung wegen der Rückstände, die länger als ein Jahr vor dem Antrag auf Erlaß des Pfändungsbeschlusses fällig geworden sind, gelten die Vorschriften dieses Absatzes insoweit nicht, als nach Lage der Verhältnisse nicht anzunehmen ist, daß der Schuldner sich seiner Zahlungspflicht absichtlich entzogen hat.

   Mehrere nach Absatz 1 Berechtigte sind mit ihren Ansprüchen in folgender Reihenfolge zu berücksichten, wobei mehrere gleich nahe Berechtigte untereinander gleichen Rang haben:

   a) Die minderjährigen unverheirateten Kinder, der Ehegatte, ein früherer Ehegatte, die Mutter eines nichtehelichen Kindes mit ihrem Anspruch nach § 1615 l, 1615 n BGB;
   b) die übrigen Abkömmlinge, wobei die Kinder den anderen vorgehen;
   c) die Verwandten in aufsteigender Linie, wobei die näheren Grade den entfernteren vorgehen.

   Bei der Vollstreckung wegen der in Absatz 1 bezeichneten Ansprüche sowie wegen der aus Anlaß einer Verletzung des Körpers oder der Gesundheit zu zahlenden Renten kann zugleich mit der Pfändung wegen fälliger Ansprüche auch künftig fälligwerdendes Arbeitseinkommen wegen der dann jeweils fällig werdenden Ansprüche gepfändet und überwiesen werden.

3. Sachbehandlung

Der Gerichtsvollzieher hat lediglich zu überprüfen, ob die Forderungsbeschreibung durch den Gläubiger konkret genug und ob die Adressenangabe für die Zustellung ausreichend ist. Vorpfändungen sind als „Eilsache“ zu behandeln, die Post ist darauf hinzuweisen, daß die Zustellung nach Stunde und Minute zu bezeichnen ist (§ 178 II 1 GVGA). Wenn der Zustellungsnachweis zurückkommt, verbindet der Gerichtsvollzieher ihn mit dem bei ihm verbliebenen Original und schickt ihn dem Gläubiger, der erst jetzt (!) die 3-Wochen-Frist berechnen kann. In ungünstigen Fällen kommt die Zustellnachricht erst nach 10 oder 14 Tagen, oder die Postsendung geht verloren. Hier muß der Gläubiger notfalls die zweite Vorpfändung ausbringen, **ohne das Zustelldatum zu kennen.** **243**

4. Verhalten des Schuldners

Durch die Zustellung erfährt der Schuldner von der Maßnahme und kann sich rechtzeitig darauf vorbereiten, Einwendungen gegen die später erfolgende Forderungspfändung zu erheben. Damit wird seinem Recht auf rechtliches Gehör (Art. 103 GG) Rechnung getragen. Für die Wirksamkeit der Zustellung reicht allerdings wie bei der Forderungspfändung die Zustellung an den Drittschuldner aus. **244**

5. Rechte Dritter

Für den Drittschuldner hat die Vorpfändung die Wirkung eines Arrestes, er darf also nicht mehr an den Schuldner zahlen, bis die Monatsfrist abgelaufen ist (§§ 829, 930). Eine Erklärungspflicht, wie sie ihn nach Zustellung der Pfändung trifft, hat er nicht! Man darf ihn aber zur Auskunftserteilung auffordern, die er freiwillig geben kann. Zahlt der Drittschuldner nach der Zustellung trotzdem an den Schuldner und wird der Pfüb später rechtzeitig zugestellt, muß er zweimal bezahlen. **245**

6. Kosten

Der Gerichtsvollzieher erhält für die Zustellung die Gebühr nach § 16 GVKostG. Wenn er die Aufforderung etwa im Zusammenhang mit einer Sachpfändung selbst fertigt, eine weitere Gebühr von 7,50 DM nach § 16a GVKostG. Der Rechtsanwalt erhält $^{3}/_{10}$ gemäß § 57 BRAGO und zwar für alle Vorpfändungen einer Vorpfändungskette und bei mehreren Drittschuldnern (Argument: Einheitlicher Auftrag). **246**

Auch für den nachfolgenden Antrag auf Erlaß eines Pfändungs- und Überweisungsbeschlusses gibt es keine zusätzliche Gebühr.

7. Taktik

247 Die Vorpfändung ist ein scharfes Schwert in der Hand des erfahrenen Gläubigers und seines Anwalts. Es gibt keine bessere Methode, schnell den Rang vor allen anderen Gläubigern zu besetzen. Der Witz der Vorpfändung besteht darin, daß man den Rang besetzen kann

- ohne Ausfertigung des Titels
- ohne Erteilung der Klausel
- ohne Bestätigung der Rechtsnachfolge (§ 727)
- ohne Berücksichtigung der Frist des § 798.

Es fehlt also so ziemlich alles, was man sonst als Voraussetzung für die Zwangsvollstreckung bezeichnet. Im Extremfall kann der Gläubiger sich vormittags 10.30 Uhr die Verkündung des Urteils anhören und am gleichen Tag durch den Eilgerichtsvollzieher eine Forderung wirksam arrestieren.

Genauso schnell kann man diese Sicherung aber auch verlieren:

Die ganze Mühe ist nämlich umsonst, wenn man nicht unverzüglich daran geht, die Voraussetzungen für den Pfändungs- und Überweisungsbeschluß zu schaffen, sich also die vollstreckbare Ausfertigung zu besorgen und ihn sofort zu beantragen.

Der Antrag sollte mit dem Zusatz versehen werden: „Eilt sehr! Vorpfändung am (Datum) ausgebracht!"

Auch bei einer laufenden Vollstreckung, so vor allem bei der Zustellung des OV-Protokolls an mehrere Gläubiger, ist die Vorpfändung oft das einzige Mittel, um anderen Gläubigern zuvor zu kommen. Von ihr wird zu wenig Gebrauch gemacht!

8. Checkliste

248
- Ist das Urteil (mündlich) verkündet?
- Sind im Urteil festgelegte Bedingungen erfüllt (§ 726)?
- Sind bei Zug-um-Zug-Verurteilungen Gegenleistungen erbracht und nachgewiesen (s. oben Rdnr. 73)? (§ 756, 765)
- Ist die Forderung konkret genug beschrieben?
- Ist die Adresse des Drittschuldners zustellfähig?
- Ist im Falle des § 751 der Kalendertag abgelaufen?

XIX. Sicherungsvollstreckung (§ 720 a)

1. Schneller Zugriff bei Sicherungsvollstreckung

Viele Urteile sind nur gegen Sicherheitsleistung vorläufig vollstreckbar (§§ 708, 709, 712 II 2). Die Beibringung der Sicherheit dauert Zeit, sei es, weil der Gläubiger sich den Barbetrag zum Zweck der Hinterlegung erst verschaffen muß, sei es, weil er eine Bankbürgschaft beizubringen hat.

§ 720a gibt dem Gläubiger die Möglichkeit, diesen Zeitverlust, der seinen Rang gefährdet, bei 249
- der Sachpfändung (§ 803)
- der Pfändung von Forderungen (§ 829)
- der Eintragung einer Sicherungshypothek (§ 866 I)
- dem Antrag auf Offenbarungsversicherung (§ 899 f) (umstritten!)

dadurch wettzumachen, daß er von der Sicherungsvollstreckung Gebrauch macht.

Die Vermögenswerte des Schuldners dürfen allerdings **nicht verwertet** werden. Eine Verwertung ist erst möglich,
- wenn der Titel rechtskräftig geworden
  oder
- wenn die Sicherheit geleistet worden ist.

Bei der Sachpfändung darf also vorher nicht versteigert, bei der Forderungspfändung nur der Pfändungsbeschluß, nicht aber der Überweisungsbeschluß beantragt werden.

Die Sicherungsvollstreckung muß auch aufgehoben werden, wenn der Schuldner seinerseits Sicherheit leistet.

2. Antrag

Zur Antragstellung kann ich auf die vorherigen Kapitel verweisen. Es ist lediglich bei jeder einzelnen Vollstreckungsmaßnahme der Zusatz erforderlich: 250

„Es wird lediglich Sicherungsvollstreckung gem. § 720 a ZPO beantragt."

Der Antrag auf Sicherungsvollstreckung darf erst **zwei Wochen nach Zustellung** einer Urteilsausfertigung und der Vollstreckungsklausel (beides in der Regel zeitgleicher Teil) erfolgen (§ 750 III).

3. Sachbehandlung

Wird der Gerichtsvollzieher mit der Sicherungsvollstreckung beauftragt, so pfändet er Eigentum des Schuldners durch Anbringung der Pfandsiegel, das Vollstreckungsgericht erläßt Pfändungs- (nicht: Überweisungs-) beschluß oder ordnet die Offenbarungsversicherung an. Mit der Pfändung wird für den Gläubiger nur der Rang gesichert, eine Verwertung darf nicht erfolgen. 251

Der Schuldner kann die Sicherungsvollstreckung dadurch abwenden, daß er selbst Sicherheit leistet (§ 720 a III), obgleich er dazu normalerweise nicht verpflichtet wäre.

4. Kosten

Für die Sicherungsvollstreckung erhält der Rechtsanwalt die $^{3}/_{10}$ Gebühr des § 57 BRAGO. Für den nachfolgenden Verwertungsantrag (nach Rechtskraft oder Leistung der Sicherheit) darf keine weitere Gebühr berechnet werden (Argument: Einheitlicher Auftrag). 252

5. Taktik

253 Bei der Sicherungsvollstreckung müssen sämtliche allgemeinen Voraussetzungen der Zwangsvollstreckung erfüllt sein, bis auf die Sicherheitsleistung.

Da sie erst nach der 2-Wochenfrist des § 750 III erfolgen darf, ist sie in der Regel nur vonnöten, wenn der Gläubiger versehentlich vergessen hat, sich die erforderliche Sicherheitsleistung rechtzeitig vor der Vollstreckung zu besorgen (Rdnr. 63 ff.).

Zudem ist die Sicherungsvollstreckung riskant, falls das Urteil später aufgehoben wird: Zwar billigen einige Gerichte auch die Möglichkeit zu, die Offenbarungsversicherung auf diesem Weg zu erzwingen, das Haftungsrisiko ist hier aber nicht unerheblich (s. dazu OLG Düsseldorf, NJW 80, 2717; OLG Koblenz NJW 79, 221).

6. Checkliste

254 Vor dem Antrag sind zu überprüfen:
- Die allgemeinen Voraussetzungen der Zwangsvollstreckung (siehe oben Rdnr. 19), insbesondere Zustellung von Titel und Klausel);
- Ablauf der 2 Wochen-Frist des § 750 III;
- Einhaltung sämtlicher sonstigen Voraussetzungen der beabsichtigten Pfändungsmaßnahme (Sachpfändung, Sicherungshypothek, Offenbarungsversicherung);
- Beschränkung des Antrags auf Pfändung bzw. Eintragung des Rechts.

XX. Vollstreckung in Grundstücke (§§ 864–871)

1. Allgemeines

1.1 Zwangsversteigerung und Zwangsverwaltung (ZVG)

255 Das Verfahren der Zwangsversteigerung und der Zwangsverwaltung ist aus historischen Gründen nicht in der ZPO, sondern in einem getrennten Gesetz, dem Zwangsversteigerungsgesetz (ZVG) geregelt. § 869 verweist auf dieses Gesetz, so daß die allgemeinen Regeln der ZPO auch dort gelten. Beide Verfahren werden hier nur erwähnt, aber nicht eingehend behandelt: sie erfordern mehr Erfahrung als der Anfänger hat.

1.1.1 Zwangsversteigerung

256 Ähnlich wie die dem Schuldner gehörenden beweglichen Sachen wird hier das dem Schuldner gehörende Grundstück durch das Vollstreckungsgericht an einen meistbietenden Interessenten versteigert. Die Versteigerung soll Gewähr dafür bieten, daß die Vermögenswerte des Schuldners nicht

verschleudert werden (74a, 85a ZVG). Darauf hat der Schuldner auch unter verfassungsrechtlichen Gesichtspunkten Anspruch (BVerfG 42, 64).

1.1.2 Zwangsverwaltung

Da viele Grundstücke, sei es durch Pacht, sei es durch Miete, fortlaufende Einnahmen bringen, kann das Vollstreckungsgericht auf Antrag einen Zwangsverwalter einsetzen. Damit verliert der Schuldner das Recht, die Mieten oder Pachten einzuziehen. Der Zwangsverwalter hat ähnlich wie der Konkursverwalter dafür Sorge zu tragen, daß die Mieten oder Pachten nicht mehr dem Schuldner, sondern dem Gläubiger zufließen. **257**

1.2 Eintragung einer Zwangssicherungshypothek (§ 866)

Hier wird der Schuldner gezwungen, die Eintragung einer Sicherungshypothek zu dulden, aus welcher der Gläubiger dann die Versteigerung betreiben kann. Die Sicherungshypothek (Mindestbetrag: DM 500: (§ 866 III)) hat in erster Linie den Zweck, dem Gläubiger seinen **Rang** gegen Verfügungen des Schuldners (z.B. Vornahme von Belastungen) oder Zugriffe anderer Gläubiger **abzusichern.** **258**

Sobald der Gläubiger erfährt, daß der Schuldner Grundbesitz hat, ist, unabhängig von anderen Maßnahmen, in **jedem Falle** ein **Antrag** auf **Eintragung** einer **Zwangshypothek** zu stellen. **259**

- Da die Zwangshypothek den Rang sichert, kann Zwangsvollstreckungsmaßnahmen anderer Gläubiger vorgegriffen werden.
- Über den Antrag auf Eintragung der Zwangshypothek wird erheblich schneller entschieden, als über alle anderen Anträge.
- Die Zwangshypothek führt automatisch dazu, daß der Gläubiger einen Anspruch auf Löschung vorrangiger Rechte hat, soweit diese bezahlt sind (§ 1179a BGB). Da das Verfahren der Eintragung einer Zwangshypothek viel einfacher gestaltet ist als das Zwangsversteigerungs- oder Zwangsverwaltungsverfahren, kann man dabei weniger Fehler machen.
- Das Zwangsversteigerungsverfahren kann zu erheblichen finanziellen Vorbelastungen des Gläubigers führen (vor allem: Gutachterkosten), denn hier wird das Grundvermögen schon verwertet, während die **Zwangshypothek** den Charakter einer **Sicherungsmaßnahme** hat und daher **weniger Kosten** verursacht.

Ist die Zwangssicherungshypothek eingetragen, kann der Gläubiger danach Klage auf Duldung der Zwangsvollstreckung erheben (Thomas/Putzo § 867 Anm. 5). Ist das daraufhin ergehende Urteil rechtskräftig, kann der Gläubiger die Zwangsversteigerung oder die Zwangsverwaltung betreiben.

1.3 Pfändung von Ansprüchen aus Grundpfandrechten

Systematisch gehören solche Ansprüche in das Kapitel „Forderungspfändung" (Rdnr. 188ff.). Ich möchte aber an dieser Stelle die praktische Bedeutung im Zusammenhang mit der Verwertung des Grundvermögens des Schuldners zeigen. **260**

Peter Bull hat 1983 ein Haus mit mehreren Mietwohnungen gekauft (Wert: DM 500 000,00) und in Höhe von DM 300 000,00 über eine Grundschuld finanziert. Zins und Tilgung hat er pünktlich bezahlt. Derzeit schuldet er der Bank nur noch DM 150 000,00. An zweiter Rangstelle hat er der TUV Bank eine Grundschuld über DM 300 000,00 eintragen lassen. Am 01.06. 85 wird für seinen Gläubiger Max Mell eine Sicherungshypothek über 100 000,00 DM eingetragen.

Wenn der Gläubiger Mell jetzt die Zwangsversteigerung betreibt, hat er wenig Aussichten, bezahlt zu werden: Die Grundpfandrechte an erster und zweiter Rangstelle müssen zuerst bezahlt werden und es ist sehr ungewiß, ob ein Bieter im Versteigerungsverfahren mehr als 450 000,00 DM bezahlen wird. Nur dann nämlich würde nach Bezahlung der anderen Gläubiger und der Versteigerungskosten etwas für die Forderung übrig bleiben. Hier muß der Gläubiger daran denken, **neben** der **Sicherungshypothek auch** den **Rückübertragungsanspruch** des Schuldners gegenüber dem erstrangigen Gläubiger pfänden zu lassen, der immer höher wird, je mehr der Schuldner von der zunächst aufgenommenen Grundschuld zurückzahlt. Überträgt der Schuldner diesen Anspruch nämlich auf einen anderen, dann bleibt der Gläubiger immer in der schlechten Rangposition, die er eingenommen hat – anderenfalls kann er diese verbessern.

Die hier auftauchenden komplizierten Fragen überfordern den Anfänger. Wichtig ist jedoch der Hinweis, daß der Gläubiger bei der **Vollstrekkung ins Grundvermögen** immer auch an die **Pfändungsmöglichkeiten** denken muß, die sich in diesem Zusammenhang ergeben.

1.4 Zubehör (§ 865 i.V.m. §§ 97, 98, 1120 BGB)

261 Bei der Sachpfändung stößt man bei einem Schuldner, der ein Grundstück besitzt, auf ein weiteres Problem: Bewegliche Sachen, die **Zubehör** des Grundstücks sind und die den Wert eines Grundstücks oft erheblich beeinflussen können, werden **nur zusammen mit dem Grundstück** versteigert, eine **Sachpfändung** durch den GVZ ist **unzulässig.**

1.5 Der Schuldner hat mehrere Grundstücke:

Das wirft ein besonderes Problem auf, denn nach § 867 II darf der Gläubiger nicht für ein und dieselbe Forderung mehrere Grundstücke belasten.

262 Klaus Boll besitzt ein Grundstück in Frankfurt (Wert: 250 000,00 DM), das mit einer Grundschuld von DM 180 000,00 belastet ist. Außerdem besitzt er eine Eigentumswohnung in Hamburg (Wert: 350 000,00 DM), auf der eine Hypothek mit DM 300 000,00 liegt. Sein Gläubiger hat ein rechtskräftiges Urteil über 100 000,00 DM gegen ihn erwirkt und weiß von beiden Grundstücken.

Läßt der Gläubiger die gesamte Forderung von DM 100 000,00 auf dem Grundstück in Frankfurt eintragen, dann kann er nicht nochmals eine Sicherungshypothek in Hamburg beantragen. Die Verwertung des Grundstückes in Frankfurt wird allerdings höchstens DM 70 000,– (250 000–180 000) ergeben, mit dem Rest der Forderung fällt der Gläubiger aus. Wenn andere Gläubiger zwischenzeitlich in die Eigentumswohnung in Hamburg vollstreckt haben, ist der Verlust endgültig. Klüger wäre es, zwei Sicherungshypotheken einzutragen, und zwar eine auf dem Grundstück in Frankfurt in Höhe von DM 60 000 und eine andere auf der Eigentumswohnung in Hamburg in Höhe von DM 40 000,–. Dann bleibt auch nach Abzug der Kosten der Versteigerung etwas übrig.

1.6 Wertberechnung

Für den Gläubiger ist es allerdings nicht ganz einfach, den Wert eines 263
Grundstückes ohne Gutachten abschätzen zu können, da ihm als Information **nur** das **Grundbuchblatt** zur Verfügung steht, in dem der **Verkehrswert nicht** angegeben ist. Man kann aber aus den im Grundbuchblatt enthaltenen Angaben einigermaßen zutreffende Schlüsse über den Wert eines Grundstückes oder einer Eigentumswohnung bekommen, wenn man sie folgendermaßen auswertet:

- Grundstücksgröße
  Da ein Grundstück in der Regel um so wertvoller ist, je größer es ist, kann man aus der Größenangabe im Grundbuch Schlüsse ziehen.
  Bei Eigentumswohnungen ist immer der Tausendstel oder der Zehntausendstel Anteil angegeben, aus dem man wenigstens in groben Zügen auf die Größe der Wohnung schließen kann. Genaues erfährt man über Teilungserklärung und Baubeschreibung, die im Grundakt liegen.
- Belastung:
  In der Regel wird Grundvermögen durch Hypotheken vorfinanziert. Die Hypothekenbanken dürfen Grundbesitz nur bis zu 60% des Verkehrswertes beleihen. Wenn also an erster Rangstelle eine Hypothek für eine Bank eingetragen ist, dann weiß man: das sind höchstens 60% des Gesamtwertes. Dieser wird nach folgender Formel errechnet:

$$\frac{\text{Belastung} \times 100}{60} = \text{Verkehrswert}$$

  Jetzt muß man nur noch überprüfen, ob nach der ersten Hypothek weitere Grundpfandrechte eingetragen sind, die den errechneten Verkehrswert übersteigen.

Das Grundstück der Planbau Süd ist mit 240 000 DM an erster Rangstelle belastet. Danach ist für eine Bausparkasse DM 60 000 eingetragen, an dritter und vierter Rangstelle findet sich je eine Eigentümergrundschuld zu DM 50 000,–. Der Verkehrswert ist voraussichtlich:

$$\frac{240\,000 \times 100}{60} = 400\,000$$

abzüglich Belastungen

1.–4. Rangstelle 400 000 DM

Dieses Grundstück ist nach Grundbuchlage keine Mark mehr wert. 264
Trotzdem sollte

- eine Sicherungshypothek eingetragen werden,
- die Rückübertragungsansprüche bezüglich der Eigentümergrundschuld und der Belastung in Ziff. 2 und 1 gepfändet werden. Der Schuldner hat wahrscheinlich **Tilgungsleistungen** erbracht, die man **aus dem Grund-**

buch nicht feststellen kann und die Sicherungshypothek bewirkt nicht nur die Rangsicherung, sondern **auch** das **Mitspracherecht** des Gläubigers **bei freihändiger Verwertung** oder Versteigerung, auch wenn er schlimmstenfalls mit seiner Forderung ausfällt.

Wenn der Schuldner **nur** ein Grundstück hat, und man sieht, daß dieses Grundstück höher belastet ist als der Verkehrswert, sollte man trotzdem nicht darauf verzichten, eine Sicherungshypothek eintragen zu lassen:

265 Aus dem Grundbuch ist ja nicht ersichtlich, in welchem Umfang der Schuldner Forderungen, die durch die Grundpfandrechte gesichert sind, schon bezahlt hat. Viele Schuldner achten nicht darauf, beim Grundbuchamt die erforderlichen Berichtigungsanträge zu stellen, wenn sie erhebliche Teile der Forderung schon bezahlt haben. Es kann also sein, daß das Grundbuch ein viel erschreckenderes Bild abgibt, als es der Wirklichkeit entspricht.

Steht man allerdings vor dem Problem, eine Sicherungshypothek verteilen zu müssen, dann muß man das aufgrund derjenigen Belastungen entscheiden, die das Grundbuch ausweist, denn über die Bezahlung einzelner vorrangiger Forderungen kann man nur dadurch etwas erfahren, daß man die Rückübertragungsansprüche pfändet und von den vorrangigen Gläubigern die Drittschuldnerauskunft nach § 840 verlangt.

Manchmal ist die Pfändung der Rückübertragungsansprüche schon aus diesem Grunde für den Gläubiger von hohem Nutzen.

2. Antrag

2.1 Antrag auf Zwangsversteigerung

Er ist an das **Vollstreckungsgericht** zu richten und lautet:

266 *„Ich beantrage die Zwangsversteigerung des dem Schuldner gehörenden Grundstücks, eingetragen im Grundbuch von München, Gemarkung Schwabing, Band III, Bl. 728, Flurstück Nr. 1200, wegen*
- *15 500,– DM Hauptsache zuzüglich 12% Zinsen hieraus seit 12. 1. 1984*
- *1750,20 DM titulierter Verfahrenskosten zuzüglich 4% Zinsen hieraus seit 3. 4. 1985*
- *120,– DM titulierter vorgerichtlicher Mahnauslagen*
- *1210,– DM bisheriger Kosten der Zwangsvollstreckung gemäß den beigefügten Vollstreckungsunterlagen*
- *der Kosten der gegenwärtigen Rechtsverfolgung."*

2.2 Antrag auf Eintragung einer Sicherungshypothek

267 Dieser Antrag wird **nicht an das Vollstreckungsgericht,** sondern an das **Grundbuchamt** gerichtet und lautet wie folgt:

„Ich beantrage die Eintragung einer Sicherungshypothek gem. §§ 866, 867 ZPO auf dem Grundstück des Schuldners, eingetragen im Grundbuch des Amtsgerichts München, Gemarkung Schwabing, Band III, Bl. 728, Flurstück Nr. 1200, wegen . . ."

2.3 Antrag bei mehreren Grundstücken

Sind mehrere Grundstücke vorhanden, so wird wie folgt verteilt:

„Ich beantrage die Eintragung einer Sicherungshypothek gem. §§ 866, 867 ZPO auf nachfolgend genannten Grundstücken und verteile wie folgt: 268
- *auf dem Grundstück, vorgetragen im Grundbuch des Amtsgerichts München, Gemarkung Schwabing, Band III, Bl. 728, S. 1, Flurstück Nr. 1200, wegen*
  - *eines Teilbetrages von 9500,– DM Hauptsache zuzüglich 12% Zinsen hieraus seit 12. 1. 1984;*
- *auf dem Grundstück des Schuldners, eingetragen im Grundbuch des Amtsgerichts München, Gemarkung Obermenzing, Band II, Bl. 561, S. 1, Flurstück Nr. 28, wegen*
  - *DM 6500,– Hauptsache zuzüglich 12% Zinsen hieraus seit 12. 1. 1984; (folgen restliche Forderungen wie bei 2. 1.).“*

2.4 Ermittlung der notwendigen Grundstücksdaten

Um den Antrag zu stellen, muß der Gläubiger wenigstens die richtige 269
und vollständige Grundbuchbeschreibung kennen. Es ist nicht immer einfach, an diese Information zu gelangen, denn auch in der Offenbarungsversicherung gibt der Schuldner nur selten die erforderlichen Daten an. Da der Antrag zur Ergänzung der Offenbarungsversicherung lange dauern kann, muß sich der Gläubiger überlegen, wie er möglichst schnell an diese Information kommt.

Peter Bull erfährt durch einen kurzen Vermerk auf dem Pfändungsprotokoll des Gerichtsvollziehers, daß der Schuldner „im eigenen Hause wohnt“. Lediglich die Adresse, Lessingstr. 58, 8 München 2 ist bekannt.

In jeder Gemeinde wird beim Katasteramt (in einigen Ländern: Liegenschaftsamt) eine Liste geführt, in welcher zu jedem Grundstück nach seiner Straßenbezeichnung die entsprechende Stelle im Grundbuch angegeben ist.

Wenn Peter Bull beim Katasteramt anfragt, erhält er die Auskunft, daß die Grundstücksdaten (für das Anwesen Lessingstraße 58) wie folgt lauten: „Gemeinde München, Grundbuchbezirk Maxvorstadt, Band IV, Blatt 593“.

In Eilfällen kann man sich notfalls mit dieser (manchmal auch telefonisch abfragbaren) Auskunft begnügen, denn sie reicht für die Eintragung einer Zwanghypothek aus.

Trotzdem ist Vorsicht geboten, denn nur der Grundbuchauszug enthält die weiteren, für die Vollstreckung wichtigen Angaben, ob der Schuldner Eigentümer, Miteigentümer oder nur Inhaber einer Auflassungsvormerkung ist. Außerdem kann ein Grundbuchblatt mehrere Flurstück-Nummern aufweisen: Hat man dann die Flurstück-Nummer nicht im Antrag aufgeführt, so wird er **sofort** zurückgewiesen, da der Rechtspfleger nicht weiß, auf **welche Grundstücke** die Forderung verteilt werden soll (§ 867 II).

Die Beschlagnahme des Grundstücks tritt erst ein, wenn die Sicherungshypothek eingetragen ist. Entscheidend ist dabei, daß das Grundbuchamt den Eintragungsantrag so früh wie möglich erhält.

3. Verhalten des Schuldners

270 Die Eintragungsmitteilung wird dem Schuldner von Amts wegen zugestellt (§ 55 GBO). Nicht selten ist das für ihn der Anlaß, mit dem Gläubiger in Vergleichsgespräche zu treten, um zu verhindern, daß dieser nun das Versteigerungsverfahren betreibt. Mancher Schuldner hat sich mit anderen Gläubigern, denen er freiwillig Grundpfandrechte eingeräumt hat, auf ein Stillhalteabkommen geeinigt. Ein solches Abkommen ist immer gefährdet, wenn nun ein neuer Gläubiger Zwangsmaßnahmen ergreift.

Viele Schuldner weisen in diesem Stadium darauf hin, daß die Zwangsversteigerung völlig sinnlos sei, weil die vorrangigen Gläubiger hohe Forderungen haben, die den Wert des Grundstücks übersteigen. Das ist zwar richtig, sollte aber niemals Anlaß sein, sich mit der Löschung der Sicherungshypothek einverstanden zu erklären: Neben der Zwangsversteigerung besteht immer noch die Möglichkeit des **freihändigen Verkaufs,** und der Schuldner wird sich meist bis zuletzt darum bemühen, das Grundstück auf diese Weise zu verwerten, weil er damit einen höheren Preis als in der Versteigerung erzielt. Beim freihändigen Verkauf aber wird ein Käufer stets darauf bestehen, daß alle Belastungen, die auf dem Grundstück liegen, beseitigt werden, und damit muß der Gläubiger sich nur einverstanden erklären, wenn die Forderung auch bezahlt wird.

4. Rechte Dritter

271 In den meisten Fällen wird der Gläubiger auf andere Gläubiger stoßen, denen der Schuldner schon eine Hypothek oder eine Grundschuld bewilligt hat, nicht selten sind schon andere Sicherungshypotheken eingetragen. Durch die Reihenfolge der Anträge ist die Rangordnung unter den Gläubigern von vornherein festgelegt, so daß es zwischen ihnen selten Streit gibt. Der Gläubiger sollte aber in jedem Fall überprüfen, ob die Grundpfandrechte, die ihm selbst vorgehen, wirklich **wirksam eingetragen** sind und in welchem Umfang solche Forderungen **schon zurückgezahlt** wurden. Hier ist die Pfändung der Rückübertragungsansprüche wiederum das geeignete Mittel, um zu den erforderlichen Informationen zu gelangen (Rdnr. 259)

5. Taktik

272 Wie immer spielt die Schnelligkeit des Gläubigerzugriffs die größte Rolle: wer früher erfährt, daß der Schuldner Grundbesitz hat, und ohne zu zögern die Sicherungshypothek beantragt, sobald er die erforderlichen Mindestdaten zur Verfügung hat, erreicht vor allen anderen Gläubigern den besseren Rang.

Die Sicherungshypothek hat im Gegensatz zum Zwangsversteigerungsantrag auch den Vorteil, daß man sich nach der Eintragung Zeit damit lassen kann zu überlegen, wie man nun am wirkungsvollsten in der Vollstreckung fortschreitet.

Man darf dabei allerdings nicht vergessen, daß die vorrangigen Gläubiger nicht nur Hauptsache, sondern auch Zinsen zu erhalten haben. Bei 10% Zinsen verdoppelt sich die Hauptsacheforderung in ca. 7 Jahren, wenn nicht getilgt wird.

Eine vorrangige Hypothek mit DM 100 000,00 und 10% Zinsen belastet das Grundstück daher in 7 Jahren mit insgesamt DM 200 000,00. In den meisten Fällen sind Grundschulden vorsorglich mit einem höheren Zins ausgestattet, als der Gläubiger (in der Regel: die Bank) sie in Wirklichkeit verlangt.

Die TuV Bank hat sich eine Grundschuld in Höhe von DM 100 000,00 mit 16% Jahreszinsen bewilligen lassen.

Diese Eintragung im Grundbuch sagt noch nichts darüber, daß der Zins tatsächlich 16% beträgt, da die Bank sich immer einen höheren Zinssatz bewilligen läßt, als sie ihn in Wirklichkeit verlangt. Eine konkrete Zinsberechnung kann man also erst durchführen, wenn man den wirklichen Zinssatz kennt, den man wiederum nur über die Pfändung der Rückübertragungsansprüche erfahren kann. Soweit derartige Gläubiger Banken sind, erhält man diese Auskünfte in der Regel auch zutreffend.

XXI. Herausgabe von Sachen, Grundstücken und Wohnungen (§§ 883–886, 846–849)

1. Gegenstand der Vollstreckung

Wenn der Titel auf Herausgabe einer Sache lautet, dann muß dem Gläubiger der Besitz verschafft werden. Dabei sind zu unterscheiden: 273

- Unbewegliche Sachen:
  Das sind alle Grundstücke und die mit dem Grundstück unmittelbar verbundenen Gegenstände, also die Gebäude, vor allem die Wohnungen und alle dazugehörigen wesentlichen Bestandteile (§§ 93 f. BGB).
- Bewegliche Sachen:
  Das sind alle körperlichen Gegenstände, die nicht Grundstücke sind (§§ 90 ff. BGB).

1.1 Formulierung des Anspruchs

Der Gläubiger darf den geschuldeten Gegenstand dem Schuldner nicht selbst wegnehmen (das wäre verbotene Eigenmacht, § 858 BGB und in den meisten Fällen auch Hausfriedensbruch, § 123 StGB). Daher muß eine Amtsperson (hier: der Gerichtsvollzieher) die Wegnahme durchführen. Da der Gerichtsvollzieher den Gegenstand, der wegzunehmen ist, nicht kennt, kann er ihn nur anhand seiner Beschreibung im Urteil identifizieren. So entsteht eines der schwierigsten Probleme bei der Herausgabevoll- 274 streckung gar **nicht im Bereich der Zwangsvollstreckung, sondern** viel früher **im Erkenntnisverfahren.** Wenn der Gläubiger unpräzise formuliert, kann er zwar den Prozeß gewinnen, der Gerichtsvollzieher wird den Gegenstand aber nicht wegnehmen können, weil er nicht weiß, welcher gemeint ist.

Für den Gläubiger ist es das Beste, sich bei seinem Antrag einfach vorzustellen, wie der Gerichtsvollzieher durch die Wohnung des Schuldners geht und lediglich anhand des Urteils den gesuchten Gegenstand finden soll.

Bei Räumungstiteln kann eine ungenaue Formulierung im Antrag ebenfalls zu großen Schwierigkeiten führen. Gehört zu einer Wohnung ein Keller oder Speicher, ein Tiefgaragenplatz oder ein Nebenraum oder befindet sich auf einem Grundstück eine Baracke oder ein Gartenhäuschen, dann müssen all diese Bereiche genau beschrieben werden, ggf. auch anhand eines Lageplanes. Anderenfalls weigert der Gerichtsvollzieher sich zu Recht, den nicht im Titel erfaßten Teil zu räumen, was die Weitervermietung oder den Verkauf vorerst unmöglich machen kann.

1.2 Unpfändbarkeitsbestimmungen

275 Die Firma Senne hat dem Architekten Marx unter Eigentumsvorbehalt ein Kopiergerät geliefert, das dieser nicht bezahlt hat. Das rechtskräftige Endurteil des LG München I verurteilt den Architekten zur Herausgabe des Gerätes. Als der Gerichtsvollzieher erscheint, verweist Architekt Marx auf § 811 Ziff. 5: Ohne Kopiergerät könne er nicht arbeiten, dieses sei unpfändbar.

Der Architekt hat nicht recht, der Gerichtsvollzieher wird das Kopiergerät mitnehmen, denn § 811 beschränkt sich auf Vollstreckung aus **einer Geldforderung** und hat nichts mit der Vollstreckung eines Herausgabetitels zu tun.

Anders ist es, wenn der Gläubiger den Schuldner nicht auf Herausgabe verklagt, sondern auf Kaufpreiszahlung. Dann ist auch die unter Eigentumsvorbehalt gekaufte Sache wegen der Geldforderung in aller Regel unpfändbar (vgl. OLG Celle MDR 73, 58).

2. Antrag – Formular

Zuständig für die Herausgabevollstreckung ist der Gerichtsvollzieher am Wohnsitz des Schuldners. Er wird wie folgt beauftragt:

276 *„Ich stelle den Antrag, das im Titel bezeichnete Kfz. Marke BMW, pol. Kennzeichnen M-XS 3692, Farbe blau-metallic, Fahrgestellnummer 7513 XGC 36748, dem Schuldner wegzunehmen und mir auszuhändigen.*
Ferner beantrage ich, die festgesetzten Kosten und die für diesen Antrag erwachsenen Kosten wie in der beigefügten Forderungsübersicht errechnet, im Wege der Sachpfändung beizutreiben."

Als **Anlage** sind beizufügen der Originaltitel, der Kostenfestsetzungsbeschluß und – soweit angefallen – die weiteren Kostennachweise.

3. Sachbehandlung

Nach Erhalt des Antrags stellt der Gerichtsvollzieher zunächst fest, ob der Gegenstand so groß ist, daß er ihn jederzeit selbst mitnehmen kann, also z.B. ein Schmuckstück, ein kleinformatiges Bild, ein Sparbuch oder sonstige Dokumente. Sodann verläuft die Vollstreckung wie bei der Sachpfändung: Gibt der Schuldner den Gegenstand freiwillig heraus oder gestattet er das Betreten der Wohnung, dann kann der Gerichtsvollzieher sofort tätig werden, andernfalls muß der Gläubiger erst den Durchsuchungsbeschluß des Vollstreckungsgerichts einholen. **277**

In den meisten Fällen ist zu empfehlen, an der Vollstreckung **selbst teilzunehmen,** nicht zuletzt, weil auch ein präziser abgefaßter Titel im Einzelfall Schwierigkeiten bereiten kann. Wenn der Gläubiger den Gegenstand selbst kennt, ist die Vollstreckung erheblich einfacher.

Ist der Gegenstand zu schwer oder zu unhandlich, wird der Gerichtsvollzieher einen Spediteur bestellen. Die entstehenden Kosten muß der Gläubiger vorschießen. Zur Beschleunigung ist zu empfehlen, den Vorschuß schon im Antrag anzubieten und mit dem Gerichtsvollzieher den Betrag telefonisch zu vereinbaren. Sonst bekommt man eine Zwischenverfügung mit dem Inhalt, daß der Gerichtsvollzieher erst tätig werden kann, wenn der Vorschuß bezahlt ist, und verliert wertvolle Zeit.

3.1 Räumen von Grundstücken und Häusern

Ist ein unbebautes Grundstück oder ein leerstehendes Haus, welches nicht abgeschlossen ist, zu räumen, dann hat die Vollstreckung nur symbolischen Charakter: Der Gerichtsvollzieher setzt den Räumungstermin fest. Nach Ablauf dieses Tages begeht der Schuldner oder jeder Dritte verbotene Eigenmacht und Hausfriedensbruch, wenn er das Grundstück trotzdem betritt. **278**

Bei einem verschlossenen Haus oder mit Tor versehenem Grundstück, das im übrigen leer steht, wird der Gerichtsvollzieher vom Schuldner die Schlüssel herausverlangen und im Weigerungsfall durch einen Schlosser neue Schlösser anbringen lassen.

3.2 Räumen von Wohnungen

Wenn die Wohnung bewohnt ist, beauftragt der Gerichtsvollzieher einen Spediteur, der die Möbel aus der Wohnung schafft und entweder in eine neue Wohnung des Schuldners bringt oder in einem Lagerhaus verwahrt. Dann fordert der Gerichtsvollzieher den Schuldner auf, die Wohnung selbst zu verlassen. Ist abzusehen, daß der Schuldner Widerstand leistet, kann die Polizei zugezogen werden. **279**

Der Gerichtsvollzieher hat an den herausgeschafften Sachen ein Zurückbehaltungsrecht für die Räumungskosten (KG Berlin MDR 75, 235) und er wird es im Interesse des Gläubigers auch ausnutzen, falls die Sachen nicht wertlos sind.

Holt der Schuldner die hinterlegten Sachen nicht oder verspätet ab, dann kann der Rechtspfleger (§ 20 Ziff. 17 RpflG) den freihändigen Verkauf oder die Versteigerung anordnen.

Da es sich hierbei nicht um Maßnahmen des Gläubigers handelt, wird der Schuldner nicht nach §§ 811, 812 geschützt (LG Essen, MDR 74, 762).

4. Verhalten des Schuldners – Rechtsbehelfe

280 Wenn ein Schuldner eine bestimmte Sache nicht freiwillig herausgibt, dann ist die Herausgabevollstreckung nicht ganz einfach. Der Gläubiger hat die Herausgabeklage in der Regel deshalb erhoben, weil es ihm **auf den Schadensersatzanspruch,** also auf einen Gegenwert in Geld **nicht ankommt.** Er will **gerade diesen** einen konkreten **Gegenstand** haben und der Schuldner ist sich schon beim Prozeß, spätestens nach Erlaß des Urteils darüber im klaren, daß er den Gegenstand jetzt herausgeben soll. Er wird ihn also nicht selten bei Dritten verstecken, verleihen, verkaufen, vernichten etc.

Wird die Sache nicht vorgefunden, dann kann der Gläubiger den Schuldner nur zwingen, eidesstattlich zu versichern, daß er nicht weiß, wo sie ist (§ 883 II).

In einem solchen Fall kann der Gläubiger im Anschluß an den ersten Prozeß nur seinen Schaden ersetzt verlangen.

5. Rechte Dritter

5.1 Rechtsnachfolge durch Erbschaft oder Verkauf

Befindet sich der Gegenstand nach Aussage des Schuldners bei einem Dritten, dann kommt es darauf an, wie der Dritte in den Besitz gelangt ist.

Als der Gerichtsvollzieher zum Architekten Marx kommt, öffnet dessen Ehefrau. Sie teilt mit, ihr Mann sei vor 14 Tagen verstorben, sie selbst und ihre zwei Kinder seien die gesetzlichen Erben.
Sie werde die Büroeinrichtung wahrscheinlich verkaufen müssen, das Kopiergerät wolle sie freiwillig auf keinen Fall herausgeben.

281 Hier ist für den Gläubiger Eile geboten. Er muß versuchen, sich eine Ausfertigung des Erbscheins zu beschaffen. Der Erbschein ist eine öffentliche Urkunde, der die Rechtsnachfolge beweist (§§ 325, 727). Gibt es eine solche öffentliche Urkunde, dann kann auf Antrag der Rechtspfleger die Klausel auf die Ehefrau und die beiden Kinder umschreiben. Nun kann der Gerichtsvollzieher nach Zustellung der Klausel und der zugehörigen Urkunden (§ 750 II) zwangsweise von der Ehefrau die Herausgabe verlangen. So kurz nach dem Tode des Schuldners wird es sehr schwierig sein, einen Erbschein zu bekommen, denn das Nachlaßgericht braucht einige Zeit, um die Erbberechtigung festzustellen, auch wenn kein Testament vorliegt und nur die gesetzliche Erbfolge zu prüfen ist.

Viel wahrscheinlicher ist es, daß Frau Marx das Kopiergerät an einen Interessenten verkauft hat, der von all dem nichts wußte und daher gutgläubig Eigentum erworben hat. Hier kann der Gläubiger nur auf Schadensersatz klagen, wobei Frau Marx ihm wegen ihrer vorsätzlichen schädigenden

Handlungsweise auch persönlich haftet und ihre Haftung nicht auf den Nachlaß beschränken kann.

Auch der **Käufer** des Kopiergerätes ist **Rechtsnachfolger.** Da ein Kaufvertrag über bewegliche Sachen nicht in notarieller Urkunde niedergelegt wird und der Gläubiger schon gar keine Chance hat, an eine solche Urkunde zu kommen, kann er meistens die Voraussetzungen des § 727 nicht erfüllen.

Der Antiquar Bense ist auf Herausgabe eines wertvollen Manuskripts verklagt und verurteilt worden. Als der Gerichtsvollzieher das Manuskript herausverlangt, erklärt Herr Bense, er habe es einem Kunden zur Ansicht geliehen und nennt dessen Namen und Adresse.

Hier darf der Gerichtsvollzieher aufgrund seines Titels den Dritten zur freiwilligen Herausgabe (§ 809) auffordern. Zwangsmaßnahmen darf er jedoch nicht ergreifen. Weigert sich der Kunde grundlos, so muß der Gläubiger den Herausgabeanspruch des Antiquars gegenüber dem Kunden pfänden und nach Zustellung des Pfändungs- und Überweisungsbeschlusses ggf. den Kunden auf Herausgabe und schlimmstenfalls, wenn das Manuskript verloren gegangen ist, auf Schadensersatz verklagen.

5.2 Mitbesitz dritter Personen

Am häufigsten sind die Fälle, in denen Hausgenossen des Schuldners über den Mitbesitz Rechte an dem Gegenstand beanspruchen, der weggenommen werden soll.

Peter Brucks hat von seinem Vater eine antike Kommode geerbt, die seine Schwester nach **282**
dem Tode in ihre Wohnung mitgenommen hat. Das Urteil verpflichtet die Schwester zur Herausgabe an Herrn Brucks. Der Schwager verweigert dem Gerichtsvollzieher jedoch die Herausgabe, weil die Kommode im gemeinsamen Wohnzimmer steht.

Hier darf der Gerichtsvollzieher die Kommode wegnehmen, da über §§ 739, 1362 I BGB **unterstellt** wird, daß die Kommode **allein** der **Ehefrau** gehört. Der Schwager muß seine behaupteten Ansprüche also über die Drittwiderspruchsklage (§ 771) geltend machen und kann die Wegnahme nicht verhindern, obgleich er selbst im Titel nicht als Schuldner genannt ist.

Ist die Schuldnerin aber **nicht verheiratet,** dann **fehlt** es an dieser **gesetzlichen Vermutung.** Literatur und Rechtsprechung sind sich uneins, ob der Gerichtsvollzieher nach freiem Ermessen entscheiden darf, ob die Schuldnerin im Einzelfall Alleingewahrsam hat oder nicht, oder ob die Rechtsverhältnisse nur im Prozeßverfahren (§ 771) geklärt werden können. Wenn der Gläubiger von vornherein weiß, daß die Schuldnerin in Lebensgemeinschaft mit einem Dritten wohnt, sollte er **zweckmäßig auch den Dritten** schon zur Herausgabe auffordern und im Weigerungsfall gleich **mit verklagen.**

5.3 Rechte Dritter bei Räumungstiteln

Ähnlich ist es bei Räumungstiteln (dazu jetzt Brunn NJW 1988, 1362). Hier sind verschiedene Sachverhaltsgestaltungen denkbar:

283 Herr Maier zahlt seit 1.2. 1985 seine Miete nicht und wird am 1.5. 1985 auf Räumung verklagt. Am 1.6. heiratet er seine Freundin, die zu ihm zieht. Das Räumungsurteil wird am 10.6. erlassen.

Da die junge Ehefrau den Mietvertrag nicht mitunterschrieben hat, muß sie nach Ansicht der meisten Gerichte ebenfalls ausziehen, obwohl der Titel sich nicht gegen sie richtet.

Ist der Mietvertrag aber von Anfang an auf beide Eheleute ausgestellt, dann muß der Vermieter auch beide Eheleute verklagen.

Wenn die jungen Eheleute sich bald zerstreiten und Herr Maier seiner Frau noch während des Prozesses die Wohnung überläßt, dann wird sie Alleinbesitzerin. Aus dem Titel gegen Herrn Maier kann gegen sie zwar nicht vollstreckt werden, der Vermieter kann aber den Titel einfach umschreiben lassen (§§ 325, 727).

Ist Frl. Maier zu ihrem Verlobten gezogen (was der Vermieter nicht verhindern kann), dann hat der Vermieter das gleiche Problem wie sonst bei Mitgewahrsam von Hausgenossen des Schuldners:

Zwar meinen einige Gerichte, der außereheliche Lebensgefährte müsse das Schicksal des Schuldners teilen, ohne daß das Urteil auch gegen ihn ergeht (z.B. LG Darmstadt DGVZ 1980, 110; AG Neuss NJW 1985, 2427; AG Stuttgart DGVZ 1983, 190), überwiegend wird aber die andere Meinung vertreten. Dem Gläubiger ist in jedem Fall zu raten, schon bei Erhebung der Räumungsklage festzustellen, ob der Schuldner alleine lebt oder seine Wohnung mit anderen teilt. Das stößt bei Wohngemeinschaften mit wechselnder Personenzahl auf ganz erhebliche praktische Schwierigkeiten. Trotzdem: Der sichere Weg für den Gläubiger ist der **Titel gegen alle Gewahrsamsinhaber.**

6. Kosten

284 Für den Räumungsantrag erhält der Rechtsanwalt 3/10 Gebühr aus § 57 I BRAGO. Sonderprobleme entstehen bei den Kosten dritter Personen, so vor allem bei den Kosten des Spediteurs und den Kosten der Verwahrung. Hier muß der Gläubiger in Betracht ziehen, daß er auch für Einlagerungskosten in Anspruch genommen werden kann (OLG Karlsruhe, Rechtspfl. 74, 408), obgleich der Gerichtsvollzieher in eigener Kompetenz entscheidet, was mit den herausgeschafften Sachen geschieht.

Der Gerichtsvollzieher wird die Räumung grundsätzlich nur dann durchführen, wenn ihm ein **Vorschuß** für die Kosten der **Räumung** und der voraussichtlichen Zeitdauer der **Verwahrung** in den Lagerräumen der Spedition zur Verfügung gestellt wird.

Um die Sachbehandlung zu beschleunigen, ist es zweckmäßig, dem

Gerichtsvollzieher vorab mitzuteilen, wie umfangreich die Räumung voraussichtlich sein wird und ihn zu fragen, welchen Vorschuß er benötigt. Diesen Vorschuß weist man ihm dann zusammen mit dem Antrag an, da der Gerichtsvollzieher sonst erst durch eine Besichtigung feststellen kann, welche Kosten voraussichtlich entstehen. Das kostet Zeit.

Nicht selten zieht der Schuldner ein oder zwei Tage vor dem festgesetzten Räumungstermin freiwillig aus, bei der Spedition sind aber schon Kosten entstanden, um die Räumung vorzubereiten. Das sind notwendige Kosten der Zwangsvollstreckung (LG Berlin DGVZ 1986, 42).

7. Taktik

Taktische Überlegungen ergeben sich in erster Linie aus den praktischen **285**
Schwierigkeiten bei der Herausgabevollstreckung. Entscheidende Fehler begeht der Gläubiger, wenn er sich nicht schon **vor Beginn des Prozeßverfahrens alle** erforderlichen **Informationen** darüber holt, wer eventuell Rechte auf den eingeklagten Gegenstand geltend machen kann und welche Möglichkeiten der Schuldner hat, ihn wegzuschaffen. Bei Räumung von Grundstücken oder Wohnungen kann der Gläubiger diese Schwierigkeiten nicht umgehen. Er hat als Vermieter ein **Betretungsrecht** und auch ein **Auskunftsrecht** gegenüber seinem Mieter, der mit diesem zusammen die Wohnung bewohnt. Wenn gar kein anderes Mittel zur Verfügung steht, dann muß er auf diese Weise versuchen, sich Klarheit zu verschaffen.

Bei der Herausgabe von Gegenständen sollte sich der Gläubiger zunächst überlegen, ob der Gegenstand selbst den wahren wirtschaftlichen Wert darstellt oder ob es nicht einfacher ist, die Schadensersatzklage zu erheben. Das wird in der Regel, außer bei Eigentumsvorbehaltsgut und wertvollen Einzelstücken, der Fall sein.

XXII. Vollstreckung von Handlungen, Duldungen, Unterlassungen, Willenserklärungen (§§ 887–894)

1. Allgemeines

Die Vollstreckung dieser Titel ist kompliziert: **286**
- die Zulässigkeit der Vollstreckung richtet sich nach dem, in jedem Einzelfall unterschiedlichen Wortlaut des Urteils
- es ist im Einzelfall schwer, zu beurteilen, ob wirklich ein Verletzungstatbestand vorliegt.

Aus diesem Grund werden diese Vollstreckungsanträge auch vom „Prozeßgericht des ersten Rechtszuges“ entschieden (§§ 887, 888, 890). Ich gebe deshalb eine skizzierte Übersicht, damit auch der Anfänger eine Vorstellung davon hat, welche Probleme in diesem Bereich auftauchen können und wo man weiter lesen kann.

1.1 Titel auf Vornahme von Handlungen

Handlungstitel entstehen etwa bei Ansprüchen auf Lieferung von Waren (Titel: „Der Beklagte wird verurteilt, dem Kläger 1000 Objektive Rolleinar 1,8/50 zu liefern", bei Beseitigungsansprüchen „Der Beklagte wird verurteilt, die Holzbaracke auf dem Grundstück Haimhauser Straße 16 zu entfernen") und bei persönlichen Handlungen („Der Beklagte wird verurteilt, dem Kläger für die Zeit vom 1. 1. 1984 bis 1. 5. 1985 ein Zeugnis zu erteilen").

287 Das Gesetz unterscheidet zwischen

- vertretbaren Handlungen:
  Das sind solche, die außer dem Schuldner jeder beliebige fachkundige Dritte ausführen kann (z. B. das Entfernen der Baracke)
- unvertretbaren Handlungen:
  Das sind solche, die so höchstpersönlicher Natur sind, daß nur der Schuldner sie erfüllen kann (z. B. die Zeugniserteilung)

Ein Handlungsurteil kann man mit einem Zahlungsurteil nicht verwechseln. Einen Grenzfall sollte man jedoch kennen: „Der Beklagte wird verurteilt, den Kläger von Bürgschaftsverpflichtungen gegenüber der Hypo-Bank München, Konto Nr. 68 70 124 790 freizustellen".

Hier hängt es von der örtlichen Rechtsprechung ab, ob der Gläubiger die Zahlung über den Gerichtsvollzieher beitreiben lassen kann (§§ 803 f.), der den Geldbetrag der Bank dann abliefert, oder ob er nach den Vorschriften des § 887 vorgehen muß (Argument: Der Schuldner kann das Urteil auch dadurch erfüllen, daß er nicht zahlt, sondern mit Zustimmung der Bank die Darlehensschuld übernimmt).

1.2 Titel auf Vornahme von Unterlassungen

Das Gegenstück zu den Handlungsurteilen sind die Unterlassungsurteile. Sie kommen am häufigsten im Wettbewerbs-, Patent- und Urheberrecht vor. Ein solcher Titel lautet etwa:

„Der Beklagte wird verurteilt, es zu unterlassen, bei Anzeigen zur Vermietung von Wohnraum ohne Preisangaben zu werben".

288 Auch hier gibt es einen Sonderfall, das „Verhinderungsurteil". Es lautet etwa:

„Dem Beklagten wird geboten, es zu verhindern, daß von seinem Grundstück nach 20 Uhr Lärmemissionen von mehr als 80 Dezibel auf das Grundstück des Klägers ausgestrahlt werden".

Dieses Urteil hat zwei Inhalte:
Es verbietet dem Beklagten, mehr Lärm zu machen, als das Urteil zuläßt (Unterlassungsteil) und gebietet ihm gleichzeitig, die Handlungen vorzunehmen, die diese Wirkungen herbeiführen (Handlungsteil). Vor Stellung des Vollstreckungsantrages muß man daher feststellen, ob die örtliche Rechtsprechung den Weg nach § 887 oder nach § 890 für den richtigen hält.

1.3 Duldungen

Eine Sonderform der Unterlassung ist die Duldung. Sie kommt am häufigsten bei der Hypothekenklage vor. Der Titel lautet:

„Der Beklagte hat die Zwangsvollstreckung in sein im Grundbuch für München-Schwabing, Band 2, **289**
Blatt 196, laufende Nummer 1, eingetragenes Grundstück wegen der auf diesem Grundstück zugunsten des Klägers eingetragenen Darlehenshypothek von DM 160 000,00 zuzüglich 16% Zinsen hieraus seit 1. 8. 1984 zu dulden".

Dieser Titel wird ebenfalls nach § 890 vollstreckt.

1.4 Willenserklärungen (§ 894)

Bei der Willenserklärung ist ein besonderer Vollstreckungsakt nicht nötig, die Willenserklärung wird durch den rechtskräftigen Titel ersetzt, der etwa lautet:

„Die Beklagte wird verurteilt, ihre Zustimmung zur Veräußerung der Eigentumswohnung in **290**
8000 München, Freisingerstr. 53/III, vorgetragen im Grundbuch für München, Bezirk Maxvorstadt, Band III, Blatt 240, S. 3, Flurstück Nr. 56 zu erteilen."

Hier holt der Gläubiger den Rechtskraftvermerk ein und legt den Titel z.B. dem beurkundenden Notar vor, um damit die Wirksamkeit der Zustimmung zu beweisen.

2. Antrag

2.1 Anträge

In der Regel wird der Gläubiger in seinem Antrag den Beschluß vorformulieren, den das Gericht erlassen soll.

2.1.1 Bei **vertretbaren Handlungen** kann er etwa lauten:

„Der Gläubiger wird ermächtigt, die nach dem vollstreckbaren Urteil des LG München I vom 1. 4. **291**
1985 – 20 0 500/84 – dem Schuldner obliegende Entfernung des Behälters mit Unrat (aufgestellt im Hof des Anwesens Schillerstr. 15/0, 8000 München 2, rechts vom Eingang) durch ein von dem Gläubiger zu beauftragendes Unternehmen vornehmen zu lassen.
Der Schuldner ist verpflichtet, zu diesem Zweck das Betreten des unter 1) genannten Anwesens durch ein von den Gläubigern zu beauftragendes Unternehmen zu dulden und diesem den Zugang zu verschaffen (Art. 13 GG).
Der Schuldner ist verpflichtet, die für die unter 1) genannte Entfernung voraussichtlichen Kosten in Höhe von 800,– DM an die Gläubigerin vorauszubezahlen."

2.1.2 Bei **unvertretbaren Handlungen** heißt es etwa:

„Gegen den Schuldner wird wegen Nichtvornahme der Erstellung einer Auseinandersetzungsbilanz **292**
per 1. 10. 1984 über die von ihm und dem Gläubiger eingegangene BGB-Gesellschaft nach dem gerichtlichen Vergleich des LG München I vom 1. 4. 1985 – 20 0 520/84 – ein Zwangsgeld in der Mindesthöhe von DM 5000,– und für den Fall, daß dieses nicht beigetrieben werden kann, Zwangshaft von 50 Tagen festgesetzt."

2.1.3 Bei **Unterlassungen** kann es heißen:

293 *„Gegen den Schuldner wird wegen Verstoßes gegen das Verbot, seine Preisangaben mit „notariellen Festpreisen" zu bezeichnen, ein Ordnungsgeld in Höhe von mindestens DM 5000,– und für den Fall, daß dieses nicht beigetrieben werden kann, Ordnungshaft in Höhe von 50 Tagen festgesetzt."*

2.1.4 **Willenserklärungen** (§ 894)

294 Willenserklärungen müssen nicht vollstreckt werden, da sie mit der Rechtskraft des Titels als abgegeben gelten.

2.2 Sachbehandlung

Das Gericht prüft sorgfältig:

295 – welche Art von Titel vorliegt
– ob der Vollstreckungsantrag dem entspricht
– ob eine Verletzungshandlung vorliegt

und entscheidet durch Beschluß, gegen den der Schuldner Rechtsmittel einlegen kann.

3. Taktik

296 Wenn der Gläubiger die Schwierigkeiten der Vollstreckung nach §§ 887 bis 893 kennt, dann wird er sich schon vor Prozeßbeginn überlegen, ob er **statt** eines **Urteils auf Vornahme einer Handlung** nicht **besser** einen **Zahlungsanspruch** geltend macht. Das ist in den meisten Fällen möglich, wenn der Schuldner in Verzug gesetzt und seine Leistung dann schließlich abgelehnt wird.

Besonders schwierig ist es z.B. in Bauprozessen, in welchem der Schuldner verpflichtet wird, „den Estrich im Erdgeschoß des Anwesens Liebigstraße 13 fachgerecht nachzubessern". Es gibt Fälle, in denen der Prozeßantrag sich nicht schärfer fassen läßt. Dann geht der Schuldner hin, streicht einen Eimer Farbe über die Risse und das Prozeßgericht muß ggf. mit Hilfe eines Sachverständigen entscheiden, ob das „fachgerecht" war.

Im Bereich der Unterlassungsklage können diese Vollstreckungsprobleme nicht umgangen werden.

Da der Gläubiger für jeden vorzunehmenden Schritt immer eine Entscheidung des Gerichts herbeiführen muß, sind seine Mitwirkungsmöglichkeiten im Gegensatz zu anderen Vollstreckungsarten erheblich beschränkt.

XXIII. Vollstreckung aus Arrest und einstweiliger Verfügung (§§ 929–945)

1. Besonderheiten des summarischen Verfahrens

Der Zweck beider Verfahren, eine **vorläufige Sicherheit** zu schaffen, beeinflußt die Rechte des Gläubigers in der Vollstreckung. Der Gläubiger darf aus einem Arrest- oder Verfügungstitel nur **vorläufig** vollstrecken, sich also den Rang vor anderen Gläubigern sichern, den **wirtschaftlichen Wert** des schuldnerischen Eigentums darf er sich **nicht** zuführen. Wichtige Ausnahme: Verfügungen, die auf Befriedigung lauten, wie etwa auf Kostenvorschuß oder vorläufige Zahlung in Unterhaltssachen (§§ 620–620 g). Das bedeutet:

- Bei beweglichem Vermögen darf nur gepfändet, nicht aber verwertet werden; 297
- bei Forderungen darf nur gepfändet, nicht aber überwiesen werden;
- bei Grundvermögen dürfen nur Sicherungshypotheken eingetragen, nicht aber die Zwangsversteigerung betrieben werden;
- bei Herausgabeansprüchen darf der Gegenstand nicht an den Gläubiger herausgegeben werden, sondern nur an einen neutralen Treuhänder (Sequester), der den Gegenstand einstweilen für beide Parteien verwahrt.

Ansprüche, die man nicht auf diese Weise „halb“, sondern nur in vollem Umfang erfüllen kann, wie z.B. das Recht auf Auskunftserteilung, werden dem Gläubiger in diesem Verfahren daher in der Regel nicht eingeräumt.

Da der Arrest- oder Verfügungstitel schnell und vorsorglich sichern soll, ist in § 929 II bestimmt, daß er wertlos wird, wenn es dem Gläubiger nicht binnen eines Monates gelingt, verwertbares Vermögen zu entdecken und die Vollstreckung in Gang zu setzen.

2. Antrag – Formular

298 Da der Arrest-Verfügungstitel jeden (einstweilen) vollstreckbaren Inhalt haben kann, können alle Anträge gestellt werden, die den Titel verwirklichen. Für den Inhalt des Antrages und die dazu gängigen Formulare kann also auf die vorherigen Kapitel verwiesen werden.

Eine Besonderheit gilt allerdings für die **Zuständigkeit** bei **Forderungspfändungen** (§ 930 I 2): Für deren Erlaß ist das Gericht zuständig, welches auch den Arrest bzw. die einstweilige Verfügung erlassen hat.

2.1 Allgemeine Voraussetzung der Zwangsvollstreckung

299 Zwei wichtige allgemeine Voraussetzungen der Zwangsvollstreckung brauchen nicht erfüllt zu sein:

- Der Titel muß vor der Vollstreckung nicht zugestellt sein (§ 929 III 1). Die Zustellung muß allerdings spätestens eine Woche nach der Vollziehung nachgeholt werden (929 III 2);
- Für den Titel benötigt man keine Vollstreckungsklausel (§ 929 I), außer wenn Rechtsnachfolge (z. B. durch Abtretung, Erbschaft etc.) vorliegt.

2.2 Zuständigkeit

300 Für die Entscheidung ist das Amtsgericht am Schuldnerwohnsitz oder an dem Ort zuständig, an dem der Drittschuldner wohnt.

3. Sachbehandlung

3.1 Vollstreckungsfrist

301 Die Vollstreckung ist – wegen der vereinfachten Erlangung des Titels (OLG Koblenz GRUR 80, 1023) – auf einen Zeitraum von **einem Monat** begrenzt. Die Frist kann nicht verlängert werden (OLG Düsseldorf GRUR 84, 385). Sie beginnt, wenn aufgrund mündlicher Verhandlung entschieden wird, mit der Verkündung (LAG Bremen, RPpfl. 82, 481), wenn durch Beschluß entschieden wird, mit Zustellung an den Gläubiger (§ 929 Abs. 2 ZPO). Der Gläubiger hat also genau einen Monat Zeit, länger darf er nicht vollstrecken, der Titel wird dann automatisch wirkungslos. Die Frist ist allerdings bereits dadurch gewahrt, daß ein Vollstreckungsantrag beim Gerichtsvollzieher, dem Vollstreckungsgericht oder im Falle der Forderungspfändung beim Gericht des ersten Rechtszuges eingeht. Es kommt also **nicht** darauf an, **wann** das Vollstreckungsorgan tatsächlich eine Vollstreckungsmaßnahme **durchführt** oder einen entsprechenden Beschluß erläßt (LG Berlin Rpfl. 1988, 155).

3.2 Tätigkeit des Sequesters bei der Herausgabevollstreckung

Wenn im Rahmen von Arrest oder einstweiliger Verfügung Gegenstände zum Zweck der Sicherung herausverlangt werden, wird ein Sequester eingesetzt. Sequester kann **jeder** sein, dem das Gericht die unparteiische Ausübung des Amtes zutraut. Der Sequester handelt selbständig, er ist keiner Weisung unterworfen (OLG München, NJW 58, 1880), er untersteht aber der Aufsicht des Arrestgerichts (OLG München, MDR 84, 62). In der Regel wird das Gericht einen Gerichtsvollzieher oder einen Anwalt beauftragen.

Es besteht aber keine Pflicht, das Amt des Sequesters zu übernehmen, und zwar auch nicht für den Gerichtsvollzieher, der als Sequester kein Beamter ist, sondern sich die Übernahme des Amtes sogar genehmigen lassen muß (OLG Koblenz MDR 81, 855; Baumbach-Hartmann, § 938 Anm. 2 c). Das hat folgende Gründe:

- Der Sequester hat ein erhebliches Haftungsrisiko während des Transports und der Aufbewahrung der Sachen, die er zu überwachen hat.

- Die Staatskasse haftet für seine Vergütung nicht (LG Köln, KTS 83, 634 (mit ablehnender Anmerkung Schmidt und teilweise ablehnend OLG Hamburg KTS 77, 176)).
- Die Höhe der Gebühren ist gesetzlich nicht geregelt. Die Gerichte lehnen sich in aller Regel an die Sätze für Konkurs- oder Zwangsverwalter an (OLG Köln, RPfl. 86, 268 (269)), was bei kleinen Gegenstandswerten angesichts des Risikos und des Umfangs der Tätigkeit zu niedrig sein kann. Allerdings kann der Gläubiger mit einem Sequester eine höhere Vergütung vereinbaren, die aber nicht erstattungsfähig ist (OLG Hamburg, KTS 77, 176).

Da der Sequester das Amt ablehnen kann, ist der übliche Antrag „auf Herausgabe an **einen** Gerichtsvollzieher als Sequester" unzweckmäßig. Wenn der Gläubiger nämlich keinen zur Übernahme des Amtes bereiten Gerichtsvollzieher findet, dann muß er sich um einen anderen Sequester – meist einen Anwaltskollegen – kümmern und sich den neuen Sequester vom Gericht genehmigen lassen. Das kostet Zeit.

3.3 Transport und Verwahrungsprobleme bei der Herausgabevollstreckung

Der Arrest wird durch Pfändung bewirkt (§ 930 Abs. 1 ZPO), aus Haftungsgründen wird der Sequester aber immer darauf bestehen, daß die Sachen aus dem Gewahrsam des Schuldners sofort entfernt und unter seiner ausschließlichen Aufsicht hinterlegt werden.

In Sonderfällen (verderbliche Ware, vom Verfall bedrohte Wertpapiere (LG Berlin, DGVZ 77, 60)) oder wenn unverhältnismäßig hohe Verwahrkosten drohen, kann versteigert werden (§ 930 Abs. 3 ZPO). Die Anforderungen sind aber hoch, so daß solche Anträge praktisch selten vorkommen. Es wäre kostengünstig, wenn der Gläubiger wenigstens den Transport selbst übernehmen könnte, der Sequester wird das in aller Regel aber nicht gestatten, weil er dann für die Transportgefahr haftet. Dieses Risiko können Speditionen durch eine Zusatzversicherung abdecken. Diese Zusatzprämie wird von Speditionen nur dann aufgewendet, wenn sie regelmäßig Aufträge von Gerichtsvollziehern bekommen, so daß auch in größeren Städten nur eine oder zwei Speditionen solche Transporte überhaupt übernehmen. Gleiches gilt übrigens für die Räumungsvollstreckung. Die gesamten geschätzten Transport- und Lagerkosten müssen vom Gläubiger in bar vorgeschossen werden. Die organisatorische Abstimmung zwischen Gläubiger, Spedition und Schuldner übernimmt der Sequester. Das kann eine zeitaufwendige Tätigkeit sein.

3.4 Bankkonten

Mit dem Arrestbefehl können natürlich auch Forderungspfändungen veranlaßt werden. Wie immer macht die Pfändung von Bankkonten einen starken Eindruck auf den Schuldner, und zwar auch dann, wenn kein Guthaben auf dem Konto ist: Die Bank stellt in jedem Fall sehr unangenehme Fragen an ihren Kunden und fordert ihn zur Bereinigung der Situation auf. Aufgrund des Arrestbefehls können Bankkonten gepfändet werden, das

Guthaben wird dem Gläubiger aber **nicht** überwiesen, da die Pfändung nur der Sicherstellung dient (ähnlich wie § 720a ZPO, BayObLG RPfl. 85, 950).

Bankkonten des Schuldners sind schwer in Erfahrung zu bringen. Seit Mitte 1986 können die Datenbankdienste der großen Auskunfteien (Schimmelpfeng/Dunstel; Creditreform/Genios) weiterhelfen, weil dort häufig die Bankverbindung angegeben ist.

3.5 Kosten

Die oft bedeutenden Transport- und Verwahrungskosten sowie die Kosten für die Vergütung des Sequesters sind solche der Zwangsvollstrekkung (Kammergericht RPfl. 82, 80 m. w. N.). Die Vergütung des Sequesters wird vom Prozeßgericht festgesetzt (OLG Köln RPfl. Rechtspfleger 86, 268 m. w. N.).

3.6 Freigabe und Verwertung

Die Beschlagnahmewirkung bleibt solange aufrechterhalten, wie der Arrest rechtswirksam bleibt, gegebenenfalls also bis zum Abschluß des Hauptsacheverfahrens. Solange müssen die Gegenstände auch hinterlegt bleiben. Obsiegt der Gläubiger, kann er aufgrund des Hauptsachetitels dann endgültig verwerten, wird der Arrestbefehl aufgehoben, muß der Gegenstand zurückgegeben bzw. die Pfändung aufgehoben werden.

3.7 Schadenersatzrisiko des Gläubigers

Gemäß § 945 ZPO haftet der Gläubiger für den Schaden des Schuldners, der „aus der Vollziehung" des Arrestes entsteht. Dieser Schaden ist abzugrenzen von demjenigen, der nur „aufgrund der bloßen Anordnung des Arrestes" entstanden ist (näher zur Abgrenzung Baumbach-Hartmann, § 945 ZPO, Anm. 4).

Wie bei § 717 ZPO kommt es auf ein Verschulden des Gläubigers nicht an, die dadurch gegebene Gefährdungshaftung ist für den Gläubiger ganz erheblich. Hartmann hält dieses Risiko für unangemessen und fragt zurecht: „Warum muß die Partei klüger sein als das Gericht?" (Baumbach-Hartmann, § 717 Anm. 2c). Vielleicht deshalb, weil das Gericht nur auf der vom Gläubiger gelieferten Tatsachenbasis entscheiden kann, der Gläubiger aber immerhin die Chance hätte, auch Informationen zu sammeln, die gegen seinen Antrag sprechen.

Der Schadenersatz umfaßt auch den mittelbaren Schaden (BGHZ 96, 2 m. w. N.), ein Mitverschulden des Schuldners ist zu berücksichtigen (BGH NJW 78, 2025).

4. Verhalten des Schuldners

Aus der Sicht des Schuldners ist die Vollstreckung aus einem Arrest/Verfügungstitel dadurch etwas Besonderes, daß er durch keinerlei Hinweise des Gerichts vorgewarnt ist, wenn das Gericht durch Beschluß entschieden hat.

Der Bankangestellte Josef K. gerät in den Verdacht, DM 10 000,00 unterschlagen zu haben – der Revisor hat die Bücher geprüft und anhand der Zahlen erhebliche Unstimmigkeiten festgestellt. 302
Am 17.5., 10.00 Uhr, informiert die Bank ihren Anwalt, der um 13.00 Uhr einen Arrestantrag bei Gericht einbringt. Das Gericht prüft die Unterlagen, die den Verdacht bestätigen, und erläßt den Arrestbeschluß. Der Rechtsanwalt läßt um 14.00 Uhr den Titel bei Gericht abholen, fährt zu dem zuständigen Gerichtsvollzieher und ist um 15.00 Uhr in der Wohnung von Josef K. Als Frau K. öffnet und den Gerichtsvollzieher einläßt, klebt dieser seine Pfandmarken auf den größten Teil der Einrichtung. Den richterlichen Beschluß benötigt er wegen Eilbedürftigkeit nicht. Von all dem erfährt Josef K. nichts.

Sobald der Schuldner in diesem Fall von der Vollstreckungsmaßnahme hört, hat er allerdings sämtliche Rechtsmittel, die ihm sonst auch zur Verfügung stehen. Im vorliegenden Fall wird gegen die Vollstreckungsmaßnahme selbst nichts eingewendet werden können, denn sie ist auf der Grundlage des Titels rechtmäßig erfolgt. Josef K. wird sich also bemühen müssen, die Behauptungen der Bank im Widerspruchsverfahren zu entkräften. Begeht er den Fehler, in seiner Verwirrung am nächsten Tag nicht zur Arbeit zu erscheinen oder gar zwei Flugkarten zu kaufen, dann droht ihm die Vollziehung des persönlichen Arrestes (§ 933): Aus den Vorbereitungen könnte man schließen, daß der Schuldner sich absetzen will. Da der Gläubiger seine Vollstreckungsmöglichkeit lediglich durch Glaubhaftmachung (§ 294 ZPO, nicht: durch Beweis) seiner Behauptungen erwirkt hat, muß das Gericht auch ohne Antrag dem Schuldner Gelegenheit geben, in Höhe des möglichen Anspruchs des Gläubigers Sicherheit zu leisten. Dann müssen auch die Vollstreckungsmaßnahmen aufgehoben werden, denn der Gläubiger kann sich, wenn er später gewinnt, aus der Sicherheit befriedigen. In der Regel wird der Schuldner versuchen, diesen Weg zu gehen, denn oft hat er aus Zeitgründen nicht die Möglichkeit, die Glaubhaftmachung des Gläubigers zu erschüttern (Beweislast).

5. Rechte Dritter

Soweit Dritte von Vollstreckungsmaßnahmen aufgrund des Arrest/Verfügungstitels betroffen sind, gibt es keine Unterschiede zum normalen Verfahren, denn ihnen muß zugestellt werden, **bevor** die Verstrickung eintritt. 303

6. Taktik

Taktische Überlegungen bestimmen sich im wesentlichen aus dem Überraschungseffekt, den der Gläubiger zu seinem Vorteil ausnutzen kann. Hier spielt mehr noch als bei anderen Vollstreckungsarten eine möglichst umfassende Information über Vermögenswerte des Schuldners vor Einleitung von Vollstreckungsmaßnahmen die entscheidende Rolle.

304 Die Schnelligkeit des Zugriffs kann bedeutend gesteigert werden, wenn zusammen mit dem Arrest/Verfügungsantrag schon ein Pfändungsantrag bezüglich Forderungen verbunden wird, die dem Gläubiger bekannt sind. So kann die Bank nicht nur einen Arrestbeschluß gegen Josef K. beantragen, sondern **gleichzeitig** damit den Antrag stellen,

„auf dem Grundstück des Josef K. vorgetragen im Grundbuch für München-Schwabing, Band III Blatt 478, Seite 2, eine Sicherungshypothek in Höhe der arrestierten Forderungen von (folgt Angabe von Betrag, Höhe, Zinsen) einzutragen."

Das Gericht hat den entsprechenden Beschluß zusammen mit dem Arrestbefehl zu erlassen. Der Gläubiger läßt sich eine Ausfertigung des Beschlusses erteilen und legt ihn zum gleichen Zeitpunkt dem Grundbuchamt vor, zu welchem der Gerichtsvollzieher in der Wohnung von Josef K. pfändet. Er wird allerdings nachträglich noch förmlich zustellen lassen müssen.

XXIV. Konkurs – Vergleich (§ 14 I KO – § 13 VglO)

1. Allgemeines

1.1 Der Zweck der Insolvenzverfahren

Solange der Schuldner nur einzelnen Vollstreckungsmaßnahmen verschiedener Gläubiger ausgesetzt ist, gilt grundsätzlich das Prinzip der Priorität, das sich etwa in § 804 Abs. 3 wiederfindet: Der Gläubiger, der seine Rechte **zeitlich** zuerst wahrnimmt, erhält den besseren Rang gegenüber allen anderen Gläubigern, die nach ihm vollstrecken. Darin drückt sich der Gedanke aus, daß der Gläubiger mit seiner Forderung voll befriedigt werden soll, bis das Schuldnervermögen erschöpft ist.

305 Dieses Prinzip wird durch einen anderen, für den Schuldner günstigen Grundsatz ausgeglichen: Der Schuldner muß in der Offenbarungsversicherung grundsätzlich nur sein **Aktivvermögen** angeben, so daß keiner der Gläubiger einen vollständigen Überblick über die gesamte Vermögenslage des Schuldners, insbesondere über seine **Verbindlichkeiten,** gewinnen kann. Das gibt dem Schuldner vielfältige Möglichkeiten, einzelne Gläubiger gegeneinander auszuspielen. Im Konkurs hingegen ist der Schuldner verpflichtet, „dem Verwalter, dem Gläubigerausschuß und auf Anordnung des Gerichts der Gläubigerversammlung über alle das Verfahren betreffenden Verhältnisse Auskunft zu geben" (§ 100 KO), worunter sogar strafbare Handlungen fallen, die dann allerdings strafrechtlich nicht verwertet werden dürfen (BVerfG BB 1981, 639).

Die Insolvenzverfahren verbinden diese beiden Gesichtspunkte, indem sie einerseits die unterschiedlichen Rangverhältnisse zwischen einzelnen Gläubigern ab dem **Zeitpunkt** der **Konkurs-/Vergleichseröffnung** egalisieren, den Schuldner zur vollständigen Darlegung aller Einzelheiten zwingen, ihm dafür aber auch die Chance geben, im Falle eines Vergleichs einen Teil der Schulden erlassen zu bekommen oder sich durch die Schutzzone, die die Insolvenzverfahren bieten, wirtschaftlich soweit zu sanieren, daß ein Zwangsvergleich möglich ist.

1.2 Unterschied zwischen Konkurs- und Vergleichsverfahren

Beim **Konkursverfahren** wird die rechtliche Handlungsfähigkeit des Schuldners für die Zeit des Verfahrens beseitigt (§ 6 KO) und kann im Zeitraum zwischen dem Antrag und der Eröffnung des Verfahrens durch das Gericht beschränkt werden (§ 106 KO). Statt des Schuldners wird der **Konkursverwalter** vom Konkursgericht eingesetzt und überwacht (§ 6 KO).

Im **Vergleichsverfahren** verliert der Schuldner demgegenüber weder das Recht, sein Vermögen zu verwalten, noch darüber zu verfügen (§ 57 Abs. 2 VglO). In der Praxis allerdings muß der Schuldner in den meisten Fällen das Kassenführungsrecht auf den Vergleichsverwalter übertragen (§ 57 Abs. 2 VglO) und wird bereits dem vorläufigen Vergleichsverwalter weitgehende Vollmachten erteilen (§ 11 Abs. 2 VglO).

1.3 Voraussetzungen der Insolvenzverfahren

1.3.1 Konkursverfahren

Voraussetzung für die Durchführung eines Konkursverfahrens ist es, **306**
daß
- Gläubiger oder Schuldner Konkursantrag stellen
- eine Einzelperson oder eine juristische Person (z. B. GmbH) zahlungsunfähig ist (§ 102 KO)

und
- wenigstens soviel Bargeld vorhanden ist, daß die Kosten des Konkursverfahrens voraussichtlich abgedeckt sind oder einer der Gläubiger sich bereit erklärt, diese Summe beim Konkursgericht einzubezahlen (§ 107 Abs. 1 KO).

1.3.2 Vergleichsverfahren

Für das Vergleichsverfahren sind die gleichen Voraussetzungen erforderlich (§ 2 Abs. 1, § 17 Nr. 6 VglO), daneben aber vor allem eine Reihe von Informationen des Schuldners über seine persönliche Vermögenslage (§§ 3, 4 VglO) einschließlich einer Vermögensübersicht, eines Gläubiger- und Schuldnerverzeichnisses (§§ 5, 6 VglO) und des **Vergleichsvorschlags** (§ 7 VglO).

Schon an diesen Unterschieden zum Konkursverfahren kann man erkennen, daß das Vergleichsverfahren nur dann zulässig ist (und Aussicht auf Erfolg hat), wenn der Schuldner sich aktiv um das Verfahren kümmert, während er im Rahmen des Konkursverfahrens bis auf den Bereich der Auskünfte, die notfalls durch Haftanordnung erzwungen werden können, passiv verbleiben kann.

1.4 Die Titel im Insolvenzverfahren

307 Sobald das Konkursverfahren eröffnet ist, ist eine Zwangsvollstreckung grundsätzlich nicht mehr zulässig (§ 14 KO). Beim Vergleichsverfahren kann schon in der Zeit vom Eingang des Eröffnungsantrags bis zur Entscheidung über ihn die Zwangsvollstreckung gegen den Schuldner einstweilen eingestellt werden (§ 13 VglO), in der 30-Tagefrist vor Stellung des Eröffnungsantrags und danach sind Zwangssicherung und Zwangsbefriedigung zwar nicht schlechthin unwirksam, der Gläubiger darf auf diese Weise erlangte Vermögenswerte aber nur in Höhe der auf ihn später entfallenden Quote behalten (§ 28 VglO).

Da der Gläubiger nicht voraussehen kann, ob das Konkursverfahren überhaupt eröffnet oder ein Vergleichsvorschlag tatsächlich bestätigt wird, sollten Vollstreckungsmaßnahmen grundsätzlich durchgeführt werden, bis sie unzulässig sind (§ 14 KO). Sie sichern nämlich den Rang gegenüber anderen Gläubigern für den Fall, daß der Konkursantrag etwa mangels Masse eingestellt oder der Vergleichsantrag zurückgenommen wird.

1.4.1 Titel, die zeitlich vor dem Insolvenzverfahren erlangt werden

308 Wenn ein Titel vor Eröffnung des Konkurses (§ 14 KO) oder 30 Tage vor Stellung des Vergleichsantrags (§ 28 VglO) erlangt wurde und nicht angefochten wird, kann sich der Gläubiger entscheiden, ob er freiwillig am Konkurs- oder Vergleichsverfahren teilnimmt oder deren Ende abwartet. Nimmt er teil, muß er sich mit der Quote begnügen, nimmt er nicht teil, fällt er im Konkursfall mit seiner Forderung endgültig aus, wenn sie sich gegen eine juristische Person richtet, in anderen Fällen ist die Begleichung sehr unwahrscheinlich.

1.4.2 Eintragung in die Konkurstabelle als Titel

Forderungen, die nicht tituliert sind, nehmen am Konkursverfahren teil. Sie werden im Prüfungstermin auf ihre Berechtigung hin untersucht. Wenn gegen ihre Berechtigung weder der Konkursverwalter noch ein Konkursgläubiger Widerspruch erheben, gilt die Forderung als festgestellt und wird so in die Konkurstabelle eingetragen. Diese Eintragung hat die Qualität eines **Titels** für den Konkursgläubiger. Sie berechtigt ihn, in Höhe der Quote Zahlung zu verlangen.

Wird die Forderung vom Gemeinschuldner bestritten (nicht aber von den übrigen), so kann der Gläubiger entscheiden, ob er den durch die Quote nicht befriedigten Anteil gegen den Gemeinschuldner im Klagewege weiterverfolgt (§§ 144 Abs. 2, 164 Abs. 2 KO).

Bestreitet der Konkursverwalter die Forderung, muß der Gläubiger ihn verklagen, erhält aber, wenn er obsiegt, ebenfalls nur die Quote, die für alle Gläubiger festgesetzt wird.

1.4.3 Der bestätigte Vergleich als Titel

Sobald das Vergleichsgericht einen Vergleichsvorschlag bestätigt hat, kann aus dem bestätigten Vergleich in Verbindung mit einem Auszug aus dem berichtigten Gläubigerverzeichnis die Zwangsvollstreckung wie aus einem vollstreckbaren gerichtlichen Urteil betrieben werden (§ 85 VglO). 309

2. Antrag – Formular

2.1 Der Konkursantrag kann von jedem Gläubiger des Gemeinschuldners oder vom Gemeinschuldner selbst gestellt werden. Der Gemeinschuldner muß ihn spätestens drei Wochen nach Eintritt der Zahlungsunfähigkeit stellen. Bei juristischen Personen steht die Versäumung dieser Frist (§ 64 GmbH-Gesetz) auch unter Strafe. Der Antrag des Gläubigers ist formlos. Er wird an das Konkursgericht gerichtet und lautet:

„Der Gläubiger hat gegen den Schuldner eine rechtskräftig titulierte Forderung aus dem Versäumnisurteil des LG München II vom 1. 4. 1984 – 15 0 200/84 –. Der Schuldner ist vermögenslos. Das ergibt sich aus dem Pfandabstandsprotokoll des GVZ Neumeier vom 30. 6. 1984. Weitere Vollstreckungsmöglichkeiten sind nicht bekannt geworden. 310
Die Forderungshöhe ergibt sich aus der beigefügten Forderungsübersicht. Zinsen aus der Hauptsache werden jedoch nur bis zum Tag der Eröffnung des Konkursverfahrens verlangt. Ich beantrage die Eröffnung des Konkursverfahrens und bitte, vorab Sicherungsmaßnahmen nach § 106 KO anzuordnen."

Beim Antrag ist auf **zwei Besonderheiten** zu achten: 311
- Wenn das Konkursverfahren eröffnet wird, endet die Verzinsungspflicht am Tag der Eröffnung. Der Antrag muß deshalb entsprechend beschränkt werden.
- Anwaltsgebühren für den Konkursantrag werden **nicht** erstattet, dürfen daher in die Forderungsübersicht nicht mitaufgenommen werden.

2.2 Der Antrag auf Eintragung in die Konkurstabelle lautet:

„Folgende Forderung ist in die Konkurstabelle einzutragen: 312
DM 100 000,– nebst 10% Zinsen hieraus seit 19. 6. 1988 bis zum Tage der Konkurseröffnung.
Die Forderung gründet sich auf die Lieferung von 250 Sony-Compact-Disc-Geräten, die mit der beigefügten Bestellung vom 1. 3. 1988 bestellt, mit Lieferschein vom 1. 4. 1988 ausgeliefert und mit Rechnung vom 1. 5. 1988 in Rechnung gestellt worden sind. Die Forderung ist bisher nicht bestritten worden."

2.3 Anmeldung von Forderungen im Vergleichsverfahren

Im Vergleichsverfahren sind die Forderungen sinngemäß wie im Konkursverfahren anzumelden (§ 67 VglO). Die Anmeldung ist nicht erforderlich, wenn der Vergleichsschuldner den betreffenden Gläubiger schon in das Gläubigerverzeichnis aufgenommen hat (§ 4 Abs. 1 Nr. 2, § 6), sie 313 sollte aber sicherheitshalber in jedem Fall vorgenommen werden und ist in zweifacher Fertigung zu überreichen. In der Anmeldung sind Betrag und Grund der Forderung aufzuführen und urkundliche Beweisstücke in Urschrift oder Abschrift beizufügen. Die Formulierung bei Randnummer 312 berücksichtigt das.

3. Sachbehandlung

3.1 Durchführung des Verfahrens

314 Das Konkurs-/Vergleichsgericht prüft entweder selbst oder mit Hilfe eines Sachverständigen (Rechtsanwalt oder Wirtschaftsprüfer),
– ob Überschuldung tatsächlich vorliegt
– ob genügend Geld für die Durchführung des Konkursverfahrens da ist.

3.1.1 Vermögensaufstellung durch den Schuldner

315 Dazu muß der Schuldner eine **Vermögensaufstellung** vorlegen, die wie die OV durch Haft erzwungen werden kann. Liegt keine Überschuldung vor oder kann der Schuldner sie (z.B. durch neue Kreditaufnahme) beseitigen, wird der Konkursantrag als unbegründet zurückgewiesen. Bleibt es bei der Überschuldung und ist genügend Geld vorhanden, um die Verfahrenskosten zu decken, wird der Konkurs eröffnet. In den meisten Fällen (über 75% aller Konkursverfahren) wird das Konkursverfahren jedoch „mangels Masse" eingestellt.

In den restlichen 25% ergibt die Vorprüfung durch das Gericht, daß eine gewisse Masse vorhanden ist. Ob sie für ein vollständiges Konkursverfahren aber ausreicht, stellt sich erst später heraus. Deshalb werden viele Verfahren nachträglich gemäß § 204 KO mangels Masse eingestellt.

Die Masse ist meistens deshalb so dürftig, weil die Hauptgläubiger (Banken und Warenlieferanten) ihre Forderungen so abgesichert haben, daß sie über Aussonderungs- und Absonderungsrechte bevorzugt befriedigt werden.

3.1.2 Erfassung der Masse

316 Sobald der Konkursverwalter eingesetzt und der Konkurs förmlich eröffnet worden ist, prüft er zunächst die Aus- und Absonderungsrechte und gibt wirksam bestellte Sicherheiten frei. Sodann entscheidet er, ob schwebende Prozesse fortgesetzt (§ 10 KO) und noch nicht erfüllte Verträge durchgeführt werden sollen (§ 17f KO).

Danach wird untersucht, ob anfechtbare Rechtshandlungen (§ 29f KO) vorgekommen sind, ggf. führt der Konkursverwalter die Anfechtung durch (s. unten Rdnr. 319).

Damit ist im wesentlichen klar, welche Vermögensgegenstände dem Konkursverwalter zur Verwertung verbleiben.

3.1.3 Verteilung der Masse

Mit der Masse, die der Konkursverwalter so zusammenfaßt, deckt er **317**
- die Kosten für die Verwaltung (Massekosten § 58 KO),
- die Verpflichtungen, die er selbst während der Verwaltung eingegangen ist (§ 59 Abs. 1 Ziff. 1, 2 KO),
- die übrigen Masseschulden in der in § 59 KO genannten Reihenfolge.

Das Konkursverfahren kann an sich überhaupt nur eröffnet werden, wenn die Massekosten gedeckt werden können. Masseschulden darf der Konkursverwalter nur verursachen, soweit er sie auch bezahlen kann. Für den Fall, daß er sich doch verschätzt hat, bestimmt § 60 KO eine Rangordnung der Massegläubiger („Konkurs im Konkurs“).

Sind Massekosten und Masseschulden bezahlt, werden die übrigen Konkursforderungen in der in § 61 genannten Rangordnung befriedigt. Sozialplanansprüche sind einfache Konkursforderungen (näher Drischler Rpfl. 1986, 122).

Für die nicht bevorrechtigten Gläubiger (§ 61 Abs. 1 Ziffer 6 KO) bleibt in der Regel eine Quote zwischen 2 und 5% übrig.

Ist ausnahmsweise genug Masse vorhanden, um diese Gläubiger mit mehr als 20% ihrer Forderungen zu befriedigen (§ 187 KO), wird der Konkursverwalter einen Zwangsvergleich anstreben.

In Ausnahmefällen bricht ein an sich gesundes Unternehmen aufgrund unternehmerischer Fehlentscheidungen zusammen, so daß eine Fortführung des Betriebes ganz oder teilweise in Frage kommt. Dem Konkursverwalter kann eine solche Sanierung eher gelingen als dem Unternehmer selbst, weil die Konkursordnung ihm weit größere Rechte einräumt, als sie dem Unternehmen zustehen können. In einem solchen Fall kann aus dem Konkursverfahren doch noch ein Vergleich werden, der eine Quote von 60 oder gar 70% ermöglicht.

3.2 Vollstreckungsverbot

Nach Eröffnung des Konkurs-/Vergleichsverfahrens sind Einzel- **318**
zwangsvollstreckungsmaßnahmen unzulässig (§ 14 Abs. 1 KO, 47 VerglO), auch wenn der Gläubiger von der Eröffnung nichts wußte. Durch die Stellung des Konkurs-/Vergleichsantrags darf man sich aber auf keinen Fall von weiteren Vollstreckungsmaßnahmen abhalten lassen: Alle diese Maßnahmen sichern dem Gläubiger den Rang, der für ihn sehr wichtig ist, wenn das Konkursverfahren nicht eröffnet werden sollte!

3.3 Anfechtung von Rechtshandlungen (§§ 29–42 KO)

Der Konkursverwalter hat – noch weitergehend als die Gläubiger (s. **319**
oben Rdnr. 176) – die Möglichkeit, Rechtshandlungen des Schuldners vor Konkurseröffnung anzufechten. Dabei handelt es sich im wesentlichen um die Fälle, bei denen der Schuldner Vermögensgegenstände unter Wert weggegeben hat, obgleich er sich schon in der Krise befand. Die Formulierungen in den §§ 30 f KO sind ziemlich abstrakt, anschaulicher sind die §§ 283 f StGB: Alles was als Bankrottstraftat strafbar ist, kann auch vom

Konkursverwalter wegen Vorliegens einer „inkongruenten Deckung“ angefochten werden.

Der Gläubiger kann dem Konkursverwalter in diesem Bereich gelegentlich mit Informationen dienen, die er aus vorherigen Vollstreckungsmaßnahmen gewonnen hat.

3.4 Fortsetzung der Einzelvollstreckung

320 Im **Konkursverfahren** kann die Einzelvollstreckung fortgesetzt werden, wenn das Konkursverfahren nach Verteilung der Quote abgeschlossen worden ist.

Bei einem **Zwangsvergleich** oder einem **bestätigten Vergleich** im Rahmen eines Vergleichsverfahrens ist das nicht möglich: Hier muß der Gläubiger auf den Teil der Forderung verzichten, der nicht bezahlt worden ist.

Wenn die Vollstreckung fortgesetzt werden kann, hat das folgende Auswirkungen:

3.4.1 Natürliche Personen

321 Im Konkursverfahren einer natürlichen Person (z.B. Einzelkaufmann) kann der Gläubiger, soweit er keine Zahlung auf die Quote erhalten hat, in vollem Umfang vollstrecken. Für den Einzelkaufmann ist das Konkursverfahren also nur eine vorübergehende Zeit der Ruhe, danach geht die Jagd der Gläubiger auf ihn wieder weiter. Deshalb werden für Einzelkaufleute auch kaum Konkurse beantragt.

3.4.2 Juristische Personen

322 Bei der GmbH führt das Konkursverfahren dazu, daß die Gesellschaft nach Zurückweisung des Konkursantrages mangels Masse oder nach Verteilung ihres Vermögens aus dem gleichen Grunde von Amts wegen gelöscht wird. Die GmbH „stirbt“ am Konkurs also immer. Das ist manchmal auch das einzige Druckmittel des Gläubigers gegenüber den Gesellschaftern der GmbH, sofern diese aus irgendeinem Grund (z.B. um sich durch Verlustvorträge Steuervorteile zu retten) die Gesellschaft noch erhalten wollen.

3.4.3 Beim Vergleich ist es anders:

323 Hier erlassen die Gläubiger, die ihre Forderungen angemeldet haben, dem Schuldner endgültig alles, was ihm nachgelassen worden ist. Mancher Schuldner (z.B. die AEG) hat sich auf diese Weise wirklich erholt.

Man fragt sich oft, warum Vergleiche erst so spät beantragt werden, obwohl sie manchmal eine wirkliche Sanierungschance wären. Der Hauptgrund ist, daß die verschiedenen Gläubiger sich nur unter dem formellen Zwang des Vergleichsverfahrens unter der Aufsicht des Gerichts einigen, während freiwillige Vereinbarungen immer an dem einen oder anderen scheitern, der zustimmen muß: Im Vergleichsverfahren wird er überstimmt.

4. Verhalten des Schuldners

Im Konkurs verliert der Schuldner seine rechtliche Handlungsfähigkeit, da der Konkursverwalter kraft Amtes die Rechte und Pflichten des Schuldners ausübt. **324**

Im Vergleichsverfahren kommt es trotz grundsätzlich anderer rechtlicher Konstruktion im Endergebnis auf das gleiche hinaus: Der Vergleichsschuldner, der sich mit dem Vergleichsverwalter nicht koordiniert, wird kaum die Möglichkeit zu einem erfolgreichen Vergleichsabschluß haben. Schon durch das Recht des Vergleichsverwalters zur Kassenführung (§ 57 II VglO) wird die Wirkungsmöglichkeit des Schuldners fast vollständig eingeschränkt.

5. Kosten

Der Konkursantrag bedeutet für den Gläubiger ein hohes Risiko, falls das Konkursgericht wie üblich einen Rechtsanwalt, Steuerberater und Wirtschaftsprüfer damit beauftragt, festzustellen, ob der Schuldner wirklich überschuldet ist und ob sein Vermögen die Verwaltungskosten deckt. **325**

Nach Stellung des Konkursantrages wegen einer Forderung von DM 2500,00 gegen die Schütz GmbH beauftragt das Amtsgericht RA Blanke, das entsprechende Gutachten anzufertigen. Der Kassenbestand der Firma beträgt zwar nur DM 250,00, es sind aber erhebliche Lagerbestände vorhanden, die zu bewerten sind. Dazu muß RA Blanke einen Sachverständigen von der Industrie- und Handelskammer zuziehen, der DM 2000,00 Gutachterkosten verlangt. Die Kosten für das Gutachten von RA Blanke betragen weitere 2500,00 DM.
Das Endergebnis: Die Schütz GmbH ist überschuldet, eine Verwertung der Lagerbestände ist aussichtslos. Folge für den Gläubiger: Sein Auftrag kostet ihn Gutachterkosten in Höhe von 4500,– DM.

Die übliche Gerichtspraxis ist es, vom Gläubiger einen Vorschuß auf diese Gutachterkosten zu verlangen, wenn das Gericht sich selbst nicht genügend Gewißheit verschaffen kann. Dazu ist das Gericht aber nicht verpflichtet. So kann es kommen, daß ohne Wissen des Gläubigers die Kosten anfallen, deren Umfang das Gericht im Prinzip nach freiem Ermessen bestimmt. Ein vorsichtiger Gläubiger wird in seinem Antrag darum bitten, vor Erteilung von Gutachten einen Vorschuß bei ihm anzufordern. Er kann dann sehen, ob die Höhe des Vorschusses im Verhältnis zu seiner Forderung steht. Der Antrag lautet:

„Soweit das Gericht beabsichtigt, Gutachter oder Sachverständige zu beauftragen, bitte ich vorab um Anforderung eines Vorschusses."

Manche Gerichte halten bereits diese Anfrage für eine unzulässige Beschränkung des Konkursantrags.

Die Anwaltsgebühr für den Antrag beträgt $^{5}/_{10}$ aus der Forderung. Stellt der Schuldner selbst den Antrag, erhält sein Anwalt eine $^{5}/_{10}$ Gebühr aus dem Wert der Konkursmasse.

6. Taktik

326 Im Prinzip kann der Gläubiger es sich aussuchen, ob er vom Schuldner die OV verlangt oder Konkursantrag stellt. Während der Schuldner im OV-Verfahren nur seine Vermögensgegenstände angeben muß, muß er im Konkursverfahren auch die Schulden ordnungsgemäß zusammenstellen, die er hat. Für weitere Vollstreckungsmöglichkeiten gegen den Schuldner ist diese Zusammenstellung oft von großer Hilfe. Der Gläubiger sieht dann, daß er nicht allein hinter dem Schuldner herläuft und vor allem, wer die anderen Gläubiger sind, die das Vermögen des Schuldners verwerten wollen.

Das Konkursverfahren hat außerdem den **Vorteil,** daß nach seinem Abschluß die **Staatsanwaltschaft Ermittlungen** darüber **anstellt,** ob die Gesellschafter oder die Geschäftsführer einer Firma oder auch der Einzelkaufmann **Bankrottdelikte** begangen haben (§§ 283 ff. StGB).

In vielen Fällen ist die einzige Chance des Gläubigers, an sein Geld zu kommen, die persönliche Haftung z. B. des Geschäftsführers für die Schulden der GmbH, die sich aus § 823 BGB in Verbindung mit den Bankrottdelikten herleiten läßt. Spätestens nach dem ersten Konkurs weiß ein Schuldner, was hier auf ihn zukommt. So erlebt man manchmal, daß ein erfahrener Konkursant auf die Drohung mit dem Konkursantrag erstaunlich zuvorkommend reagiert.

Der Gläubiger darf nach einer Schuldnerzahlung seinen Antrag nur für erledigt erklären, niemals zurücknehmen (Kosten!).

XXV. Das Ende der Vollstreckung

327 Etwa 30% aller Schuldner, die auf außergerichtliche Mahnungen nicht reagieren, bezahlen, wenn der Mahnbescheid oder der Vollstreckungsbescheid zugestellt werden. Weitere 10% bezahlen, wenn der GVZ erscheint, danach zieht sich die Vollstreckung ziemlich in die Länge.

Viele Gläubiger scheuen dann weitere Kosten, die sie aufwenden müssen, um das Verfahren weiterzubetreiben. Diese Entscheidung ist in den meisten Fällen **falsch.** Das zeigen die Erfahrungen von Gläubigern, die auf Kosten nicht achten müssen:

Teilzahlungsbanken realisieren durch konsequente Vollstreckung über 90% ihrer Forderungen, wobei allerdings die freiwilligen Zahlungen miteingerechnet sind.

Hohe Vollstreckungsquoten erreichen auch die Behörden, so z. B. das Finanzamt, die Bundespost und die öffentlichen Krankenversicherer (AOK), und zwar deshalb, weil sie nicht im Kulanzwege auf Forderungen verzichten dürfen und die Kosten für die Vollstreckung bei ihnen keine Rolle spielen. Von den Behörden ist interessanterweise das Finanzamt noch am ehesten bereit, mit dem Schuldner über einen Nachlaß zu verhandeln, wenn bald bezahlt wird. Die Bundespost hingegen vollstreckt auch 57,80 DM einschließlich der darauf entfallenen Zinsen über 15 Jahre und hat damit Erfolg, auch wenn die Kosten für die Maßnahme, wenn man die Beamtengehälter und allen übrigen Aufwand rechnet, sicher mehrere Tausend Mark betragen. Für einen Großgläubiger ist ein solches Mißverhältnis aber nur ein Rechenfaktor in der Gesamtstatistik. Man darf also niemals zu früh locker lassen.

Als Faustformel gilt: drei Offenbarungsversicherungstermine (Zeitraum 9 Jahre) lang sollte der Gläubiger seine Sache schon im Auge behalten. Für die 3 Termine entstehen Gerichts- und Anwaltskosten von zusammen ca. 250,– DM (Höchststreitwert: 2400,– DM!) – das kann man sich auch bei einer kleineren Forderung leisten.

Bei **langen Vollstreckungen** muß man darauf achten, daß **Zinsforderungen alle 4 Jahre verjähren,** obgleich die Forderung tituliert ist (218 Abs. 2, 197 BGB). Zwischen zwei Vollstreckungsmaßnahmen darf also kein größerer Zeitraum als vier Jahre liegen.

XXVI. Haftung bei unberechtigten Vollstreckungsmaßnahmen (§§ 717 II, 788 II)

1. Zweck der Haftungsregelung

Durch den – gelegentlich gewaltsamen – Eingriff in Rechtspositionen **328**
des Schuldners, den der Gläubiger bei der Zwangsvollstreckung vornimmt, können Schäden entstehen, die über das hinausgehen, was der Schuldner aufgrund der Vollstreckung ohnehin dulden muß. Wer in der schwarzen Liste des Amtsgerichts (Schuldnerverzeichnis) eingetragen ist, hat einen schlechten Ruf und bekommt keinen Kredit mehr. Diese Nebenfolgen muß der Schuldner hinnehmen, denn er könnte sie durch pünktliche Zahlung selbst abwenden.

Es gibt aber Fälle, in denen der Gläubiger einen weitergehenden Schaden ersetzen muß, weil er voreilig oder in fahrlässiger Weise vollstreckt hat:

1.1 Vorläufig vollstreckbare Titel

Bei einem **vorläufig vollstreckbaren** Titel ist jeglicher Schaden zu er- **329**
setzen, der aus der Vollstreckung entstanden ist (§ 717 Abs. 2). Das Gericht gestattet zwar die vorläufige Vollstreckung, das **Risiko,** daß das Urteil später aufgehoben wird, **trägt** aber nach wie vor **der Gläubiger.** Er muß sich also bei jeder vorläufigen Vollstreckungsmaßnahmen überlegen,

- ob möglicherweise eine Gefahr besteht, daß er in zweiter Instanz unterliegt

  und/oder
- ob die von ihm konkret gewählte Vollstreckungsart (z. B. Sachpfändung, Pfändungs- und Überweisungsbeschluß) über die Vollstreckung hinaus weiteren Schaden anrichtet.

Hat er z. B. die Auswahl, eine private Forderung oder das Geschäftskonto des Schuldners zu pfänden, dann wird er an das Geschäftskonto erst in zweiter Linie denken: Durch die Zustellung des Pfüb erfährt die Bank von den Schulden ihres Kunden und kann ihm daraufhin die Geschäftsverbindung fristlos kündigen (§§ 19 AGB der Banken).

1.2 Rechtskräftige Titel

330 Ist der **Titel rechtskräftig,** wird die Entscheidung genau umgekehrt lauten: Da hier die Gefahr nicht mehr besteht, daß der Titel aufgehoben werden kann, fallen die **Begleitschäden** voll in die **Verantwortlichkeit** des **Schuldners.** Solche Schäden können entstehen
– beim Schuldner in dessen Vermögen
und
– bei Dritten (Familienangehörige, Drittschuldner etc.), die von der Vollstreckung betroffen werden.

1.2.1 Schäden beim Schuldner

Zunächst einmal ist festzuhalten, daß der Gläubiger im Vollstreckungsverfahren **keine „Fürsorgepflichten"** gegenüber dem Schuldner hat (KG Berlin, NJW 73, 860). Er muß nicht stets das mildeste Mittel in der Vollstreckung wählen.

331 Umgekehrt hat das Gläubiger aber auch kein unbegrenztes „Recht auf Irrtum" (so noch BGH NJW 79, 1351). Seine frühere Meinung hat der BGH (WM 85, 35) erheblich eingeschränkt. Dort heißt es:

„Das „Recht auf Irrtum" hat deshalb dort seine Grenze, wo ein Haftungsrisiko die prozessuale Entschluß- und Handlungsfreiheit des Vollstreckungsgläubigers nicht mehr unzumutbar beeinträchtigt . . .".

Im dort entschiedenen Fall hatte der Gläubiger dem Schuldner versprochen, er werde das Vollstreckungsgericht von der erfolgten Zahlung benachrichtigen und diese Nachricht irrtümlich nicht vorgenommen.

Wenn auch zwischen Gläubiger und Schuldner keine vertraglichen Beziehungen bestehen, so nimmt die Rechtsprechung doch überwiegend eine „gesetzliche Sonderbeziehung privatrechtlicher Art" an, die im Einzelfall dazu zwingt, Interessen des Schuldners zu berücksichtigen. Der Gläubiger ist an sich nicht verpflichtet, Zahlungen des Schuldners den Vollstreckungsorganen mitzuteilen. Das kann der Schuldner selbst tun. **Wenn der Gläubiger aber eine Zusage macht, dann muß er sie auch einhalten!**

1.2.2 Schäden bei Dritten

332 Hier gibt es zwei Fälle:
– Der Schuldner ist Inhaber von Anteilen an einer Gesellschaft (GmbH oder KG), die durch eine unberechtigte Vollstreckung gegen den Schuldner Schaden erleidet. Solche Schäden hält die Rechtsprechung (BGH NJW 74, 134) grundsätzlich für erstattungsfähig.
– Drittschuldner oder sonstige Beteiligte werden geschädigt. In diesem

Fall kommt es darauf an, ob aufgrund des Gesetzes eigene Rechte und Pflichten zwischen Gläubiger und Drittschuldner entstehen, wie etwa durch die Auskunftspflicht (§ 840). Ist das nicht der Fall, dann hat der Gläubiger ein Schadensersatzrisiko nur, wenn er **absolute Rechte** verletzt, also z. B. das Persönlichkeitsrecht, das Eigentum oder den Besitz.

1.3 Haftung gegenüber dem Auftraggeber

Auf dem Hintergrund all dieser Einschränkungen darf nicht vergessen **333**
werden, daß der **Anwalt** sich gegenüber dem Gläubiger **haftbar** machen kann, wenn er einen Auftrag zur Zwangsvollstreckung **nicht unverzüglich** erledigt (OLG Köln VersR 1986, 300).

Man muß deshalb als Anwalt seinen Mandanten ausdrücklich darauf aufmerksam machen, daß eine bestimmte Vollstreckungsmaßnahme ein Haftungsrisiko hat, darf sie aber nur dann unterlassen, wenn der Auftraggeber damit einverstanden ist.

2. Taktik

Der Gläubiger und sein Anwalt müssen die Möglichkeit, durch Voll- **334**
streckungsmaßnahmen Schaden auszulösen, immer im Auge behalten.

In den meisten Fällen spielt das Risiko deshalb keine große Rolle, weil der Schuldner auch durch unberechtigte Vollstreckungen nicht mehr allzu viel Schaden erleiden kann: Wer ohnehin eine Menge Schulden hat, wird sich schwer tun, zu beweisen, daß zum gleichen Zeitpunkt seine hohe Kreditwürdigkeit bei einer Bank entscheidend gelitten hat. Tut er es doch, dann kann er diese Bank ja wohl kaum von seinen vielen Schulden informiert haben.

Es gibt aber auch Ausnahmefälle wie der oben vom BGH entschiedene. Für den Gläubiger und seinen Anwalt ist es deshalb wichtig, die **Abweichungen im Einzelfall** vom üblichen Fall unterscheiden zu lernen. Das kann man an folgenden Kriterien:

3. Checkliste

- Zahlt der Schuldner nicht, weil er kein Geld hat oder kann es sein, daß **335**
  die Zahlung nur aus Schlampigkeit oder Ignoranz vergessen worden ist? Letzteres kommt bei Großunternehmen gar nicht einmal so selten vor. Bevor man der Fa. Siemens an die Bankkonten geht, sollte man lieber nochmal schreiben, denn das Geld ist wahrscheinlich vorhanden.
- Gibt es eine schonendere Vollstreckungsmaßnahme, die wahrscheinlich zum gleichen Erfolg führt?
- Oder wird der Schuldner nur zahlen, wenn man wirklich unangenehme, aber risikoreichere Maßnahmen ergreift (z. B. bei den wichtigsten örtlichen Banken pfändet?)
- Bei vorläufig vollstreckbaren Titeln:
  Wird man auch die 2. Instanz gewinnen? Wenn das Berufungsgericht Bedenken äußert, sollte man auch beim Vollstrecken vorsichtig sein.

XXVII. Strafrecht in der Vollstreckung

1. Funktion der Strafgesetze in der Vollstreckung

336 Am Vollstreckungsverfahren sind beteiligt
- Schuldner
- Gläubiger
- dritte Personen (z.B. Familienangehörige, Drittschuldner etc.)
- Behörden, vor allem der Gerichtsvollzieher und der Rechtspfleger

Im StGB und im OWiG finden sich eine Reihe von Vorschriften, die sicherstellen sollen, daß
- der massive Eingriff, den die Vollstreckung gegenüber dem Schuldner bedeutet, auf das unbedingt notwendige beschränkt bleibt
- der Schuldner sich der Vollstreckung nicht mit unlauteren Mittel entzieht
- die Rechtssphäre Dritter gewahrt bleibt.

1.1 Strafdrohungen gegenüber dem **Gläubiger**

1.1.1 Anstiftung und Beihilfe zur Gläubigerbegünstigung, § 283 c StGB

337 Der Schuldner darf im Zustand der Zahlungsunfähigkeit einen Gläubiger nicht grundlos vor anderen Gläubigern besser behandeln.

Abgesehen von der Anfechtbarkeit solcher Tatbestände (§§ 3, 7 AnfG) ist die Gläubigerbegünstigung, die der Schuldner begeht, strafbar. Wenn der Gläubiger den Schuldner überredet, solche Handlungen vorzunehmen, kann er sich der Anstiftung oder Beihilfe schuldig machen.

1.1.2 Hausfriedensbruch, § 123 StGB

338 Auch ein noch so unangenehmer Schuldner hat das verfassungsrechtlich geschützte Hausrecht, in welchem ihn der Gläubiger nicht beeinträchtigen darf. Nur der Gerichtsvollzieher darf als Amtsperson dieses Hausrecht brechen, nicht aber der Gläubiger selbst.

1.1.3 Nötigung, § 240 StGB

339 Manchmal ergibt sich aus dem Verhalten des Schuldners vor oder nach Erwirkung des Titels der Verdacht einer strafbaren Handlung. Das kann die Vermutung sein, der Schuldner habe sich ein Darlehen mit falschen Angaben erschlichen oder Vermögensgegenstände vor dem Gerichtsvollzieher in Sicherheit gebracht.

In solchen Fällen ist man als Gläubiger geneigt, dem Schuldner mit Strafanzeige zu drohen, wenn er den Schaden nicht sofort durch Zahlung wieder gut macht. Nicht selten erhält man dann die Antwort, man habe sich dadurch einer Nötigung schuldig gemacht und in Extremfällen will der großzügige Schuldner nun seinerseits von Strafanzeige absehen, wenn man auf die Forderung verzichtet.

Grundsätzlich darf der Gläubiger mit Strafanzeige drohen, wenn

- ein begründeter zivilrechtlicher Anspruch besteht (OLG Koblenz, JR 1976, 69). Vor Titulierung dürfen also keine ernst zu nehmenden Gegenargumente bekannt sein.
- ein innerer Zusammenhang der Strafanzeige mit der zivilrechtlichen Schuld besteht (BGHSt 5, 254 (258)): Man darf also dem Schuldner nicht mit Anzeige wegen eines zufällig beobachteten Ladendiebstahls drohen, wenn man von ihm in anderer Sache Geld zu bekommen hat.
- Die Richtung und die äußere Form der Drohung muß der Höhe der Forderung und den gesamten Umständen angemessen sein, da sie sonst „zu dem angestrebten Zweck als **verwerflich** anzusehen" wäre.
  Das gilt etwa von der Drohung, in einer Zeitungsannonce die Schulden bekannt zu machen oder dem Mieter, der trotz Räumungsurteil nicht räumt, Strom oder Wasser abzudrehen.

Wenn man die Rechtsprechung zur Nötigung ernstnähme, die beim Sitzstreik im Rahmen politischer Demonstrationen entstanden ist, dann müßte der Gläubiger hier äußerst vorsichtig sein. Wahrscheinlich werden sich die Gerichte aber mit der Einschränkung des Demonstrationsrechts begnügen.

1.2 Gerichtsvollzieher

Auch der GVZ kann sich strafbar machen, und zwar zunächst in dem **340**
Bereich, in dem es auch für den Gläubiger riskant ist. Auch er darf nicht ohne richterlichen Durchsuchungsbefehl eine Wohnung betreten, wenn der Schuldner sich dagegen verwahrt. Daneben gibt es aber besondere Straftatbestände, die den GVZ gerade deshalb treffen, weil er eine Amtsperson ist. Das sind:

- Bestechlichkeit, §§ 332, 334, 335 StGB
- Körperverletzung im Amt, § 340 StGB
- Gebührenüberhebung, § 352 StGB

1.3 Mögliche Straftaten des **Schuldners**

1.3.1 Verstrickungsbruch, § 136 StGB

Der Schuldner wird bestraft, wenn er das Pfandsiegel zerstört, beschä- **341**
digt oder unbrauchbar macht oder eine gepfändete Sache aus der Wohnung schafft oder sogar innerhalb der Wohnung unauffindbar versteckt. Er hat dann die „Verstrickung" gebrochen. Die Versuchung für den Schuldner ist groß, weil die Sachen meistens in seinem Besitz verbleiben. Daher die strafrechtliche Absicherung.

1.3.2 Widerstand gegen Vollstreckungsbeamte, § 113 StGB

Wenn der Schuldner sich mit Gewalt gegen die Pfändung wehrt, dann **342**
ist meistens auch Widerstand gegen Vollstreckungsbeamte gegeben. Drohung mit Gewalt reicht aus.

1.3.3 Vollstreckungsvereitelung, § 288 StGB

343 Diese Vorschrift wird mit ganz hoher Dunkelziffer jeden Tag viele hundert Male verletzt, aber trotzdem nur selten verfolgt, weil der Verstoß schwer zu beweisen ist. Der Schuldner darf, sobald ihm eine Zwangsvollstreckung droht, Bestandteile seines Vermögens nicht veräußern oder beiseite schaffen. Strafdrohung: Freiheitsstrafe bis zu 2 Jahre oder Geldstrafe. Die Vorschrift wird sehr weit ausgelegt, es ist nicht einmal ein Titel erforderlich, das Bestehen einer fälligen Forderung genügt.

Entscheidende Voraussetzung ist, daß der Schuldner nicht den vollen Gegenwert für eine weggeschaffte oder veräußerte Sache bekommt. Die meisten Schuldner schließen Scheinverträge ab, in denen ein Gegenwert genannt ist und treiben ihn nicht bei. Wegen der schwierigen Beweislage und der ohnehin vorhandenen Überlastung der Staatsanwaltschaft verliert man als Gläubiger recht bald die Lust, Strafanzeigen nach § 288 abzusenden. Trotzdem wäre die Vorschrift theoretisch sehr wohl geeignet, den Gläubiger wirksam zu schützen.

1.3.4 Pfandkehr, § 289 StGB

344 Wenn der Schuldner Sachen, die dem Vermieter- oder dem Verpächterpfandrecht unterliegen, wegschafft, macht er sich ebenfalls strafbar.

1.3.5 Bankrottstraftaten, § 283 StGB

345 Schlampereien und Angebereien sind normalerweise nicht strafbar. Anders ist es, wenn dem Schuldner Zahlungsunfähigkeit droht oder er seine Zahlungen sogar schon eingestellt hat. Dann verlangt das Gesetz von ihm unter Strafdrohung, seine Handelsbücher ordentlich zu führen, die Bilanzen fristgerecht abzugeben und vor allem sparsam zu leben.

In der Praxis ist das genaue Gegenteil der Fall: Der drohende Untergang wird mit Champagner begossen und kurz vor Toresschluß werden teuere Autos geleast, damit man standesgemäß zum Konkursrichter fahren kann. Das Argument ist meistens: Ohne solchen Aufwand hätte man keinen Kredit mehr bekommen! Und damit hat der Schuldner nicht einmal so unrecht.

Die Dunkelziffer ist sehr hoch, obgleich die Staatsanwaltschaft in jeder Konkursakte nach Abschluß des Konkursverfahrens nach solchen Delikten ermittelt.

1.3.6 Verletzung der Buchführungspflicht, § 283 b StGB

346 Wer seine Bücher schlampig führt, Aufzeichnungen oder Belege wegwirft oder Bilanzen verspätet aufstellt, macht sich auch dann strafbar, wenn es der Firma im übrigen gut geht, falls er nur **später** die Zahlungen einstellen muß (Zeitraum in der Regel: zwei Jahre). Das weiß fast kein Mensch und anscheinend auch nur wenige Steuerberater, die die Bilanzen entweder rechtzeitig vorlegen oder ihren Mandanten auf den Straftatbestand aufmerksam machen müssen. Normalerweise beträgt für die GmbH wie

für die Einzelfirma die Bilanzierungsfrist drei Monate nach dem Bilanzstichtag (üblicherweise das Jahresende), sie kann auf höchstens sechs Monate ausgedehnt werden.

Wer aufgrund von §§ 283 f. als Geschäftsführer einer GmbH vorbestraft ist, darf fünf Jahre lang dieses Amt nicht übernehmen.

1.3.7 Falsche eidesstattliche Versicherung (§§ 156, 163 I StGB)

Bei der Offenbarungsversicherung ist die vorsätzliche (§ 156 StGB), **347** aber auch die fahrlässig falsche oder unvollständige Angabe (§ 163 Abs. 1 StGB) strafbar.

Es dürfte kaum ein Vollstreckungsprotokoll ohne Unrichtigkeiten geben und die Rechtsprechung sieht auf den ersten Blick so aus, als wären diese falschen Angaben ohne weiteres strafbar (Übersicht bei Schönke/Schröder, Kommentar zum StGB, 22. Auflage 1985, Rdnr. 22f zu § 156 StGB). Die Praxis sieht anders aus: Die Gerichte prüfen in aller Regel auch, ob das konkrete Vollstreckungsinteresse des Gläubigers durch die falsche Angabe verletzt wurde (dazu Prinzing, NJW 62, 567), darüber hinaus wird der Schuldner sich oft herausreden können, die falsche Angabe beruhe auf verzeihlicher Schlamperei oder falscher Interpretation des Umfangs der Offenbarungspflicht, deren Grenzen wirklich nicht ganz einfach zu bestimmen sind. Das Gegenteil kann man selten beweisen. Ein ziemlich stumpfes Schwert.

1.3.8 Betrug, § 263 StGB

Bei vielen der vorgenannten Delikte muß der Schuldner, um zum Ziel **348** zu kommen, gleichzeitig eine Person **täuschen.** Da alle Schuldnerhandlungen dem Ziel dienen, die Vollstreckung durch den Gläubiger zu erschweren, erleidet dieser z. B. durch Rangverlust auch einen wirtschaftlichen Nachteil. Andernfalls liegt immerhin Versuch vor. Zur Erfüllung des Betrugtatbestandes ist allerdings auch noch eine **Vermögensverfügung** erforderlich, d. h. also eine konkrete Entscheidung des Gläubigers oder einer von ihm beauftragten Person, eine bestimmte Vollstreckungsmaßnahme zu unterlassen.

Der Schuldner behauptet, ein Bild, das der Gerichtsvollzieher pfänden will, gehöre in Wirklichkeit seinem Onkel und legt zum Beweis einen „Kaufvertrag" vor. Obwohl der Gerichtsvollzieher eigentlich pfänden müßte, unterläßt er es. Anderntags ist das Bild verschwunden, der Kaufvertrag erweist sich als gefälscht. Hier ist neben der Urkundenfälschung auch Betrug gegeben.

1.3.9 Verletzung der Unterhaltspflicht, § 170 b StGB

Wenn der Schuldner seine Unterhaltsverpflichtungen nicht erfüllt und **349** dadurch der Lebensunterhalt der Unterhaltsberechtigten (Ehefrau, Kinder ect.) gefährdet **ist** oder gefährdet **wäre,** macht sich der Schuldner strafbar. Das Problem im Strafverfahren ist es, dem Schuldner nachzuweisen, daß er zu Unterhaltsleistung tatsächlich imstande ist. Dazu hat der Staatsanwalt erheblich bessere Ermittlungsmöglichkeiten, als der Gläubiger sie hat.

Diese Strafanzeige ist ein sehr wirksames Mittel (manchmal das einzige) bei der Vollstreckung von Unterhaltsansprüchen.

1.3.10 Verletzung von Meldegesetzen

350 In jedem Bundesland gibt es Gesetze, die das Meldewesen regeln. Wer sich an seinem Wohnsitz nicht, verspätet oder mit falscher Bezeichnung anmeldet, begeht immer eine Ordnungswidrigkeit. Die einzelnen Meldegesetze sind abgedruckt in Erbs-Kohlhaas, „Strafrechtliche Nebengesetze", RegisterBd. Rdnr. 535.

Gegen die Meldegesetze wird täglich tausendfach verstoßen, die Täter werden aber sehr selten bestraft und schon gar nicht von Amts wegen ermittelt. Verliert der Gläubiger einmal die Geduld und stellt eine Strafanzeige, dann erhält er gelegentlich einen Formbrief mit folgendem wertvollen Hinweis: „Der von Ihnen angezeigte Verstoß gegen das Meldegesetz kann nicht verfolgt werden, weil der Schuldner unbekannt verzogen ist". Eben!

2. Antrag

351 In jeder Strafanzeige steckt das Risiko einer falschen Anschuldigung (§ 164 StGB). Deshalb muß man darauf achten, nur Tatsachen mitzuteilen, die man selbst erlebt hat, oder anzugeben, von wem man sie erfahren hat.

Der Antrag ist formlos. Er lautet:

„Ich erhebe Strafanzeige gegen ... wohnhaft in ... und bitte, die Ermittlung wegen des folgenden Sachverhalts aufzunehmen:
..."

Danach schildert man die Dinge so, wie sie vorgefallen sind. Einen Paragraphen, der verletzt worden ist, muß man nicht angeben, darüber macht sich der Staatsanwalt Gedanken.

3. Sachbehandlung

352 Der Staatsanwalt prüft zunächst, ob durch die Tat tatsächlich ein Strafgesetz verletzt sein kann. Ist das der Fall, beauftragt er die Kriminalpolizei mit weiteren Ermittlungen. Dabei wird zunächst der Gläubiger als Zeuge gehört, dann ggf. weitere Personen. Urkunden werden eingezogen oder beschlagnahmt, auf Echtheit überprüft etc. Bei kleineren Delikten beantragt der Staatsanwalt Erlaß eines Strafbefehls, über den der Amtsrichter beim Strafgericht entscheidet, in größeren Sachen wird eine förmliche Anklageschrift verfaßt und in der Hauptverhandlung Schuld- oder Freispruch verkündet. Der Gläubiger hat ein Recht, über den Gang des Verfahrens informiert zu werden (§ 185 III, IV der Richtlinien für das Straf- und Bußgeldverfahren).

4. Kosten

Für den Gläubiger ist die Erhebung der Strafanzeige kostenlos. Läßt er sie durch seinen Anwalt machen, dann beträgt ohne besondere Vereinbarung eine Gebühr ca. DM 140,00 (Mittelgebühr § 91 Ziffer 1 BRAGO). **353**

5. Taktik

Manchmal ist die Erhebung einer Strafanzeige ein wirksames Mittel, um den Schuldner zur Raison zu bringen. Vor allem erfahrene Schuldner, die nie auf einen konsequent vollstreckenden Gläubiger gestoßen sind, haben einen sportlichen Spaß daran, alle möglichen fingierten Verträge, Strohmannkonstruktionen etc. zu nutzen, um den Gläubiger zu ärgern. Einige Vorschriften, so vor allem die Bankrottstraftaten (§ 283 StGB) und die Vollstreckungsvereitelung (§ 288 StGB), können in der Hand eines konsequenten Gläubigers wirksame Mittel sein, um dem Schuldner das abzugewöhnen. **354**

Trotzdem sollte man mit der Strafanzeige sparsam umgehen: Wenn nicht gerade schwere Bankrott- oder Beamtendelikte vorliegen, betrachtet die Staatsanwaltschaft die meisten Verstöße als Kleinkriminalität und setzt sich nicht besonders ein, weil es nicht ihre Aufgabe sei, die zivilrechtlichen Ansprüche eines Gläubigers mit Nachdruck zu verfolgen. Beschränkt man sich auf wirklich gravierende Fälle und grobe Verstöße, dann kann man der Staatsanwaltschaft klar machen, daß in diesem Einzelfall wirklich etwas passieren muß.

6. Checkliste

Die Überprüfung nach möglichen Straftaten kann leicht anhand dieses Kapitels (Ziffern 1.3.1 bis 1.3.10) vorgenommen werden. Unerläßlich ist es allerdings, die Gesetzestexte im StGB genau zu prüfen. Anwaltliche Hilfe ist meistens notwendig, um der Gefahr der falschen Anschuldigung (§ 164 StGB) zu entgehen. **355**

Die Prüfung des Schuldnerverhaltens auf Straftaten ist vorzunehmen, wenn

- das Gerichtsvollzieherprotokoll
- das OV-Protokoll
- die Drittschuldnererklärung

beim Gläubiger eingehen.

XXVIII. Organisation

1. Allgemeines

356 Schnelle und richtige Sachbearbeitung hängt nicht zuletzt davon ab, ob das Zwangsvollstreckungsreferat beim Gläubiger, bei seinem Anwalt oder dem Inkassounternehmen ordentlich organisiert ist. Wer bei jedem Antrag die Forderung neu durchrechnen muß oder bei Standardanträgen auf Formulare verzichtet, vergeudet wertvolle Zeit. Andere Gläubiger werden das ausnutzen, um einen besseren Rang oder gar den einzigen Vermögenswert des Schuldners zu verwerten, der noch verblieben ist.

2. Formulare

Die wichtigsten Hilfsmittel sind:

2.1 Vorgedruckte Anträge

357 Die Formularverlage (z.B. Boorberg Verlag, der den Abdruck der hier verwendeten Formulare freundlicherweise gestattete, Hans Soldan Stiftung, Dreske & Krüger) haben ein umfangreiches Angebot an Formularen für alle Standardtätigkeiten in der Zwangsvollstreckung. Die Verlage versenden gratis oder gegen Schutzgebühr Musterbücher, in denen je ein Exemplar der angebotenen Formulare enthalten ist. Nach diesen Mustern kann nachbestellt werden.

2.2 Vorformulierte Anträge

358 In vielen Praxishandbüchern, so vor allem bei Gross-Waigel-Diepold, bei Stöber, bei Haegele/David, bei Peter und auch in diesem Buch, befinden sich Formulierungsvorschläge für bestimmte Anträge, andere wird man sich selbst entwickeln. Wenn z.B. die Pfändung eines Lebensversicherungsvertrages oder eines Gesellschaftsanteils oder eines Bankkontos häufiger vorkommen, dann ist es am praktischsten, sich diese Vorschläge mit Schreibmaschine auf einem separaten Blatt abzuschreiben und im Grundformular für die Pfändung auf das Beiblatt zu verweisen. Mit diesen selbstgeschriebenen Mustern, die in einer Ablage alphabetisch geordnet werden, kann man dann, ohne immer neu formulieren zu müssen, auch seltenere Anträge richtig und vollständig stellen.

2.3 Textbausteine

Wer EDV einsetzt, kann diese Texte dann unmittelbar als Textbausteine übernehmen. Textverarbeitung in der EDV hat den Vorteil, daß die Texte unschwer auf dem neuesten Stand gehalten werden können, in dem z.B.

die neueste Rechtsprechung ohne weitere Umstände in die Formulare eingearbeitet werden kann. Leider gibt es jetzt noch kein vorgedrucktes Formularhandbuch für das gesamte Vollstreckungswesen, wie es vergleichbar im Scheidungs- und Verkehrsunfallrecht schon existiert. In den meisten Fällen wird der Gläubiger es aber ohnehin vorziehen, seine eigenen Texte individuell zu gestalten.

3. Zustellungsprobleme

Ein täglich auftauchendes Problem ist
- die Ermittlung der Adresse des Schuldners und anderer Personen;
- die Ermittlung des zuständigen Vollstreckungsgerichts und seine Adresse;
- die Ermittlung des Widerspruchsgerichts beim Mahnbescheid

Dazu braucht man ein **Ortsverzeichnis,** in welchem auch Gemeinden 359
mit den zuständigen Amts-, Familien-, Arbeits- und Landgerichten (Beschwerdesachen!) aufgeführt sind. Empfehlenswert ist das

Ortsverzeichnis für die Bundesrepublik Deutschland einschließlich der neuen Bundesländer, Juristischer Fachbuchverlag GmbH Essen, zu beziehen über die Hans Soldan Stiftung, Postfach 110351, 4300 Essen 11, Tel. 0201-63403-0

Dieses Ortsverzeichnis enthält allerdings nicht alle kleineren Orte. Vollständig ist

Müllers Großes Deutsches Ortsbuch, 21. Auflage 1985, ebenfalls über die Hans Soldan Stiftung zu beziehen.

Eine größere Vollstreckungsabteilung wird sich daneben gegebenenfalls für das Gebiet der gesamten Bundesrepublik Adreßbücher, Telefonbücher und Branchenverzeichnisse zulegen.

Ein Tip für den Notfall: Wenn man an Behörden schreibt, dann genügt meistens die bloße Angabe „Postfach“, wenn man in der Eile die Adresse nicht findet (z. B. „An das Landratsamt Ebersberg, Postfach“).

4. Literatur, Kostentabellen

Hierzu verweise ich auf das Literaturverzeichnis.

5. Forderungsberechnung

Die Anforderungen an die Forderungsübersicht habe ich oben ausführlich erläutert. Sie können nur mit einem leistungsfähigen Rechner (mit Papierstreifen!) erfüllt werden, bei dem man seine Rechenergebnisse auch nachträglich kontrollieren kann.

Nützlich ist hierbei ein Rechner, der nach Wahl nach jedem Rechen- 360
schritt Zwischensummen zieht.

Einige Hersteller haben zwischenzeitlich Rechner entwickelt, die die

Grenze zu Kleincomputern überschreiten und bei denen z. B. die gesamten Anwaltsgebühren etc. gespeichert sind. Hier ist vor allem auf das Angebot der Hans Soldan Stiftung zu verweisen.

6. Computer

361 Der Einsatz von EDV im Vollstreckungsbereich war früher wegen der hohen Preise für solche Anlagen nur möglich, wenn entsprechend viele Vollstreckungsaufträge vorlagen. Die Preisschwelle liegt heute bei ca. DM 2000,00 für einen Tischcomputer. Für ca. DM 12 000,00 bekommt man heute (Stand: Okt 1992) schon einen leistungsfähigen Personalcomputer einschließlich der Programme, nach oben hin sind je nach Kapazität und technischen Anforderungen keine Grenzen gesetzt. Der Computermarkt ändert sich ungewöhnlich schnell, das Risiko einer Fehlentscheidung ist aber durch die erheblich niedrigeren Preise im Gegensatz zu früher stark gesunken. Trotzdem ist nicht zu übersehen, daß eine Rationalisierung der täglichen Arbeit nicht schon dann erreicht wird, wenn der Computer eingesetzt wird – ein solcher Einsatz erfordert vielmehr ein grundsätzliches Durchdenken der Büroorganisation und ist mit einer Fülle von Begleitkosten verbunden, die man sich gut überlegen muß.

Das Institut der Anwaltschaft gibt Marktübersichten über praktisch alle Anbieter von EDV-Hardware und -Software nach einem einheitlichen Checklistensystem heraus. Im Oldenbourg-Verlag ist schon in der 2. Auflage das EDV-CHECKBUCH für Rechtsanwälte und Notare erschienen, das neben Marktübersichten vor allem Hinweise für das richtige Vorgehen bei der Auswahl des geeigneten Systems enthält.

Eine individuelle Beratung über diese Fragen vermittelt das Institut der Anwaltschaft (Adresse: *Adenauer-Allee 118, 5300 Bonn 1, Tel. 0228/260786, Telex 8869691, Telefax 0228-213707*).

7. Rechenzentren

362 Das Rechenwerk in der Zwangsvollstreckung kann man sich auch auswärts erstellen lassen. Diese Überlegung liegt nahe, wenn auch die Buchhaltung bei einem auswärtigen Rechenzentrum erledigt wird oder die Massenbeitreibung über eine eigene EDV nicht kostengünstig betrieben werden kann. Auskunft geben die Hans Soldan Stiftung, die Firma Reno Pölkner, Winterhuderweg 29, 2000 Hamburg 76, Tel. 040/2201661 und AIS Hamburg, Billhorner Deich 94–96, 2000 Hamburg 28, Tel. 040/7892643.

8. Fortbildung

Fortbildungsseminare werden durchgeführt vom: 363
Deutschen Anwaltverein, Adenauer Allee 106, 5300 Bonn 1, Tel. 0228/260 70,
der
Deutschen Vereinigung der Rechtsanwalts- und Notariatsangestellten e.V., Brunnenstraße 55, 4000 Düsseldorf 1, Tel. 0211/31 30 50
und der
Rudolf Haufe Verlag, Postfach 740, 7800 Freiburg, Tel.: 07 61-3 15 60, ⟨3683-07⟩.

Diese Veranstaltungen sind sehr zu empfehlen, weil im Erfahrungsaustausch mit anderen Kollegen viele Dinge zu lernen sind, die man nicht in Büchern nachlesen kann.

Gerichtsvollziehergeschäftsanweisung (GVGA)

– Auszüge –

§ 6 Zeit der Erledigung des Auftrags

Die Erledigung der Aufträge darf nicht verzögert werden. Der Gerichtsvollzieher entscheidet nach pflichtgemäßem Ermessen, in welcher Reihenfolge die vorliegenden Aufträge nach ihrer Dringlichkeit zu erledigen sind. Er muß in jedem Fall besonders prüfen, ob es sich um eine Eilsache handelt oder nicht. Die Eilbedürftigkeit kann sich aus der Art der vorzunehmenden Amtshandlung ergeben; dies gilt insbesondere für die Vollziehung von Arresten oder einstweiligen Verfügungen, für Proteste, Benachrichtigungen des Drittschuldners nach § 845 ZPO und für Zustellungen, durch die eine Notfrist oder eine sonstige gesetzliche Frist gewahrt werden soll. Aufträge, deren eilige Ausführung von der Partei verlangt wird, müssen den für die besondere Beschleunigung maßgebenden Grund erkennen lassen.

§ 64 Frist für die Bearbeitung der Aufträge

Der Gerichtsvollzieher führt die Zwangsvollstreckung schnell und nachdrücklich durch. Die Frist für die Bearbeitung eines Vollstreckungsauftrags ergibt sich aus der Sachlage im Einzelfall; so kann es angebracht sein, einen Pfändungsauftrag umgehend auszuführen, um den Rang des Pfändungsrechts zu sichern.

Erfolgt die erste Vollstreckungshandlung nicht innerhalb von zwei Wochen, so ist der Grund der Verzögerung aktenkundig zu machen.

§ 119 Rechte Dritter an den im Gewahrsam des Schuldners befindlichen Gegenständen

1. Der Gerichtsvollzieher prüft im allgemeinen nicht, ob die im Gewahrsam des Schuldners befindlichen Sachen zu dessen Vermögen gehören. Dies gilt sowohl dann, wenn zugunsten einer dritten Person ein die Veräußerung hinderndes Recht in Anspruch genommen wird, als auch dann, wenn der Schuldner behauptet, daß er die tatsächliche Gewalt über die Sachen nur für den Besitzer ausübe oder daß er sein Besitzrecht von einem anderen ableite. Für den Gerichtsvollzieher kommt es hiernach nur auf den äußeren Befund an. Für ihn gilt als Vermögen des Schuldners alles, was sich in dessen Gewahrsam befindet.
2. Gegenstände, die offensichtlich zum Vermögen eines Dritten gehören, pfändet der Gerichtsvollzieher nicht, z. B. dem Handwerker zur Reparatur, dem Frachtführer zum Transport und dem Pfandleiher zum Pfand übergebene Sachen, Klagewechsel in den Akten eines Rechtsanwalts.

Dies gilt nicht, wenn der Dritte erklärt, daß er der Pfändung nicht widerspreche oder wenn der Gläubiger die Pfändung ausdrücklich verlangt.

3. Im Handelsverkehr wird dem Käufer das für die Aufbewahrung oder den Versand der Ware erforderliche wertvollere Leergut häufig nur leihweise überlassen. Dies gilt insbesondere für Eisen-, Stahl-, Blei- und Korbflaschen, Kupfer- und Aluminiumkannen sowie Metallfässer bei Lieferung von Erzeugnissen der chemischen Industrie, für Fässer, Glas- und Korbflaschen sowie Flaschenkästen bei Lieferung von Flüssigkeiten und für wertvollere Kisten und Säcke bei Lieferungen sonstiger Art. Daß solches Leergut nur leihweise überlassen ist, ergibt sich oft aus den Angeboten und Rechnungen. Auch ist das Gut meist mit einem Metallschild oder einem Stempel versehen, der den Eigentümer näher bezeichnet oder auch den Vermerk „unverkäuflich" enthält.
   Leergut, das mit einem solchen auf das Eigentum eines Dritten hinweisenden Zeichen versehen ist, pfändet der Gerichtsvollzieher nur, wenn keine anderen Pfandstücke in ausreichendem Maße vorhanden sind und wenn es der Gläubiger ausdrücklich verlangt. Dasselbe gilt, wenn dem Gerichtsvollzieher Verträge oder Rechnungen zum Nachweis dafür vorgelegt werden, daß das Leergut einem Dritten gehört. Der Gerichtsvollzieher teilt dem vermutlichen Eigentümer die Pfändung mit, sofern es sich nicht um Leergut von geringerem Wert handelt.
4. Will der Gerichtsvollzieher Einrichtungen für den Telegrafen- oder Fernsprechverkehr pfänden, so erkundigt er sich vorher bei der nächsten in Betracht kommenden Dienststelle der Bundespost, wem das Eigentum an den Einrichtungen zusteht. Hierzu darf er den beim Schuldner etwa vorhandenen Fernsprecher benutzen. Die Erkundigung ist ohne Rücksicht darauf einzuziehen, welche Angaben der Schuldner oder dessen Angehörige oder Bedienstete über das Eigentum an den Einrichtungen machen. Erhält der Gerichtsvollzieher die Auskunft, daß die Gegenstände der Bundespost gehören, so pfändet er sie nur, wenn keine anderen Pfandstücke in ausreichendem Maße vorhanden sind und wenn es der Gläubiger ausdrücklich verlangt; er benachrichtigt die zuständige Dienststelle der Bundespost von der Pfändung.
   Kann die Auskunft der Bundespost aus besonderen Gründen nicht sofort eingeholt werden, so beschränkt sich der Gerichtsvollzieher auf die Pfändung und benachrichtigt alsbald die zuständige Dienststelle der Bundespost.
   Einrichtungen, die mit einer Leitung der Bundespost in Verbindung stehen, darf der Gerichtsvollzieher stets nur mit Zustimmung der zuständigen Dienststelle der Bundespost entfernen.

§ 131 Aufsuchen und Auswahl der Pfandstücke

1. Bleibt die Aufforderung zur Leistung (§ 105 Nr. 2) ohne Erfolg, so fordert der Gerichtsvollzieher den Schuldner auf, ihm seine bewegliche Habe vorzuzeigen und – soweit der Zweck der Vollstreckung es erfordert – seine Zimmer, Keller, Böden und anderen Räume sowie die darin befind-

lichen Schränke, Kästen und anderen Behältnisse zu öffnen. Trifft der Gerichtsvollzieher den Schuldner nicht an, so richtet er eine entsprechende Aufforderung an eine zur Familie des Schuldners gehörige oder beim Schuldner beschäftigte erwachsene Person, die er in der Wohnung oder in den Geschäftsräumen antrifft. Werden die Behältnisse nicht freiwillig geöffnet oder trifft der Gerichtsvollzieher weder den Schuldner noch eine der vorstehend bezeichneten Personen an, so wendet er Gewalt an und verfährt dabei nach den §§ 107, 108 (§§ 758, 759 ZPO).

2. Bei der Auswahl der zu pfändenden Gegenstände sieht der Gerichtsvollzieher darauf, daß der Gläubiger auf dem kürzesten Wege befriedigt wird, ohne daß der Hausstand des Schuldners unnötig beeinträchtigt wird. Der Gerichtsvollzieher richtet daher die Pfändung in erster Linie auf Geld, Kostbarkeiten oder solche Wertpapiere, die den Vorschriften über die Zwangsvollstreckung in bewegliche körperliche Sachen unterliegen (vgl. §§ 154–156), sowie auf die Sachen, die der Schuldner sonst am ehesten entbehren kann. Sachen, deren Aufbewahrung, Unterhaltung oder Fortschaffung unverhältnismäßig hohe Kosten verursachen oder deren Versteigerung nur mit großem Verlust oder mit großen Schwierigkeiten möglich sein würde, pfändet er nur, wenn keine anderen Pfandstücke in ausreichendem Maße vorhanden sind. Ist es zweifelhaft, ob die Pfändung eines im Besitz des Schuldners befindlichen Wertpapiers durch den Gerichtsvollzieher zulässig ist, und sind keine anderen geeigneten Pfandstücke vorhanden, so pfändet der Gerichtsvollzieher das Papier einstweilen und überläßt es dem Gläubiger, den notwendigen Gerichtsbeschluß herbeizuführen.

§ 132 Vollziehung der Pfändung (§§ 808, 813 ZPO)

1. Die Pfändung körperlicher Sachen und der im § 154 bezeichneten Wertpapiere sowie die Pfändung von Forderungen aus Wechseln und anderen Papieren, die durch Indossament übertragen werden können, und aus Postsparbüchern (vgl. § 175) wird dadurch bewirkt, daß der Gerichtsvollzieher die Sachen oder Papiere in Besitz nimmt. Geld, Kostbarkeiten und Wertpapiere nimmt der Gerichtsvollzieher sogleich an sich. Andere Pfandstücke beläßt er im Gewahrsam des Schuldners, sofern hierdurch die Befriedigung des Gläubigers nicht gefährdet wird (§ 808 Abs. 2 ZPO). Ob eine solche Gefährdung vorliegt oder nach der Pfändung einzutreten droht, beurteilt der Gerichtsvollzieher nach Prüfung aller Umstände selbständig. Er nimmt die Pfandstücke nachträglich an sich, wenn eine Gefährdung erst nach der Pfändung erkennbar wird. Wegen der Wegnahme der Pfandstücke bei der Austauschpfändung und beim künftigen Wegfall der Unpfändbarkeit vgl. §§ 122 bis 124.
2. Werden die Pfandstücke im Gewahrsam des Schuldners belassen, so ist die Pfändung nur wirksam, wenn sie kenntlich gemacht ist. Dies gilt auch dann, wenn die Fortschaffung nur aufgeschoben wird. Die Pfändung ist so kenntlich zu machen, daß sie jedem Dritten, der die im Verkehr übliche Sorgfalt aufwendet, erkennbar ist. Der Gerichtsvoll-

zieher versieht daher in der Regel jedes einzelne Pfandstück an einer in die Augen fallenden Stelle mit einer Siegelmarke oder einem sonst geeigneten Pfandzeichen. Das Pfandzeichen muß mit dem Pfandstück mechanisch verbunden sein. Es ist so anzubringen, daß die Sache dadurch nicht beschädigt wird. Das Dienstsiegel oder der Dienststempel ist zur Kennzeichnung gepfändeter Gegenstände nur dann zu verwenden, wenn die Anbringung von Siegelmarken oder anderen Pfandzeichen unmöglich oder unzweckmäßig ist. Für eine Mehrzahl von Pfandstücken – insbesondere eine Menge von Waren oder anderen vertretbaren Sachen, die sich in einem Behältnis oder in einer Umhüllung befinden oder mit Zustimmung des Schuldners in einem abgesonderten Raum untergebracht werden – genügt ein gemeinschaftliches Pfandzeichen, wenn es so angelegt wird, daß kein Stück aus dem Behältnis, der Umhüllung oder dem Raum entfernt werden kann, ohne daß das Pfandzeichen zerstört wird. Den Schlüssel zu versiegelten Behältnissen oder Räumen nimmt der Gerichtsvollzieher an sich.

3. Die Pfändung kann auch durch eine Pfandanzeige erkennbar gemacht werden. Der Gerichtsvollzieher bringt in diesem Fall an dem Ort, an dem sich die Pfandstücke befinden (z.B. dem Lagerboden, dem Speicher, dem Viehstall), ein Schriftstück an, das auf die Pfändung hinweist. Das Schriftstück ist so anzubringen, daß jedermann davon Kenntnis nehmen kann. Es ist mit der Unterschrift und dem Abdruck des Dienststempels des Gerichtsvollziehers zu versehen und soll die Pfandstücke genau bezeichnen. Werden Vorräte gepfändet, so ist der dem Schuldner belassene Teil der Vorräte von dem gepfändeten Teil äußerlich zu trennen. Wenn die Umstände es erfordern, ist für die Pfandstücke ein Hüter zu bestellen.
4. Beläßt der Gerichtsvollzieher Tiere im Gewahrsam des Schuldners, so kann er mit dem Schuldner vereinbaren, daß dieser befugt sein soll, die gewöhnlichen Nutzungen der Tiere (z.B. die Milch gepfändeter Kühe) als Entgelt für deren Fütterung und Pflege im Haushalt zu verbrauchen. Der Gerichtsvollzieher weist den Schuldner an, ihm eine Erkrankung der Tiere, insbesondere eine etwa erforderliche Notschlachtung, sofort anzuzeigen.
5. Der Gerichtsvollzieher eröffnet dem Schuldner oder in dessen Abwesenheit den im § 131 Nr. 1 Satz 2 bezeichneten Personen, daß der Besitz der Pfandstücke auf ihn übergegangen sei. Er weist darauf hin,
   a) daß der Schuldner und jeder andere jede Handlung zu unterlassen haben, die diesen Besitz beeinträchtigt, wie etwa die Veräußerung, die Wegschaffung oder den Verbrauch der gepfändeten Sachen,
   b) daß jede Beschädigung oder Zerstörung der Pfandzeichen untersagt ist,
   c) daß Zuwiderhandlungen gegen diese Bestimmungen strafbar sind.
6. Nach den Vorschriften zu Nrn. 2–5 verfährt der Gerichtsvollzieher auch, wenn er dem Schuldner Pfandstücke, die nicht in dessen Gewahrsam waren oder belassen sind, nachträglich unter Aufrechterhaltung der Pfändung herausgibt. Eine Herausgabe ohne Anbrin-

gung von Pfandzeichen bringt das Pfändungspfandrecht zum Erlöschen.

7. Die Pfändung darf nicht weiter ausgedehnt werden, als es zur Befriedigung des Gläubigers und zur Deckung der Kosten der Zwangsvollstreckung notwendig ist (§ 803 Abs. 1 Satz 2 ZPO). Der Gerichtsvollzieher rechnet deshalb den von ihm geschätzten voraussichtlichen Erlös der Pfandstücke zusammen, um eine Überpfändung zu vermeiden.
8. Der Gerichtsvollzieher schätzt die Sachen bei der Pfändung auf ihren gewöhnlichen Verkaufswert und trägt das Ergebnis der Schätzung in das Pfändungsprotokoll ein. Ist die Schätzung bei der Pfändung nicht möglich, so ist sie unverzüglich nachzuholen und ihr Ergebnis nachträglich im Pfändungsprotokoll zu vermerken. Die Schätzung von Kostbarkeiten überträgt der Gerichtsvollzieher einem Sachverständigen; sofern es sich um Gold- und Silbersachen handelt, läßt er hierbei sowohl den Gold- und Silberwert als auch den gewöhnlichen Verkaufswert schätzen. Der Sachverständige hat die Schätzung schriftlich oder zu Protokoll des Gerichtsvollziehers abzugeben. Das Ergebnis der Schätzung ist den Parteien rechtzeitig mitzuteilen. Wird der gewöhnliche Verkaufswert der Pfandstücke nachträglich von dem Gerichtsvollzieher oder einem Sachverständigen (vgl. auch § 813 Abs. 1 Satz 3 ZPO) geringer geschätzt, so vermerkt der Gerichtsvollzieher dies im Protokoll und teilt es den Parteien mit. Für die Vergütung des Sachverständigen gilt § 150 Nr. 4 entsprechend.
9. Erscheint dem Gerichtsvollzieher nach einer Neuschätzung die volle Befriedigung des Gläubigers nicht mehr gesichert, so führt er eine weitere Pfändung durch.
10. Sind die Vorkehrungen, die dazu dienten, die Pfändung erkennbar zu machen, später beseitigt oder sind die angebrachten Siegelmarken abgefallen, so sorgt der Gerichtsvollzieher, sobald er davon Kenntnis erhält, für die Erneuerung. Er prüft dabei auch, ob die Befriedigung des Gläubigers gefährdet wird, wenn er die Pfandstücke weiter im Gewahrsam des Schuldners beläßt; ist eine Gefährdung gegeben, so entfernt er die Pfandstücke nachträglich aus dem Gewahrsam des Schuldners.
11. Bei Verstrickungsbruch und Siegelbruch (§ 136 StGB) und bei Vereiteln der Zwangsvollstreckung (§ 288 StGB) hat der Gerichtsvollzieher keine Anzeigepflicht, sofern nicht allgemein oder für den besonderen Fall etwas Abweichendes angeordnet ist; er hat jedoch in jedem Fall den Gläubiger zu benachrichtigen.

§ 135 Besondere Vorschriften über das Pfändungsprotokoll (§§ 762, 763 ZPO)

1. Das Pfändungsprotokoll muß enthalten:
   a) ein genaues Verzeichnis der Pfandstücke unter fortlaufender Nummer, geeignetenfalls mit Angabe der Zahl, des Maßes, des Gewichts, der besonderen Merkmale und Kennzeichen der gepfändeten Sachen (z. B. Fabrikmarke, Baujahr, Typ, Fabriknummer und dgl.) nebst den

vom Gerichtsvollzieher oder einem Sachverständigen geschätzten gewöhnlichen Verkaufswerten;

b) eine Beschreibung der angelegten Pfandzeichen;

c) den wesentlichen Inhalt der Eröffnungen, die dem Schuldner oder den in § 131 Nr. 1 bezeichneten Personen gemacht sind.

Es soll ferner den Inhalt der angebrachten Pfandanzeigen sowie den Inhalt der Vereinbarungen wiedergeben, die mit einem Hüter (§ 132 Nr. 3) getroffen sind.

2. Werden Pfandstücke aus dem Gewahrsam des Schuldners entfernt, so ist dies im Protokoll zu begründen. Auch ist anzugeben, welche Maßnahmen für die Verwahrung der Pfandstücke getroffen sind (vgl. auch § 139 Nr. 2).
3. Das Protokoll hat auch die Angabe der Zeit und des Ortes des Versteigerungstermins oder die Gründe zu enthalten, aus denen die sofortige Ansetzung des Versteigerungstermins unterblieben ist (vgl. § 142).
4. Sind dieselben Sachen gleichzeitig für denselben Gläubiger gegen denselben Schuldner auf Grund mehrerer Schuldtitel gepfändet, so ist nur ein Protokoll aufzunehmen. In diesem sind die einzelnen Schuldtitel genau zu bezeichnen.
5. Eine Abschrift des Pfändungsprotokolls ist dem Gläubiger und dem Schuldner zu erteilen, wenn sie es verlangen; dem Schuldner jedoch auch dann, wenn die Vollstreckung in seiner Abwesenheit stattgefunden hat. Die Absendung ist auf dem Protokoll zu vermerken.
6. Kann eine Pfändung überhaupt nicht oder nicht in Höhe der beizutreibenden Forderung erfolgen, weil die beim Schuldner vorgefundenen Sachen zu denjenigen gehören, die nicht gepfändet werden dürfen oder nicht gepfändet werden sollen, so sind im Protokoll die vorgefundenen, aber nicht gepfändeten Sachen ihrer Art, ihrer Beschaffenheit und – soweit § 803 Abs. 2 oder § 812 ZPO in Frage kommt – auch ihrem Wert nach wenigstens im allgemeinen so zu bezeichnen, daß daraus ein Anhalt für die Beurteilung der Frage gegeben wird, ob ihre Pfändung mit Recht unterlassen ist. Die an sich pfändbaren Sachen sind einzeln aufzuführen; sonst genügt die Bezeichnung der Gegenstände nach Art und Zahl. Bei Vorräten, von denen das Gesetz dem Schuldner eine bestimmte Menge freiläßt (§ 811 Nr. 2–5 ZPO), ist im Protokoll festzustellen, daß ein größerer als der im Gesetz bezeichnete Vorrat nicht vorhanden war.

   Der Gerichtsvollzieher darf sich im Protokoll mit der allgemeinen Bemerkung begnügen, daß der Schuldner keine Sachen oder nur Sachen besitzt, die der Pfändung nicht unterworfen sind, oder von deren Verwertung kein Überschuß über die Kosten der Zwangsvollstreckung zu erwarten ist, wenn nicht der Gläubiger von vornherein eine vollständige Ausfüllung des Pfändungsprotokolls verlangt hat oder besondere Umstände vorliegen, die eine Nachprüfung der in den §§ 803 Abs. 2, 807 Abs. 1, 810 Abs. 1 Satz 2, 811, 811 a, c, 812, 813 ZPO genannten Voraussetzungen durch den Gläubiger wahrscheinlich erscheinen lassen. Sind bereits Entscheidungen des Vollstreckungsgerichts ergangen, die sich mit der Unpfändbarkeit der vorgefundenen Sachen befassen, so soll sie der Gerichtsvollzieher im Protokoll erwähnen, soweit sie für den Gläubiger von Belang sind.

§ 156 Hilfspfändung

Papiere, die nur eine Forderung beweisen, aber nicht Träger des Rechts sind (z.B. Sparkassenbücher, Pfandscheine, Versicherungsscheine und Depotscheine, ferner Hypotheken- und solche Grundschuld- und Rentenschuldbriefe, die nicht auf den Inhaber lauten), sind nicht Wertpapiere im Sinne des § 154. Sie können deshalb auch nicht nach den Vorschriften über die Zwangsvollstreckung in bewegliche körperliche Sachen gepfändet werden. Der Gerichtsvollzieher kann aber diese Papiere vorläufig in Besitz nehmen (Hilfspfändung). Er teilt dem Gläubiger die vorläufige Wegnahme unverzüglich mit und bezeichnet die Forderungen, auf die sich die Legitimationspapiere beziehen. Die Papiere sind jedoch dem Schuldner zurückzugeben, wenn der Gläubiger nicht alsbald, spätestens binnen zwei Wochen, den Pfändungsbeschluß über die Forderung vorlegt, die dem Papier zugrunde liegt. Die in Besitz genommenen Papiere sind im Pfändungsprotokoll genau zu bezeichnen.
Grund- und Rentenschuldbriefe, die auf den Inhaber lauten, werden nach § 154 gepfändet.

f) Pfändung bereits gepfändeter Sachen

§ 167 (§§ 826, 827 ZPO)

1. Die Pfändung bereits gepfändeter Sachen muß in derselben Form wie eine Erstpfändung erfolgen, wenn sie sich gegen einen anderen Schuldner als den der Erstpfändung richtet (sog. Doppelpfändung). Der Gerichtsvollzieher vermerkt in diesem Fall in den Akten über beide Pfändungen, daß und wann er die Sache auch gegen den anderen Schuldner gepfändet hat.
2. In den übrigen Fällen kann die weitere Pfändung in der Form einer Erstpfändung vorgenommen werden. Zur Bewirkung der Pfändung genügt aber auch die Erklärung des Gerichtsvollziehers, daß er die schon gepfändeten Sachen für seinen Auftraggeber gleichfalls pfände (Anschlußpfändung). Die Erklärung ist unter genauer Bezeichnung der Zeit, zu der sie abgegeben wird, in das Pfändungsprotokoll aufzunehmen. War die Erstpfändung von einem anderen Gerichtsvollzieher bewirkt, so ist diesem eine Abschrift des Pfändungsprotokolls zuzustellen. Die Anschlußpfändung ist mit der sie vollziehenden Erklärung bewirkt. Hat derselbe Gerichtsvollzieher die erste Pfändung und die Anschlußpfändung bewirkt, so muß er sicherstellen, daß bei der weiteren Bearbeitung, insbesondere bei der Versteigerung, keine der Pfändungen übersehen werden kann. Insbesondere muß der Gerichtsvollzieher darauf achten, daß Pfändungspfandrechte ruhender Vollstreckungen nicht gefährdet werden.

3. Die Anschlußpfändung setzt zu ihrer Wirksamkeit das Bestehen einer staatlichen Verstrickung voraus. Der Gerichtsvollzieher vergewissert sich deshalb, daß die erste Pfändung eine wirksame Verstrickung herbeigeführt hat und daß diese noch besteht. Er sieht in der Regel das Protokoll ein, das über die erste Pfändung aufgenommen ist. Bei Pfandstücken, die sich im Gewahrsam des Schuldners oder eines anderen befinden, sieht der Gerichtsvollzieher an Ort und Stelle nach, ob die Pfandstücke noch vorhanden sind und ob die Pfändung noch ersichtlich ist. Bei der Anschlußpfändung von Sachen im Gewahrsam eines Dritten ist dessen Herausgabebereitschaft (vgl. § 118 Nr. 2) erneut festzustellen. Den Wert der Pfandstücke prüft der Gerichtsvollzieher nach. Hat sich der Wert verändert, so gibt er den Wert z. Z. der Anschlußpfändung an.
4. Der Gerichtsvollzieher soll schon gepfändete Sachen regelmäßig durch Anschlußpfändung und nicht in den Formen einer Erstpfändung pfänden, es sei denn, daß die Rechtsgültigkeit oder das Fortbestehen der vorangegangenen Pfändung zweifelhaft oder die Wirksamkeit einer durch bloße Erklärung bewirkten Anschlußpfändung aus sonstigen Gründen fraglich erscheint.
5. Die Pfändung bereits gepfändeter Gegenstände ist ohne Rücksicht darauf vorzunehmen, ob sich nach Befriedigung der Ansprüche des Gläubigers der Erstpfändung und der Kosten der ersten Vollstreckung noch ein Überschuß erwarten läßt. Eine solche Pfändung soll jedoch nur erfolgen, wenn die Befriedigung des Gläubigers aus anderen Pfandstükken nicht erlangt werden kann oder wenn sie entweder vom Gläubiger ausdrücklich verlangt wird oder aus besonderen Gründen zweckentsprechender erscheint als die Pfändung anderer, noch nicht gepfändeter Sachen.
6. Der Auftrag des Gläubigers, für den eine Anschlußpfändung bewirkt ist, geht kraft Gesetzes auf den Gerichtsvollzieher über, der die Erstpfändung durchgeführt hat (§ 827 Abs. 1 ZPO). Daher ist dem Gerichtsvollzieher, der die Erstpfändung durchgeführt hat, der Schuldtitel nebst den sonstigen für die Vollstreckung erforderlichen Urkunden auszuhändigen, sofern nicht das Vollstreckungsgericht die Verrichtungen dieses Gerichtsvollziehers einem anderen überträgt (§ 827 Abs. 1 ZPO). Dem Auftraggeber und dem Schuldner ist hiervon Kenntnis zu geben. Der Gerichtsvollzieher, dem die Fortsetzung der Vollstreckung obliegt, hat sich als von allen Gläubigern beauftragt zu betrachten.
7. Die Versteigerung erfolgt durch den hiernach zuständigen Gerichtsvollzieher für alle beteiligten Gläubiger. Reicht der Erlös zur Deckung sämtlicher Forderungen nicht aus, so ist er nach der Reihenfolge der Pfändungen zu verteilen. Verlangt ein Gläubiger ohne Zustimmung der übrigen Gläubiger eine andere Art der Verteilung, so ist nach § 827 Abs. 2 ZPO zu verfahren.
8. Die Stundung seitens eines der Gläubiger oder die Einstellung des Verfahrens gegenüber einem der Gläubiger hat auf die Fortsetzung der Vollstreckung für die anderen Gläubiger keinen Einfluß. Wird die

Vollstreckung fortgesetzt, so ist der Gläubiger, der gestundet hat oder demgegenüber die Vollstreckung eingestellt ist, zur Wahrung seiner Interessen ohne Verzug zu benachrichtigen. Der auf diesen Gläubiger entfallende Betrag ist zu hinterlegen, und zwar im Fall der Einstellung unter Vorbehalt einer anderweitigen Überweisung, falls der Anspruch des Gläubigers ganz oder teilweise wegfallen sollte. Im Fall der Stundung bedarf es beim Einverständnis des Schuldners mit der Zahlung nicht der Hinterlegung, sofern sie nicht aus anderen Gründen zu erfolgen hat.

9. Wenn ein anderer Gerichtsvollzieher als derjenige, der die Erstpfändung vorgenommen hat, bei der weiteren Pfändung noch pfandfreie Gegenstände pfändet, so hat er geeignetenfalls bei seinem Auftraggeber nachzufragen, ob dieser mit der Erledigung des ganzen Vollstreckungsauftrags – also auch wegen der neu gepfändeten Sachen – durch den Gerichtsvollzieher einverstanden ist, dem die Versteigerung der früher gepfändeten Sachen zusteht. Wird dieses Einverständnis erteilt, so ist der Auftrag wegen der neu gepfändeten Sachen an den anderen Gerichtsvollzieher abzugeben.
10. Ist derselbe Gegenstand im Verwaltungsvollstreckungsverfahren oder zur Beitreibung von Abgaben und durch Gerichtsvollzieher für andere Auftraggeber gepfändet, so sind die besonderen Bestimmungen zu beachten, die hierfür in Betracht kommen (§ 6 der Justizbeitreibungsordnung, die noch anzuwendenden landesrechtlichen Vorschriften, §§ 307, 308 AO).
    Ist die erste Pfändung im Wege der Verwaltungsvollstreckung erfolgt, so hat der Gerichtsvollzieher bei einer folgenden Vollstreckung nach der Zivilprozeßordnung die Form der Erstpfändung (§ 808 ZPO) zu wählen.

g) Gleichzeitige Pfändung für mehrere Gläubiger

§ 168 (§ 827 Abs. 3 ZPO)

1. Ein Gerichtsvollzieher, der vor Ausführung einer ihm aufgetragenen Pfändung von anderen Gläubigern mit der Pfändung gegen denselben Schuldner beauftragt wird, muß alle Aufträge als gleichzeitige behandeln und deshalb die Pfändung für alle beteiligten Gläubiger zugleich bewirken. Auf die Reihenfolge, in der die Vollstreckungsaufträge an den Gerichtsvollzieher gelangt sind, kommt es nicht an, sofern nicht die Pfändung auf Grund eines früheren Auftrags schon vollzogen ist; denn der Eingang des Vollstreckungsauftrags für sich allein begründet kein Vorzugsrecht des Gläubigers vor anderen Gläubigern. Steht der Vollziehung eines oder einzelner Aufträge ein Hindernis entgegen, so darf die Erledigung der anderen Aufträge deshalb nicht verzögert werden.
2. Will der Schuldner vor der Pfändung einen Geldbetrag freiwillig leisten, der die Forderungen sämtlicher Gläubiger nicht deckt, so darf der Gerichtsvollzieher diesen Betrag nur dann als Zahlung annehmen,

wenn der Schuldner damit einverstanden ist, daß der Betrag unter alle Gläubiger nach dem Verhältnis der beizutreibenden Forderungen (Nr. 5 Satz 2) verteilt wird. Willigt der Schuldner hierin nicht ein, so ist das Geld für sämtliche Gläubiger zu pfänden.

3. Über die gleichzeitige Pfändung für mehrere Gläubiger ist nur ein Pfändungsprotokoll aufzunehmen; dieses muß die beteiligten Gläubiger und ihre Schuldtitel bezeichnen und die Erklärung enthalten, daß die Pfändung gleichzeitig für alle bewirkt ist.
4. Alle zu pfändenden Sachen sind für alle beteiligten Gläubiger zu pfänden, sofern nicht ein Gläubiger bestimmte Sachen ausgeschlossen hat.
5. Die Versteigerung erfolgt für alle beteiligten Gläubiger. Der Erlös ist nach dem Verhältnis der beizutreibenden Forderungen zu verteilen, wenn er zur Deckung der Forderungen aller Gläubiger nicht ausreicht. Verlangt ein Gläubiger ohne Zustimmung der übrigen Gläubiger eine andere Art der Verteilung, so ist nach § 827 Abs. 2 ZPO zu verfahren. Im übrigen gilt § 167 Nr. 8 entsprechend.
6. Hat der Gerichtsvollzieher für einen Gläubiger ganz oder teilweise erfolglos vollstreckt und findet er bei der Erledigung des Auftrags eines anderen Gläubigers weitere pfändbare Sachen vor, so verfährt er nach den Bestimmungen zu Nr. 1–5, sofern der Auftrag des ersten Gläubigers noch besteht. Dies gilt nicht, wenn der Gerichtsvollzieher den Schuldtitel dieses Gläubigers nicht mehr besitzt.
7. Hat der Gerichtsvollzieher eine Pfändung im Verwaltungsvollstreckungsverfahren und im Auftrag eines anderen Gläubigers durchzuführen, so finden die Nrn. 1–6 entsprechende Anwendung.

§ 173 Zustellung des Pfändungs- und Überweisungsbeschlusses (§§ 829, 835, 840, 857 ZPO)

1. Die Pfändung einer Forderung ist mit der Zustellung des Pfändungsbeschlusses an den Drittschuldner als bewirkt anzusehen (§ 829 Abs. 3 ZPO). Die Zustellung an den Drittschuldner ist daher regelmäßig vor der Zustellung an den Schuldner durchzuführen, wenn nicht der Auftraggeber ausdrücklich etwas anderes verlangt (vgl. Nr. 3). Diese Zustellung ist zu beschleunigen; in der Zustellungsurkunde ist der Zeitpunkt der Zustellung nach Stunde und Minute anzugeben. Bei Zustellung durch die Post ist nach § 41 zu verfahren. Ist der Gerichtsvollzieher mit der Zustellung mehrerer Pfändungsbeschlüsse an denselben Drittschuldner beauftragt, so stellt er sie alle in dem gleichen Zeitpunkt zu und vermerkt in den einzelnen Zustellungsurkunden, welche Beschlüsse er gleichzeitig zugestellt hat. Läßt ein Gläubiger eine Forderung pfänden, die dem Schuldner gegen ihn selbst zusteht, so ist der Pfändungsbeschluß dem Gläubiger wie einem Drittschuldner zuzustellen.
2. Auf Verlangen des Gläubigers fordert der Gerichtsvollzieher den Drittschuldner bei der Zustellung des Pfändungsbeschlusses auf, binnen zwei Wochen, von der Zustellung an gerechnet, dem Gläubiger zu erklären:

a) ob und inwieweit er die Forderung anerkenne und Zahlung zu leisten bereit sei,
b) ob und welche Ansprüche andere Personen an die Forderung erheben,
c) ob und wegen welcher Ansprüche die Forderung bereits für andere Gläubiger gepfändet sei.

Die Aufforderung zur Abgabe dieser Erklärungen muß in die Zustellungsurkunde aufgenommen werden (§ 840 ZPO). Die Zustellung an den Drittschuldner kann in solchen Fällen nur im Wege der gewöhnlichen Zustellung bewirkt werden. Eine Erklärung, die der Drittschuldner bei der Zustellung abgibt, ist in die Zustellungsurkunde aufzunehmen und von dem Drittschuldner nach Durchsicht oder nach Vorlesung zu unterschreiben. Gibt der Drittschuldner keine Erklärung ab oder verweigert er die Unterschrift, so ist dies in der Zustellungsurkunde zu vermerken. Eine Erklärung, die der Drittschuldner später dem Gerichtsvollzieher gegenüber abgibt, ist ohne Verzug dem Gläubiger zu übermitteln und, soweit sie mündlich erfolgt, zu diesem Zweck durch ein Protokoll festzustellen.

Sollen mehrere Drittschuldner, die in verschiedenen Amtsgerichtsbezirken wohnen, aber in einem Pfändungsbeschluß genannt sind, zur Abgabe der Erklärungen aufgefordert werden, so führt zunächst der für den zuerst genannten Drittschuldner zuständige Gerichtsvollzieher die Zustellung an die in seinem Amtsgerichtsbezirk wohnenden Drittschuldner aus (vgl. § 20 Abs. 1). Hiernach gibt er den Pfändungsbeschluß an den Gerichtsvollzieher ab, der für die Zustellung an die im nächsten Amtsgerichtsbezirk wohnenden Drittschuldner zuständig ist. Dieser verfährt ebenso, bis an sämtliche Drittschuldner zugestellt ist. Die Zustellung an den Schuldner (vgl. die folgende Nr. 3) nimmt der zuletzt tätig gewesene Gerichtsvollzieher vor.

3. Nach der Zustellung an den Drittschuldner stellt der Gerichtsvollzieher den Pfändungsbeschluß mit einer beglaubigten Abschrift der Urkunde über die Zustellung an den Drittschuldner – im Fall der Zustellung durch die Post mit einer beglaubigten Abschrift der Postzustellungsurkunde – auch ohne besonderen Auftrag sofort dem Schuldner zu. Muß diese Zustellung im Auslande bewirkt werden, so geschieht sie durch Aufgabe zur Post. Die Zustellung an den Schuldner unterbleibt, wenn eine öffentliche Zustellung erforderlich sein würde. Ist auf Verlangen des Gläubigers die Zustellung an den Schuldner erfolgt, bevor die Zustellung an den Drittschuldner stattgefunden hat oder ehe die Postzustellungsurkunde dem Gerichtsvollzieher zugegangen ist, so stellt der Gerichtsvollzieher dem Schuldner die Abschrift der Zustellungsurkunde nachträglich zu. Ist ein Drittschuldner nicht vorhanden (z. B. bei Pfändung von Urheber- und Patentrechten), so ist die Pfändung mit der Zustellung des Pfändungsbeschlusses an den Schuldner erfolgt (§ 857 ZPO).
4. Wird neben dem Pfändungsbeschluß ein besonderer Überweisungsbeschluß erlassen, so ist dieser ebenfalls dem Drittschuldner und so-

dann unter entsprechender Anwendung der Vorschriften zu Nr. 3 dem Schuldner zuzustellen (§ 835 Abs. 3 ZPO).

5. Hat der Gerichtsvollzieher die Zustellung im Fall der Nr. 1 durch die Post bewirken lassen, so überprüft er die Zustellungsurkunde an den Drittschuldner nach ihrem Eingang und achtet darauf, ob die Zustellung richtig durchgeführt und mit genauer Zeitangabe beurkundet ist. Ist die Zustellung durch die Post fehlerhaft, so stellt er umgehend erneut zu. Sofern es die Umstände erfordern, wählt er dabei die gewöhnliche Zustellung.

Anlage
(zu Artikel 1 Nr. 5)

Anlage 2
(zu § 850c)

Nettolohn monatlich	Pfändbarer Betrag bei Unterhaltspflicht*) für					
	0	1	2	3	4	5 und mehr Personen
	in DM					
bis 1 219,99	—	—	—	—	—	—
1 220,00 bis 1 239,99	7,70	—	—	—	—	—
1 240,00 bis 1 259,99	21,70	—	—	—	—	—
1 260,00 bis 1 279,99	35,70	—	—	—	—	—
1 280,00 bis 1 299,99	49,70	—	—	—	—	—
1 300,00 bis 1 319,99	63,70	—	—	—	—	—
1 320,00 bis 1 339,99	77,70	—	—	—	—	—
1 340,00 bis 1 359,99	91,70	—	—	—	—	—
1 360,00 bis 1 379,99	105,70	—	—	—	—	—
1 380,00 bis 1 399,99	119,70	—	—	—	—	—
1 400,00 bis 1 419,99	133,70	—	—	—	—	—
1 420,00 bis 1 439,99	147,70	—	—	—	—	—
1 440,00 bis 1 459,99	161,70	—	—	—	—	—
1 460,00 bis 1 479,99	175,70	—	—	—	—	—
1 480,00 bis 1 499,99	189,70	—	—	—	—	—
1 500,00 bis 1 519,99	203,70	—	—	—	—	—
1 520,00 bis 1 539,99	217,70	—	—	—	—	—
1 540,00 bis 1 559,99	231,70	—	—	—	—	—
1 560,00 bis 1 579,99	245,70	—	—	—	—	—
1 580,00 bis 1 599,99	259,70	—	—	—	—	—
1 600,00 bis 1 619,99	273,70	—	—	—	—	—
1 620,00 bis 1 639,99	287,70	—	—	—	—	—
1 640,00 bis 1 659,99	301,70	—	—	—	—	—
1 660,00 bis 1 679,99	315,70	—	—	—	—	—
1 680,00 bis 1 699,99	329,70	1,50	—	—	—	—
1 700,00 bis 1 719,99	343,70	11,50	—	—	—	—
1 720,00 bis 1 739,99	357,70	21,50	—	—	—	—
1 740,00 bis 1 759,99	371,70	31,50	—	—	—	—
1 760,00 bis 1 779,99	385,70	41,50	—	—	—	—
1 780,00 bis 1 799,99	399,70	51,50	—	—	—	—
1 800,00 bis 1 819,99	413,70	61,50	—	—	—	—
1 820,00 bis 1 839,99	427,70	71,50	—	—	—	—
1 840,00 bis 1 859,99	441,70	81,50	—	—	—	—
1 860,00 bis 1 879,99	455,70	91,50	—	—	—	—
1 880,00 bis 1 899,99	469,70	101,50	—	—	—	—
1 900,00 bis 1 919,99	483,70	111,50	—	—	—	—
1 920,00 bis 1 939,99	497,70	121,50	—	—	—	—
1 940,00 bis 1 959,99	511,70	131,50	—	—	—	—
1 960,00 bis 1 979,99	525,70	141,50	—	—	—	—
1 980,00 bis 1 999,99	539,70	151,50	—	—	—	—
2 000,00 bis 2 019,99	553,70	161,50	—	—	—	—
2 020,00 bis 2 039,99	567,70	171,50	—	—	—	—
2 040,00 bis 2 059,99	581,70	181,50	4,80	—	—	—
2 060,00 bis 2 079,99	595,70	191,50	12,80	—	—	—
2 080,00 bis 2 099,99	609,70	201,50	20,80	—	—	—
2 100,00 bis 2 119,99	623,70	211,50	28,80	—	—	—
2 120,00 bis 2 139,99	637,70	221,50	36,80	—	—	—
2 140,00 bis 2 159,99	651,70	231,50	44,80	—	—	—
2 160,00 bis 2 179,99	665,70	241,50	52,80	—	—	—
2 180,00 bis 2 199,99	679,70	251,50	60,80	—	—	—
2 200,00 bis 2 219,99	693,70	261,50	68,80	—	—	—
2 220,00 bis 2 239,99	707,70	271,50	76,80	—	—	—
2 240,00 bis 2 259,99	721,70	281,50	84,80	—	—	—
2 260,00 bis 2 279,99	735,70	291,50	92,80	—	—	—
2 280,00 bis 2 299,99	749,70	301,50	100,80	—	—	—

*) Zu berücksichtigen sind Unterhaltsleistungen des Schuldners gegenüber seinem Ehegatten, einem früheren Ehegatten, einem Verwandten oder der Mutter eines nichtehelichen Kindes nach §§ 1615l, 1615n des Bürgerlichen Gesetzbuchs.

Nettolohn monatlich	Pfändbarer Betrag bei Unterhaltspflicht*) für					
	0	1	2	3	4	5 und mehr Personen
	in DM					
2 300,00 bis 2 319,99	763,70	311,50	108,80	—	—	—
2 320,00 bis 2 339,99	777,70	321,50	116,80	—	—	—
2 340,00 bis 2 359,99	791,70	331,50	124,80	—	—	—
2 360,00 bis 2 379,99	805,70	341,50	132,80	—	—	—
2 380,00 bis 2 399,99	819,70	351,50	140,80	0,30	—	—
2 400,00 bis 2 419,99	833,70	361,50	148,80	6,30	—	—
2 420,00 bis 2 439,99	847,70	371,50	156,80	12,30	—	—
2 440,00 bis 2 459,99	861,70	381,50	164,80	18,30	—	—
2 460,00 bis 2 479,99	875,70	391,50	172,80	24,30	—	—
2 480,00 bis 2 499,99	889,70	401,50	180,80	30,30	—	—
2 500,00 bis 2 519,99	903,70	411,50	188,80	36,30	—	—
2 520,00 bis 2 539,99	917,70	421,50	196,80	42,30	—	—
2 540,00 bis 2 559,99	931,70	431,50	204,80	48,30	—	—
2 560,00 bis 2 579,99	945,70	441,50	212,80	54,30	—	—
2 580,00 bis 2 599,99	959,70	451,50	220,80	60,30	—	—
2 600,00 bis 2 619,99	973,70	461,50	228,80	66,30	—	—
2 620,00 bis 2 639,99	987,70	471,50	236,80	72,30	—	—
2 640,00 bis 2 659,99	1 001,70	481,50	244,80	78,30	—	—
2 660,00 bis 2 679,99	1 015,70	491,50	252,80	84,30	—	—
2 680,00 bis 2 699,99	1 029,70	501,50	260,80	90,30	—	—
2 700,00 bis 2 719,99	1 043,70	511,50	268,80	96,30	—	—
2 720,00 bis 2 739,99	1 057,70	521,50	276,80	102,30	—	—
2 740,00 bis 2 759,99	1 071,70	531,50	284,80	108,30	2,00	—
2 760,00 bis 2 779,99	1 085,70	541,50	292,80	114,30	6,00	—
2 780,00 bis 2 799,99	1 099,70	551,50	300,80	120,30	10,00	—
2 800,00 bis 2 819,99	1 113,70	561,50	308,80	126,30	14,00	—
2 820,00 bis 2 839,99	1 127,70	571,50	316,80	132,30	18,00	—
2 840,00 bis 2 859,99	1 141,70	581,50	324,80	138,30	22,00	—
2 860,00 bis 2 879,99	1 155,70	591,50	332,80	144,30	26,00	—
2 880,00 bis 2 899,99	1 169,70	601,50	340,80	150,30	30,00	—
2 900,00 bis 2 919,99	1 183,70	611,50	348,80	156,30	34,00	—
2 920,00 bis 2 939,99	1 197,70	621,50	356,80	162,30	38,00	—
2 940,00 bis 2 959,99	1 211,70	631,50	364,80	168,30	42,00	—
2 960,00 bis 2 979,99	1 225,70	641,50	372,80	174,30	46,00	—
2 980,00 bis 2 999,99	1 239,70	651,50	380,80	180,30	50,00	—
3 000,00 bis 3 019,99	1 253,70	661,50	388,80	186,30	54,00	—
3 020,00 bis 3 039,99	1 267,70	671,50	396,80	192,30	58,00	—
3 040,00 bis 3 059,99	1 281,70	681,50	404,80	198,30	62,00	—
3 060,00 bis 3 079,99	1 295,70	691,50	412,80	204,30	66,00	—
3 080,00 bis 3 099,99	1 309,70	701,50	420,80	210,30	70,00	—
3 100,00 bis 3 119,99	1 323,70	711,50	428,80	216,30	74,00	1,90
3 120,00 bis 3 139,99	1 337,70	721,50	436,80	222,30	78,00	3,90
3 140,00 bis 3 159,99	1 351,70	731,50	444,80	228,30	82,00	5,90
3 160,00 bis 3 179,99	1 365,70	741,50	452,80	234,30	86,00	7,90
3 180,00 bis 3 199,99	1 379,70	751,50	460,80	240,30	90,00	9,90
3 200,00 bis 3 219,99	1 393,70	761,50	468,80	246,30	94,00	11,90
3 220,00 bis 3 239,99	1 407,70	771,50	476,80	252,30	98,00	13,90
3 240,00 bis 3 259,99	1 421,70	781,50	484,80	258,30	102,00	15,90
3 260,00 bis 3 279,99	1 435,70	791,50	492,80	264,30	106,00	17,90
3 280,00 bis 3 299,99	1 449,70	801,50	500,80	270,30	110,00	19,90
3 300,00 bis 3 319,99	1 463,70	811,50	508,80	276,30	114,00	21,90
3 320,00 bis 3 339,99	1 477,70	821,50	516,80	282,30	118,00	23,90
3 340,00 bis 3 359,99	1 491,70	831,50	524,80	288,30	122,00	25,90
3 360,00 bis 3 379,99	1 505,70	841,50	532,80	294,30	126,00	27,90
3 380,00 bis 3 399,99	1 519,70	851,50	540,80	300,30	130,00	29,90

*) Zu berücksichtigen sind Unterhaltsleistungen des Schuldners gegenüber seinem Ehegatten, einem früheren Ehegatten, einem Verwandten oder der Mutter eines nichtehelichen Kindes nach §§ 1615l, 1615n des Bürgerlichen Gesetzbuchs.

Nettolohn monatlich	Pfändbarer Betrag bei Unterhaltspflicht*) für					
	0	1	2	3	4	5 und mehr Personen
	in DM					
3 400,00 bis 3 419,99	1 533,70	861,50	548,80	306,30	134,00	31,90
3 420,00 bis 3 439,99	1 547,70	871,50	556,80	312,30	138,00	33,90
3 440,00 bis 3 459,99	1 561,70	881,50	564,80	318,30	142,00	35,90
3 460,00 bis 3 479,99	1 575,70	891,50	572,80	324,30	146,00	37,90
3 480,00 bis 3 499,99	1 589,70	901,50	580,80	330,30	150,00	39,90
3 500,00 bis 3 519,99	1 603,70	911,50	588,80	336,30	154,00	41,90
3 520,00 bis 3 539,99	1 617,70	921,50	596,80	342,30	158,00	43,90
3 540,00 bis 3 559,99	1 631,70	931,50	604,80	348,30	162,00	45,90
3 560,00 bis 3 579,99	1 645,70	941,50	612,80	354,30	166,00	47,90
3 580,00 bis 3 599,99	1 659,70	951,50	620,80	360,30	170,00	49,90
3 600,00 bis 3 619,99	1 673,70	961,50	628,80	366,30	174,00	51,90
3 620,00 bis 3 639,99	1 687,70	971,50	636,80	372,30	178,00	53,90
3 640,00 bis 3 659,99	1 701,70	981,50	644,80	378,30	182,00	55,90
3 660,00 bis 3 679,99	1 715,70	991,50	652,80	384,30	186,00	57,90
3 680,00 bis 3 699,99	1 729,70	1 001,50	660,80	390,30	190,00	59,90
3 700,00 bis 3 719,99	1 743,70	1 011,50	668,80	396,30	194,00	61,90
3 720,00 bis 3 739,99	1 757,70	1 021,50	676,80	402,30	198,00	63,90
3 740,00 bis 3 759,99	1 771,70	1 031,50	684,80	408,30	202,00	65,90
3 760,00 bis 3 779,99	1 785,70	1 041,50	692,80	414,30	206,00	67,90
3 780,00 bis 3 796,00	1 799,70	1 051,50	700,80	420,30	210,00	69,90
Der Mehrbetrag über 3 796,00 DM ist voll pfändbar.						

*) Zu berücksichtigen sind Unterhaltsleistungen des Schuldners gegenüber seinem Ehegatten, einem früheren Ehegatten, einem Verwandten oder der Mutter eines nichtehelichen Kindes nach §§ 1615l, 1615n des Bürgerlichen Gesetzbuchs.

Nettolohn wöchentlich	Pfändbarer Betrag bei Unterhaltspflicht*) für					
	0	1	2	3	4	5 und mehr Personen
	in DM					
bis 279,99	—	—	—	—	—	—
280,00 bis 284,99	0,70	—	—	—	—	—
285,00 bis 289,99	4,20	—	—	—	—	—
290,00 bis 294,99	7,70	—	—	—	—	—
295,00 bis 299,99	11,20	—	—	—	—	—
300,00 bis 304,99	14,70	—	—	—	—	—
305,00 bis 309,99	18,20	—	—	—	—	—
310,00 bis 314,99	21,70	—	—	—	—	—
315,00 bis 319,99	25,20	—	—	—	—	—
320,00 bis 324,99	28,70	—	—	—	—	—
325,00 bis 329,99	32,20	—	—	—	—	—
330,00 bis 334,99	35,70	—	—	—	—	—
335,00 bis 339,99	39,20	—	—	—	—	—
340,00 bis 344,99	42,70	—	—	—	—	—
345,00 bis 349,99	46,20	—	—	—	—	—
350,00 bis 354,99	49,70	—	—	—	—	—
355,00 bis 359,99	53,20	—	—	—	—	—
360,00 bis 364,99	56,70	—	—	—	—	—
365,00 bis 369,99	60,20	—	—	—	—	—
370,00 bis 374,99	63,70	—	—	—	—	—
375,00 bis 379,99	67,20	—	—	—	—	—
380,00 bis 384,99	70,70	—	—	—	—	—
385,00 bis 389,99	74,20	—	—	—	—	—
390,00 bis 394,99	77,70	1,50	—	—	—	—
395,00 bis 399,99	81,20	4,00	—	—	—	—
400,00 bis 404,99	84,70	6,50	—	—	—	—
405,00 bis 409,99	88,20	9,00	—	—	—	—
410,00 bis 414,99	91,70	11,50	—	—	—	—
415,00 bis 419,99	95,20	14,00	—	—	—	—
420,00 bis 424,99	98,70	16,50	—	—	—	—
425,00 bis 429,99	102,20	19,00	—	—	—	—
430,00 bis 434,99	105,70	21,50	—	—	—	—
435,00 bis 439,99	109,20	24,00	—	—	—	—
440,00 bis 444,99	112,70	26,50	—	—	—	—
445,00 bis 449,99	116,20	29,00	—	—	—	—
450,00 bis 454,99	119,70	31,50	—	—	—	—
455,00 bis 459,99	123,20	34,00	—	—	—	—
460,00 bis 464,99	126,70	36,50	—	—	—	—
465,00 bis 469,99	130,20	39,00	—	—	—	—
470,00 bis 474,99	133,70	41,50	0,80	—	—	—
475,00 bis 479,99	137,20	44,00	2,80	—	—	—
480,00 bis 484,99	140,70	46,50	4,80	—	—	—
485,00 bis 489,99	144,20	49,00	6,80	—	—	—
490,00 bis 494,99	147,70	51,50	8,80	—	—	—
495,00 bis 499,99	151,20	54,00	10,80	—	—	—
500,00 bis 504,99	154,70	56,50	12,80	—	—	—
505,00 bis 509,99	158,20	59,00	14,80	—	—	—
510,00 bis 514,99	161,70	61,50	16,80	—	—	—
515,00 bis 519,99	165,20	64,00	18,80	—	—	—
520,00 bis 524,99	168,70	66,50	20,80	—	—	—
525,00 bis 529,99	172,20	69,00	22,80	—	—	—
530,00 bis 534,99	175,70	71,50	24,80	—	—	—
535,00 bis 539,99	179,20	74,00	26,80	—	—	—
540,00 bis 544,99	182,70	76,50	28,80	—	—	—
545,00 bis 549,99	186,20	79,00	30,80	—	—	—

*) Zu berücksichtigen sind Unterhaltsleistungen des Schuldners gegenüber seinem Ehegatten, einem früheren Ehegatten, einem Verwandten oder der Mutter eines nichtehelichen Kindes nach §§ 1615l, 1615n des Bürgerlichen Gesetzbuchs.

Nettolohn wöchentlich	Pfändbarer Betrag bei Unterhaltspflicht*) für					
	0	1	2	3	4	5 und mehr Personen
	in DM					
550,00 bis 554,99	189,70	81,50	32,80	0,30	—	—
555,00 bis 559,99	193,20	84,00	34,80	1,80	—	—
560,00 bis 564,99	196,70	86,50	36,80	3,30	—	—
565,00 bis 569,99	200,20	89,00	38,80	4,80	—	—
570,00 bis 574,99	203,70	91,50	40,80	6,30	—	—
575,00 bis 579,99	207,20	94,00	42,80	7,80	—	—
580,00 bis 584,99	210,70	96,50	44,80	9,30	—	—
585,00 bis 589,99	214,20	99,00	46,80	10,80	—	—
590,00 bis 594,99	217,70	101,50	48,80	12,30	—	—
595,00 bis 599,99	221,20	104,00	50,80	13,80	—	—
600,00 bis 604,99	224,70	106,50	52,80	15,30	—	—
605,00 bis 609,99	228,20	109,00	54,80	16,80	—	—
610,00 bis 614,99	231,70	111,50	56,80	18,30	—	—
615,00 bis 619,99	235,20	114,00	58,80	19,80	—	—
620,00 bis 624,99	238,70	116,50	60,80	21,30	—	—
625,00 bis 629,99	242,20	119,00	62,80	22,80	—	—
630,00 bis 634,99	245,70	121,50	64,80	24,30	—	—
635,00 bis 639,99	249,20	124,00	66,80	25,80	1,00	—
640,00 bis 644,99	252,70	126,50	68,80	27,30	2,00	—
645,00 bis 649,99	256,20	129,00	70,80	28,80	3,00	—
650,00 bis 654,99	259,70	131,50	72,80	30,30	4,00	—
655,00 bis 659,99	263,20	134,00	74,80	31,80	5,00	—
660,00 bis 664,99	266,70	136,50	76,80	33,30	6,00	—
665,00 bis 669,99	270,20	139,00	78,80	34,80	7,00	—
670,00 bis 674,99	273,70	141,50	80,80	36,30	8,00	—
675,00 bis 679,99	277,20	144,00	82,80	37,80	9,00	—
680,00 bis 684,99	280,70	146,50	84,80	39,30	10,00	—
685,00 bis 689,99	284,20	149,00	86,80	40,80	11,00	—
690,00 bis 694,99	287,70	151,50	88,80	42,30	12,00	—
695,00 bis 699,99	291,20	154,00	90,80	43,80	13,00	—
700,00 bis 704,99	294,70	156,50	92,80	45,30	14,00	—
705,00 bis 709,99	298,20	159,00	94,80	46,80	15,00	—
710,00 bis 714,99	301,70	161,50	96,80	48,30	16,00	—
715,00 bis 719,99	305,20	164,00	98,80	49,80	17,00	0,40
720,00 bis 724,99	308,70	166,50	100,80	51,30	18,00	0,90
725,00 bis 729,99	312,20	169,00	102,80	52,80	19,00	1,40
730,00 bis 734,99	315,70	171,50	104,80	54,30	20,00	1,90
735,00 bis 739,99	319,20	174,00	106,80	55,80	21,00	2,40
740,00 bis 744,99	322,70	176,50	108,80	57,30	22,00	2,90
745,00 bis 749,99	326,20	179,00	110,80	58,80	23,00	3,40
750,00 bis 754,99	329,70	181,50	112,80	60,30	24,00	3,90
755,00 bis 759,99	333,20	184,00	114,80	61,80	25,00	4,40
760,00 bis 764,99	336,70	186,50	116,80	63,30	26,00	4,90
765,00 bis 769,99	340,20	189,00	118,80	64,80	27,00	5,40
770,00 bis 774,99	343,70	191,50	120,80	66,30	28,00	5,90
775,00 bis 779,99	347,20	194,00	122,80	67,80	29,00	6,40
780,00 bis 784,99	350,70	196,50	124,80	69,30	30,00	6,90
785,00 bis 789,99	354,20	199,00	126,80	70,80	31,00	7,40
790,00 bis 794,99	357,70	201,50	128,80	72,30	32,00	7,90
795,00 bis 799,99	361,20	204,00	130,80	73,80	33,00	8,40
800,00 bis 804,99	364,70	206,50	132,80	75,30	34,00	8,90
805,00 bis 809,99	368,20	209,00	134,80	76,80	35,00	9,40
810,00 bis 814,99	371,70	211,50	136,80	78,30	36,00	9,90
815,00 bis 819,99	375,20	214,00	138,80	79,80	37,00	10,40
820,00 bis 824,99	378,70	216,50	140,80	81,30	38,00	10,90

*) Zu berücksichtigen sind Unterhaltsleistungen des Schuldners gegenüber seinem Ehegatten, einem früheren Ehegatten, einem Verwandten oder der Mutter eines nichtehelichen Kindes nach §§ 1615l, 1615n des Bürgerlichen Gesetzbuchs.

Nettolohn wöchentlich	Pfändbarer Betrag bei Unterhaltspflicht*) für					
	0	1	2	3	4	5 und mehr Personen
	in DM					
825,00 bis 829,99	382,20	219,00	142,80	82,80	39,00	11,40
830,00 bis 834,99	385,70	221,50	144,80	84,30	40,00	11,90
835,00 bis 839,99	389,20	224,00	146,80	85,80	41,00	12,40
840,00 bis 844,99	392,70	226,50	148,80	87,30	42,00	12,90
845,00 bis 849,99	396,20	229,00	150,80	88,80	43,00	13,40
850,00 bis 854,99	399,70	231,50	152,80	90,30	44,00	13,90
855,00 bis 859,99	403,20	234,00	154,80	91,80	45,00	14,40
860,00 bis 864,99	406,70	236,50	156,80	93,30	46,00	14,90
865,00 bis 869,99	410,20	239,00	158,80	94,80	47,00	15,40
870,00 bis 874,99	413,70	241,50	160,80	96,30	48,00	15,90
875,00 bis 876,00	417,20	244,00	162,80	97,80	49,00	16,40
Der Mehrbetrag über 876,00 DM ist voll pfändbar.						

*) Zu berücksichtigen sind Unterhaltsleistungen des Schuldners gegenüber seinem Ehegatten, einem früheren Ehegatten, einem Verwandten oder der Mutter eines nichtehelichen Kindes nach §§ 1615l, 1615n des Bürgerlichen Gesetzbuchs.

Nettolohn täglich	Pfändbarer Betrag bei Unterhaltspflicht*) für					
	0	1	2	3	4	5 und mehr Personen
	in DM					
bis 55,99	—	—	—	—	—	—
56,00 bis 56,99	0,14	—	—	—	—	—
57,00 bis 57,99	0,84	—	—	—	—	—
58,00 bis 58,99	1,54	—	—	—	—	—
59,00 bis 59,99	2,24	—	—	—	—	—
60,00 bis 60,99	2,94	—	—	—	—	—
61,00 bis 61,99	3,64	—	—	—	—	—
62,00 bis 62,99	4,34	—	—	—	—	—
63,00 bis 63,99	5,04	—	—	—	—	—
64,00 bis 64,99	5,74	—	—	—	—	—
65,00 bis 65,99	6,44	—	—	—	—	—
66,00 bis 66,99	7,14	—	—	—	—	—
67,00 bis 67,99	7,84	—	—	—	—	—
68,00 bis 68,99	8,54	—	—	—	—	—
69,00 bis 69,99	9,24	—	—	—	—	—
70,00 bis 70,99	9,94	—	—	—	—	—
71,00 bis 71,99	10,64	—	—	—	—	—
72,00 bis 72,99	11,34	—	—	—	—	—
73,00 bis 73,99	12,04	—	—	—	—	—
74,00 bis 74,99	12,74	—	—	—	—	—
75,00 bis 75,99	13,44	—	—	—	—	—
76,00 bis 76,99	14,14	—	—	—	—	—
77,00 bis 77,99	14,84	—	—	—	—	—
78,00 bis 78,99	15,54	0,30	—	—	—	—
79,00 bis 79,99	16,24	0,80	—	—	—	—
80,00 bis 80,99	16,94	1,30	—	—	—	—
81,00 bis 81,99	17,64	1,80	—	—	—	—
82,00 bis 82,99	18,34	2,30	—	—	—	—
83,00 bis 83,99	19,04	2,80	—	—	—	—
84,00 bis 84,99	19,74	3,30	—	—	—	—
85,00 bis 85,99	20,44	3,80	—	—	—	—
86,00 bis 86,99	21,14	4,30	—	—	—	—
87,00 bis 87,99	21,84	4,80	—	—	—	—
88,00 bis 88,99	22,54	5,30	—	—	—	—
89,00 bis 89,99	23,24	5,80	—	—	—	—
90,00 bis 90,99	23,94	6,30	—	—	—	—
91,00 bis 91,99	24,64	6,80	—	—	—	—
92,00 bis 92,99	25,34	7,30	—	—	—	—
93,00 bis 93,99	26,04	7,80	—	—	—	—
94,00 bis 94,99	26,74	8,30	0,16	—	—	—
95,00 bis 95,99	27,44	8,80	0,56	—	—	—
96,00 bis 96,99	28,14	9,30	0,96	—	—	—
97,00 bis 97,99	28,84	9,80	1,36	—	—	—
98,00 bis 98,99	29,54	10,30	1,76	—	—	—
99,00 bis 99,99	30,24	10,80	2,16	—	—	—
100,00 bis 100,99	30,94	11,30	2,56	—	—	—
101,00 bis 101,99	31,64	11,80	2,96	—	—	—
102,00 bis 102,99	32,34	12,30	3,36	—	—	—
103,00 bis 103,99	33,04	12,80	3,76	—	—	—
104,00 bis 104,99	33,74	13,30	4,16	—	—	—
105,00 bis 105,99	34,44	13,80	4,56	—	—	—
106,00 bis 106,99	35,14	14,30	4,96	—	—	—
107,00 bis 107,99	35,84	14,80	5,36	—	—	—
108,00 bis 108,99	36,54	15,30	5,76	—	—	—
109,00 bis 109,99	37,24	15,80	6,16	—	—	—

*) Zu berücksichtigen sind Unterhaltsleistungen des Schuldners gegenüber seinem Ehegatten, einem früheren Ehegatten, einem Verwandten oder der Mutter eines nichtehelichen Kindes nach §§ 1615l, 1615n des Bürgerlichen Gesetzbuchs.

Nettolohn täglich	Pfändbarer Betrag bei Unterhaltspflicht*) für					
	0	1	2	3	4	5 und mehr Personen
	in DM					
110,00 bis 110,99	37,94	16,30	6,56	0,06	—	—
111,00 bis 111,99	38,64	16,80	6,96	0,36	—	—
112,00 bis 112,99	39,34	17,30	7,36	0,66	—	—
113,00 bis 113,99	40,04	17,80	7,76	0,96	—	—
114,00 bis 114,99	40,74	18,30	8,16	1,26	—	—
115,00 bis 115,99	41,44	18,80	8,56	1,56	—	—
116,00 bis 116,99	42,14	19,30	8,96	1,86	—	—
117,00 bis 117,99	42,84	19,80	9,36	2,16	—	—
118,00 bis 118,99	43,54	20,30	9,76	2,46	—	—
119,00 bis 119,99	44,24	20,80	10,16	2,76	—	—
120,00 bis 120,99	44,94	21,30	10,56	3,06	—	—
121,00 bis 121,99	45,64	21,80	10,96	3,36	—	—
122,00 bis 122,99	46,34	22,30	11,36	3,66	—	—
123,00 bis 123,99	47,04	22,80	11,76	3,96	—	—
124,00 bis 124,99	47,74	23,30	12,16	4,26	—	—
125,00 bis 125,99	48,44	23,80	12,56	4,56	—	—
126,00 bis 126,99	49,14	24,30	12,96	4,86	—	—
127,00 bis 127,99	49,84	24,80	13,36	5,16	0,20	—
128,00 bis 128,99	50,54	25,30	13,76	5,46	0,40	—
129,00 bis 129,99	51,24	25,80	14,16	5,76	0,60	—
130,00 bis 130,99	51,94	26,30	14,56	6,06	0,80	—
131,00 bis 131,99	52,64	26,80	14,96	6,36	1,00	—
132,00 bis 132,99	53,34	27,30	15,36	6,66	1,20	—
133,00 bis 133,99	54,04	27,80	15,76	6,96	1,40	—
134,00 bis 134,99	54,74	28,30	16,16	7,26	1,60	—
135,00 bis 135,99	55,44	28,80	16,56	7,56	1,80	—
136,00 bis 136,99	56,14	29,30	16,96	7,86	2,00	—
137,00 bis 137,99	56,84	29,80	17,36	8,16	2,20	—
138,00 bis 138,99	57,54	30,30	17,76	8,46	2,40	—
139,00 bis 139,99	58,24	30,80	18,16	8,76	2,60	—
140,00 bis 140,99	58,94	31,30	18,56	9,06	2,80	—
141,00 bis 141,99	59,64	31,80	18,96	9,36	3,00	—
142,00 bis 142,99	60,34	32,30	19,36	9,66	3,20	—
143,00 bis 143,99	61,04	32,80	19,76	9,96	3,40	0,08
144,00 bis 144,99	61,74	33,30	20,16	10,26	3,60	0,18
145,00 bis 145,99	62,44	33,80	20,56	10,56	3,80	0,28
146,00 bis 146,99	63,14	34,30	20,96	10,86	4,00	0,38
147,00 bis 147,99	63,84	34,80	21,36	11,16	4,20	0,48
148,00 bis 148,99	64,54	35,30	21,76	11,46	4,40	0,58
149,00 bis 149,99	65,24	35,80	22,16	11,76	4,60	0,68
150,00 bis 150,99	65,94	36,30	22,56	12,06	4,80	0,78
151,00 bis 151,99	66,64	36,80	22,96	12,36	5,00	0,88
152,00 bis 152,99	67,34	37,30	23,36	12,66	5,20	0,98
153,00 bis 153,99	68,04	37,80	23,76	12,96	5,40	1,08
154,00 bis 154,99	68,74	38,30	24,16	13,26	5,60	1,18
155,00 bis 155,99	69,44	38,80	24,56	13,56	5,80	1,28
156,00 bis 156,99	70,14	39,30	24,96	13,86	6,00	1,38
157,00 bis 157,99	70,84	39,80	25,36	14,16	6,20	1,48
158,00 bis 158,99	71,54	40,30	25,76	14,46	6,40	1,58
159,00 bis 159,99	72,24	40,80	26,16	14,76	6,60	1,68
160,00 bis 160,99	72,94	41,30	26,56	15,06	6,80	1,78
161,00 bis 161,99	73,64	41,80	26,96	15,36	7,00	1,88
162,00 bis 162,99	74,34	42,30	27,36	15,66	7,20	1,98
163,00 bis 163,99	75,04	42,80	27,76	15,96	7,40	2,08
164,00 bis 164,99	75,74	43,30	28,16	16,26	7,60	2,18

*) Zu berücksichtigen sind Unterhaltsleistungen des Schuldners gegenüber seinem Ehegatten, einem früheren Ehegatten, einem Verwandten oder der Mutter eines nichtehelichen Kindes nach §§ 1615l, 1615n des Bürgerlichen Gesetzbuchs.

Nettolohn täglich	Pfändbarer Betrag bei Unterhaltspflicht*) für					
	0	1	2	3	4	5 und mehr Personen
	in DM					
165,00 bis 165,99	76,44	43,80	28,56	16,56	7,80	2,28
166,00 bis 166,99	77,14	44,30	28,96	16,86	8,00	2,38
167,00 bis 167,99	77,84	44,80	29,36	17,16	8,20	2,48
168,00 bis 168,99	78,54	45,30	29,76	17,46	8,40	2,58
169,00 bis 169,99	79,24	45,80	30,16	17,76	8,60	2,68
170,00 bis 170,99	79,94	46,30	30,56	18,06	8,80	2,78
171,00 bis 171,99	80,64	46,80	30,96	18,36	9,00	2,88
172,00 bis 172,99	81,34	47,30	31,36	18,66	9,20	2,98
173,00 bis 173,99	82,04	47,80	31,76	18,96	9,40	3,08
174,00 bis 174,99	82,74	48,30	32,16	19,26	9,60	3,18
175,00 bis 175,20	83,44	48,80	32,56	19,56	9,80	3,28
Der Mehrbetrag über 175,20 DM ist voll pfändbar.						

*) Zu berücksichtigen sind Unterhaltsleistungen des Schuldners gegenüber seinem Ehegatten, einem früheren Ehegatten, einem Verwandten oder der Mutter eines nichtehelichen Kindes nach §§ 1615l, 1615n des Bürgerlichen Gesetzbuchs.

Stichwortverzeichnis

Die Zahlen verweisen auf die Randnummern.

35,/1038714